Stuttgarter Kleiner Kommentar
– Neues Testament 2 –

W0234373

Stuttgarter Kleiner Kommentar
– Neues Testament 2 –

Herausgegeben von
Paul-Gerhard Müller

Meinrad Limbeck

Markus-Evangelium

Verlag Katholisches Bibelwerk GmbH, Stuttgart

CIP-Kurztitelaufnahme der Deutschen Bibliothek

Stuttgarter Kleiner Kommentar. –
Stuttgart: Verlag Katholisches Bibelwerk
   Teilw. hrsg. von Gabriele Miller u. Alfons Musterle
NE: Miller, Gabriele [Hrsg.]
Neues Testament / hrsg. von Paul-Gerhard Müller.
[N.F.], 2. Limbeck, Meinrad: Markus-Evangelium. – 2. Aufl. – 1985
NE: Müller, Paul-Gerhard [Hrsg.]

Limbeck, Meinrad:
Markus-Evangelium / Meinrad Limbeck. – 2. Aufl. –
Stuttgart: Verlag Katholisches Bibelwerk, 1985.
   (Stuttgarter Kleiner Kommentar:
   Neues Testament; [N.F.], 2)
   ISBN 3-460-15321-0

ISBN 3-460-15321-0
Mit kirchlicher Druckerlaubnis
© 1984 Verlag Katholisches Bibelwerk GmbH, Stuttgart
Druck: Wilhelm Röck, Weinsberg

Inhaltsverzeichnis

VERZEICHNIS DER EXKURSE

ERSTER TEIL

Einleitung

1. Verfasserfrage

Bei dem im folgenden ausgelegten Evangelium handelt es sich um das älteste der uns überlieferten vier Evangelien. Es ist in griechischer Sprache verfaßt und wird seit dem 1. Viertel des 2. Jahrhunderts Markus zugeschrieben. Bischof Papias von Hierapolis (um 130) berichtet nämlich im Vorwort seiner »Erklärungen von Herrenworten«:

> »Auch dies hat der Älteste (d. h. Johannes) gesagt: Markus, zum Interpreten des Petrus geworden, schrieb alles, woran er sich erinnerte, sorgfältig auf, freilich nicht der Reihe nach, sowohl Worte als Taten des Herrn.
>
> Denn er hatte weder den Herrn gehört noch war er ihm nachgefolgt, sondern erst später dem Petrus, wie ich bereits sagte. Dieser richtete seine Lehrvorträge nach den Bedürfnissen (der Hörer) ein, jedoch nicht so, als wollte er eine Zusammenstellung der Herrenworte geben. Daher fehlte auch Markus nicht darin, daß er einiges so aufschrieb, wie er es im Gedächtnis hatte. Denn er war darauf bedacht, nichts von dem, was er gehört hatte, wegzulassen oder falsch wiederzugeben.«
>
> (Nach: *Eusebius*, Kirchengeschichte III, 39,15)

Mit diesem Markus ist ohne Zweifel jener Johannes Markus gemeint, der im Neuen Testament erstmals Apg 12,12 erwähnt wird. Danach stammte Markus aus Jerusalem, wo das Haus seiner Mutter einen Treffpunkt der christlichen Gemeinde bildete. Hier lernte er den Barnabas und Paulus kennen, die er einige Zeit auf ihren Reisen begleitete (Apg 12,25; 13,5). Auf der ersten gemeinsamen Missionsreise trennte er sich jedoch von Paulus und Barnabas, weshalb Paulus sich später weigerte, Markus nochmals auf eine Missionsreise mitzunehmen (Apg 15,37f.). Nach Kol 4,10 und Phlm 24 (vgl. 2 Tim 4,11) scheinen sich Paulus und Markus allerdings wieder ausgesöhnt zu haben.

1 Petr 5,13 begegnet Markus schließlich in der Gemeinschaft des Petrus – und eben das setzt auch die oben zitierte Papiasnotiz voraus. Da es nun kaum erklärbar ist, weshalb das Evangelium einem Nichtjünger und Nichtapostel hätte zugeschrieben werden sollen, wird man der Nachricht des Papias trauen und somit an der Abfassung unseres Evangeliums durch Johannes Markus festhalten können.

2. Abfassungsort und -zeit

In Übereinstimmung der sicher bis auf Klemens von Alexandrien zurückgehenden Tradition gilt bei der Mehrzahl der Exegeten Rom als Abfassungsort des Markusevangeliums.

Abgefaßt wurde das Evangelium wohl vor 70, da sich noch keine Anspielung auf die Zerstörung des Jerusalemer Tempels findet. Mk 13 läßt jedoch im gesamten an die Nähe des jüdischen Krieges denken.

3. Adressaten

Das Markusevangelium wendet sich primär an Heidenchristen; denn jüdische Sitten und Einrichtungen müssen ebenso erklärt werden wie aramäische Wörter und Sätze (vgl. 7,3f.; 14,12; 15,42 – 3,17; 5,41; 7,11 u.ö.). Es fehlen die für Juden und Judenchristen wichtigen Fragen (vgl. dagegen Mt 5!), während andererseits Mk 10,12 die Geltung des heidnischen (Scheidungs-)Rechts voraussetzt.

4. Literarische Eigenart

Das Markusevangelium berichtet vor allem Taten und weniger Reden Jesu. Inwieweit Markus hierzu bereits vorgeformte, zusammenhängende Erzählungsstücke übernahm (etwa 2,1 – 3,6 die Streitgespräche oder 4,1–32 die Gleichnisse), läßt sich nicht eindeutig klären. Am sichersten kann man für die Leidensgeschichte

(14,1 – 16,8) eine im wesentlichen schon verfestigte Überlieferung annehmen.

Sprache und Stil des Markusevangeliums sind einfach. Da die alttestamentlichen Zitate auf der Textvorlage des *griechischen* Alten Testaments beruhen (Mk 7,6f.10; 10,7b; 12,11), gilt es als sicher, daß das Evangelium von Anfang an in griechischer Sprache abgefaßt war.

5. Theologische Eigenart

Markus gibt gleich zu Beginn seines Evangeliums dessen Inhalt und Ziel an: »Die frohe Botschaft von Jesus Christus, dem Sohn Gottes« (1,1). Trotz der historisierenden Darstellung des Wirkens Jesu will Markus freilich nicht einfach das vergangene Wirken Jesu schildern, da auch für ihn von Anfang an das Wort des »jungen Mannes« an die Frauen im Grab gilt: »Ihr sucht Jesus von Nazaret, den Gekreuzigten. Er ist auferstanden!« (16,6). Wenn Markus von Jesus spricht, dann spricht er immer von Jesus als dem geliebten Sohn Gottes (1,11; 9,7), in dem das Reich Gottes in unsere Welt gekommen ist (1,14f.).

Aus diesem Grund zeigt Markus gleich im ersten großen Abschnitt seines Evangeliums (1,16 – 3,12), wie sehr *Neues* für den Menschen durch Jesu Kommen *Wirklichkeit* wurde: Jesu Wort, mächtiger als alles Bisherige (1,22.27; 2,12), mächtiger aber auch als alles Böse (1,23f.31–34.41; 2,5.11; 3,5.11) schafft dem Menschen das Heil (1,25f.31–34.39.40–50; 2,1–12; 3,1–12), dessen letztes Ziel die neue, sündenlose Gemeinschaft des Menschen mit Gott ist, am deutlichsten sichtbar geworden in Jesu Mahl mit den Sündern und Zöllnern (2,14–17; vgl. auch 2,1–12; 1,16–20).

Gott und sein Reich wurde in Jesus und Jesu Wirken gegenwärtig. Was das bedeutet, kann der Mensch allerdings erst erkennen und verstehen, wenn er auf den gekreuzigten, von allen verlassenen und verspotteten Jesus sieht, dem nur noch einige Frauen die Treue halten (15,20b–41). In dieser ohnmächtigen Verlorenheit offenbart sich *Gott,* der seinen *Sohn* gesandt hat, da er in der Welt nichts anderes als die einfache Liebe und Hingabe des Menschen erwartet (12,1–44; s. S. 178f.). Erst im Blick auf den Gekreuzigten kann in der Welt von Jesus offen verkündigt werden: »Wahrhaftig, dieser Mensch war *Gottes* Sohn« (15,39).

Um dies seiner Gemeinde bewußt zu machen, entwickelt Markus ein eigenes Stilmittel – das sogenannte *»Messiasgeheimnis«:* Nach ihm verbietet Jesus den Dämonen (1,24.34; 3,11f.), den Geheilten (1,44; 5,43; 7,36; 8,26), aber auch seinen Jüngern (8,30; 9,9) ausdrücklich, ihn als den »Heiligen Gottes« und den Messias bekanntzumachen – obgleich diese seine Wahrheit nie völlig übersehen werden konnte, sondern immer wieder durchbrach und entdeckt wurde (1,45; 3,11; 7,36f.). Das aber bedeutet: Sobald nicht mehr gesehen wird, daß Jesus *als der Ohnmächtige und Gekreuzigte* der Sohn Gottes ist, besteht nach Markus sowohl für die Welt als auch für die Gemeinde die Gefahr, die Bekenntnisformel »Jesus ist der Sohn Gottes« mißzuverstehen!

Dieser Sachverhalt ist für Markus auch seiner Gemeinde wegen von großer Bedeutung; denn er hat auch auf den Lebensstil der Gemeinde eine wesentliche Auswirkung. Davon handelt Markus vor allem in jenem Teil seines Evangeliums, in dem er von dem »Weg des Messias« (8,27 – 10,52) spricht:

In diesem Teil des Evangeliums geht es Markus nicht primär darum, Jesu Leiden, Sterben und Auferstehen als gottgewollt zu zeigen (wie Lk 24,26.44.46), sondern die neuen, radikalen Forderungen an den Glaubenden (9,23.35.42–50; 10,9.21.43f.) vom Kreuzweg Jesu als des Messias her verständlich zu machen. Denn da Jesus als Messias in seinem Gehen ans Kreuz Gottes Gedanken auslegt (8,31–33; 9,30–32; 10,32–34), muß der Glaubende verstehen, daß es auch für ihn keinen anderen Weg zu Jesus Christus in Gottes Herrlichkeit gibt (8,34 – 9,1; 10,39). Daß Gott in seinem Sohn nahegekommen ist (9,2–13), bedeutet keine Verkürzung des Weges durch die Welt (9,5f.), auf dem die Macht des Bösen durch die Macht des Glaubenden gebrochen werden soll (9,14–29). Diese Entmachtung des Bösen geschieht nämlich konkret im selbstlosen Dienst des Glaubenden (9,33–42; 10,1–12.41–45), der auch die oft schmerzhafte Trennung von allem Anstößigen im eigenen Leben um des anderen willen (9,42–50) in sich schließt. Diese Konsequenz bleibt freilich jedem unverständlich, der nicht begreift, daß man nicht anders als wie ein Kind in die Gemeinschaft mit Jesus kommt, da man Gott nur *ganz* angehören kann

(10,13–31) – eine Einsicht, die selbst wiederum Gottes Geschenk ist (10,46–52a), zugleich aber auch nochmaliger Ruf, diesen Weg nachzugehen (10,52b).

Von hier aus wird auch das erstaunliche Ende des Markusevangeliums (16,1–8) verständlich: Ostern stellt für Markus kein »Happy End« dar. Ostern bedeutet nicht, daß das Dunkle und Beängstigende in Jesu Leben und Sterben endgültig aus *seinem* Weg gelöscht wäre. Ostern macht den Weg der Nachfolge – »er geht euch voraus« (16,7) – nicht einfacher.

6. Gliederung

Die Gliederung des Markusevangeliums ist durch theologische Schwerpunkte bedingt, die der Evangelist durch bestimmte Jüngerszenen markiert (1,16–20; 3,13–19; 6,7–13; 8,27–33). Mit ihnen beginnt jeweils ein neuer Abschnitt, wobei sich die folgenden Abschnitte und die vorausgehenden Jüngerperikopen je gegenseitig interpretieren. So zeigt das Evangelium folgende Gliederung:

1,1–13	Der Anfang Der Horizont: In Jesu Weg ereignet sich der Einbruch des Reiches Gottes in die Welt des Menschen.
1,14 – 3,12	Das Himmelreich ist da! Die neue Situation des Menschen, begründet in der Vollmacht des rufenden und erlösenden Wortes Jesu.
3,13 – 6,6a	Kehrt um! Das Geheimnis des Reiches Gottes und das Unverständnis des Menschen.
6,6b – 8,26	Glaubt an das Evangelium! Das Heil des Menschen als Ziel des Wirkens Gottes.
8,27 – 10,52	Der Weg des Messias Die Form glaubender Nachfolge ist der Kreuzweg.
11,1 – 13,37	Klarstellungen Gott sucht in der Sendung seines Sohnes die Liebe des Menschen. – Da die Geschichte dem »Tag der Ernte« entgegengeht, ist vom Glaubenden große Wachsamkeit gefordert.

14,1 – 15,47 Die Vollendung
Jesus bezeugt durch die Annahme des Todesbe-
schlusses seiner Gegner die Wahrheit seines Evangeliums, das im Bekenntnis des Hauptmanns seine
Antwort findet.

16,1–8 Ausblick: Durch Jesu Auferweckung sind alle Glaubenden zur lebendigen Nachfolge gerufen.

7. Zur nachfolgenden Auslegung

In den letzten Jahren erschienen gleich mehrere wissenschaftli-
che Kommentare zum Markusevangelium (s. Literaturhinweise
S. 219). Sie alle bieten neben der Auslegung des Markustextes
noch eingehende Untersuchungen zur *Vorgeschichte* des von Markus verwendeten und bearbeiteten Materials. Darauf wird in der
nachfolgenden Auslegung aus einem doppelten Grund verzichtet:

1. Das Markusevangelium enthält nirgendwo einen Hinweis
darauf, daß es sich bei ihm um ein »Gemeinschaftswerk« handeln
könnte. Wir müssen also nicht damit rechnen, daß bei seiner
Konzeption irgendwelche Kompromisse nötig waren.

2. Nichts spricht dafür, daß das Evangelium unter irgendeinem
Druck (von außen oder oben) verfaßt wurde.

Wir können demnach davon ausgehen, daß Markus zum einen
frei war, aus der ihm vorgegebenen Überlieferung einen Text
aufzunehmen oder auch nicht, und daß er zum anderen sein
Evangelium nicht veröffentlicht hätte, wenn er nicht überzeugt
gewesen wäre, sich in ihm so verständlich ausgedrückt zu haben,
daß seine Leser aufgrund dieses *seines* Evangelientextes begreifen
konnten, was er ihnen sagen wollte.

Oder anders ausgedrückt: Für Markus war es offenstichtlich
nicht unbedingt nötig, daß seine Leser auch die Vorgeschichte der
von ihm aufgenommenen Texte kannten, um erkennen zu können,
worum es ihm in seiner Schrift ging.

Aus diesem Grund bleiben in der nachfolgenden Auslegung all
jene Fragen ausgeklammert, die die Vorgeschichte der von Markus
benützten Quellen betreffen. Der begrenzte Raum sollte anderem
vorbehalten werden, da es für das heutige Verständnis des Markusevangeliums noch wichtiger sein dürfte:

Markus griff in dem Bemühen, eine bestimmte *theologische Einsicht* in das Evangelium von Jesus Christus zu vermitteln, auf Bilder und Begriffe, auf Vorstellungen und Hoffnungen zurück, die ihm aus seiner Bibel und aus dem religiösen Gedankengut seiner Zeit vertraut und für seine Leser *bedeutungsvoll* waren. Doch eben dieses von Markus verwendete »Vorstellungs- und Ausdrucksmaterial« hat für uns heute seine Selbstverständlichkeit und damit auch seine Aussage- und Überzeugungskraft verloren.

Die folgende Auslegung legt daher großen Wert auf die Vorgeschichte jener theologischen Bilder, Begriffe – und Bewegungen (!), die für Markus und seine Zeit selbstredend von Bedeutung waren. Auch der heutige Leser soll noch etwas von dem nachempfinden können, was die Leser und Hörer *ursprünglich* beispielsweise bei der Erzählung von Jesu Versuchung, von Jesu Seewandel oder auch bei der Diskussion um die Ehescheidung *mit*hörten und empfanden.

Hier ergab sich nun aber eine neue Schwierigkeit: Die *Vorgeschichte* jener für Markus »gefüllten« theologischen Bilder und Begriffe können wir uns heute nurmehr mit Hilfe von *weiteren Texten* bewußt machen. Nun erweist sich jedoch der Rückgriff auf Texte, die lediglich mit einer knappen Zahlenangabe erwähnt werden, erfahrungsgemäß als sehr schwer und zeitraubend. Aus diesem Grund werden im folgenden *viele* Texte *sehr ausführlich* zitiert, wenn die Hoffnung besteht, daß der Text des Markusevangeliums auf dem Hintergrund und im Zusammenhang dieser »alten« Texte wie von selbst zu reden beginnen könnte.

Und noch ein Letztes: Da Markus seine Leser ansprechen wollte, wurde nicht versucht, die Fragen, die uns heute ihm gegenüber beschäftigen, aus der nachdenklichen Lektüre seines Evangeliums fernzuhalten.

ZWEITER TEIL

Kommentar

I. Der Anfang (1,1–13)

1. Johannes der Täufer (1,1–8)

Das Evangelium von Jesus Christus, das die Jünger Jesu seit Ostern verkündigten und das die Kirche bis heute verkündigt, hat einen klar bestimmbaren Grund und Anfang (denn beides, Grund und Anfang, bezeichnet das von Markus am Beginn seines Evangeliums verwendete griechische Wort):

Den *Grund* des Evangeliums bilden das Leben, Sterben und Auferwecktwerden Jesu von Nazaret. Davon wird die ganze Schrift unseres Evangelisten handeln. Den *Anfang* des Evangeliums aber bildet das Auftreten Johannes des Täufers; denn er brachte nicht nur ganz Judäa und alle Einwohner Jerusalems auf den Weg (V. 5), sondern auch »den Mann aus Galiläa«: Jesus von Nazaret.

Doch wodurch?

In Sorge um Israel

Die Ursprünge lagen schon lange zurück. Seitdem 586 v. Chr. der Tempel zerstört und ein Großteil des Volkes in die Gefangenschaft nach Babylon weggeführt worden war, gab es in Israel stets Gruppen, die sich um den Gehorsam des Volkes Gott gegenüber sorgten. Nicht noch einmal sollte es zu einer derartigen Katastrophe kommen wie damals, als die Väter sich geweigert hatten, auf die Worte der Propheten zu hören. Daher verpflichteten sich bereits die Rückkehrer aus dem Exil und das ganze Volk »unter Eid und Schwur, das Gesetz Gottes zu befolgen, das durch Mose, den Diener Gottes, gegeben wurde, und alle Gebote des Herrn, unseres Gottes, seine Vorschriften und Satzungen zu beachten und zu erfüllen« (Neh 10,30).

Dieses Versprechen einzuhalten war allerdings nicht leicht. Die Griechen, die mit Alexander d. Gr. nach Palästina gekommen waren und die das Land nicht nur mit dem Handel, sondern auch mit der Philosophie der »weiten Welt« in Berührung gebracht hatten, die Babylonier und Perser, die Ägypter und Römer, unter denen ausgewanderte Juden lebten – sie alle machten vielen Juden tagtäglich bewußt, daß man auch anders als nach dem Glauben der Väter leben – und ein »anständiger Mensch« bleiben konnte. Daher dauerte es nicht lange, bis sich ein nicht unbeträchtlicher Teil im Volk mit den Heiden zu arrangieren begann. Andere freilich widersetzten sich allen derartigen Bestrebungen, »einen Bund mit den fremden Völkern zu schließen« (1 Makk 1,11): die Assidäer und Makkabäer (1 Makk 2), der Lehrer der Gerechtigkeit und die Leute von Qumran, aber auch die Pharisäer und vor allem die Zeloten.

Je länger nun die Auseinandersetzungen um den rechten Weg des Volkes anhielten, um so stärker wuchs gerade unter den Frommen die Überzeugung: So, wie es jetzt in unserem Volk aussieht, kann es nicht mehr lange weitergehen. Daher beteten die einen:

»Herr, du selbst bist unser König immer und ewig;
in dir, o Gott, rühmt sich unsere Seele.
Was ist doch die Dauer von eines Menschen Leben auf Erden,
ebenso lang ist auch seine Hoffnung auf ihn.
Wir aber hoffen auf Gott, unsern Heiland;
denn die Macht unseres Gottes (währt) ewig mit Erbarmen,
und das Königtum unseres Gottes (besteht) ewig
über die Völker durch Gericht.
Du, Herr, hast David erkoren zum König über Israel,
und du hast ihm geschworen über seinen Samen für alle Zeit,
daß sein Königtum nicht aufhören solle vor dir...
Sieh darein, o Herr, und laß ihnen erstehen
ihren König, den Sohn Davids,
zu der Zeit, die du erkoren, Gott, daß er über
deinen Knecht Israel regiere.

Und gürte ihn mit Kraft, daß er ungerechte Herrscher zerschmettere,
Jerusalem reinige von den Heiden, die (es) kläglich zertreten!
Weise (und) gerecht treibe er die Sünder weg vom Erbe,
zerschlage des Sünders Übermut wie Töpfergefäße.
Mit eisernem Stab zerschmettere er all ihr Wesen,
vernichte die gottlosen Heiden mit dem Worte seines Mundes,
daß bei seinem Drohen die Heiden vor ihm fliehen,
und er die Sünder zurechtweise ob ihres Herzens Gedanken.«
(Psalmen Salomos 17,1–4.21–25)

Andere wiederum zogen sich in die Wüste am Toten Meer, nach
Qumran, zurück und gelobten dort, in ihrer Gemeinschaft

»Gott zu suchen mit ganzem Herzen und ganzer Seele, zu tun, was gut
und recht vor ihm ist, wie er durch Mose und durch alle seine Knechte,
die Propheten, befohlen hat; und alles zu lieben, was er erwählt hat, und
alles zu hassen, was er verworfen hat; sich fernzuhalten von allem
Bösen, aber anzuhangen allen guten Werken... alle Söhne des Lichtes
zu lieben, jeden nach seinem Los in der Ratsversammlung Gottes, aber
alle Söhne der Finsternis zu hassen, jeden nach seiner Verschuldung in
Gottes Rache«.
(Gemeinderegel 1 QS I,1–5.9–11)

Schließlich fehlte es auch nicht an solchen, die – wie einst die
Makkabäer – das Volk zum bewaffneten Widerstand gegen die
Feinde Israels und seines Glaubens aufriefen. Es war eine große
Unruhe im jüdischen Volk.

Die Taufe des Johannes

So fand auch Johannes, den man bald den *Täufer* nannte, ein
offenes Ohr, als er aufstand und predigte. Es war wohl unten in
der judäischen Wüste zwischen Jericho und dem Toten Meer, in
der Nähe einer jener Furten, durch die die Verkehrswege von
Judäa nach dem Ostjordanland führten. Da erreichte er alle, die
des Weges kamen.
Zwei Dinge waren es, durch die Johannes auffiel:
Das erste war die Taufe, die *er* spendete. Es war zwar bereits vor
ihm üblich, daß Menschen Tauchbäder nahmen, um sich (symbolisch) von aller Unreinheit zu reinigen. Ja, vielleicht hatten sich
auch die Heiden, die zum Judentum übertraten, schon zu seiner
Zeit einem Tauchbad unterziehen müssen. Doch in allen diesen

Fällen waren es die einzelnen Männer und Frauen selbst, die sich untertauchten. Sie machten von sich aus von dieser Möglichkeit der Reinigung Gebrauch, die ihnen offenstand, wann immer sie es nötig hatten. Demgegenüber erhob Johannes den Anspruch, daß nur *er* diese einmalige Taufe spenden könne, die alle im Volk dringend nötig hätten; denn es stand für ihn nicht nur fest, daß Gottes Gericht unmittelbar bevorstünde (V. 7f.), er war auch überzeugt, daß in diesem Gericht keiner nur deshalb bestehen würde, weil er »ein Kind Abrahams« war (vgl. Mt 3,7–10).

Das war das zweite, wodurch Johannes auffiel: Für ihn gab es keinen Unterschied zwischen Gerechten und Sündern, zwischen Gottlosen und Frommen. Er verlangte von *allen* in seinem Volk, sich von ihren Sünden abzuwenden. In den Augen Johannes des Täufers genügte es für keinen mehr, wie bisher fromm zu sein. Und offensichtlich teilten viele im jüdischen Volk diese Meinung (V. 5).

Daher zögerten sie nicht, dem Ruf des Johannes zu folgen, der sie schon durch sein Äußeres an die früheren Propheten erinnerte, und der sie auch durch seine Kleidung und Nahrung (V. 6) darauf hinwies, daß vieles von dem, um das unsere Gedanken normalerweise kreisen, angesichts des drohenden Gerichts bedeutungslos wurde.

So bekannten sie vor ihm ihre Sünden, und er spendete ihnen die Taufe zur Vergebung der Sünden.

Beginnende Erfüllung

Für viele *Juden* war Johannes der Täufer eine außergewöhnliche, bewegende Gestalt, dessen Eifer und Ernst man sich nicht entziehen konnte. Für unseren *Evangelisten* freilich war Johannes noch mehr. Er erkannte (im Rückblick!) in Johannes den, durch den Gott bereits das Kommen seines Sohnes vorbereitete, so wie er es durch den letzten seiner Propheten verheißen hatte: »Seht, ich sende meinen Boten; er soll den Weg für mich bahnen!« (Mal 3,1).

Wenn nun aber ganz Judäa und alle Jerusalemer zu Johannes in die Wüste hinauszogen, wer erinnerte sich da nicht daran, daß Israel schon zweimal durch den Auszug in die Wüste die Freiheit gefunden hatte – als es unter Mose durch die Wüste ins Gelobte Land kam, und als es aus der babylonischen Gefangenschaft nach

Judäa und Jerusalem heimkehrte? Beide Male hatte Gott sein Volk durch die Wüste in die Freiheit geführt. Und eben das sollte ja nun auch durch Jesus geschehen!

Was sich durch Johannes im jüdischen Volk ereignete, war für Markus die Erfüllung jenes Wortes aus dem Propheten Jesaja: »Eine Stimme ruft in der Wüste: Bereitet dem Herrn den Weg! Ebnet ihm die Straßen!« (vgl. Jes 40,3).

Auf diese Weise nahm das Evangelium von Jesus Christus seinen Anfang.

2. Die Taufe Jesu (1,9–11)

Unter denen, die an den Jordan kamen, um Johannes zu hören und sich von ihm taufen zu lassen, war auch »Jesus aus Nazaret in Galiläa«. Offensichtlich teilte er die Überzeugung des Täufers und der vielen, die sich um Johannes scharten: Es genügt für keinen mehr, wie bisher fromm zu sein (s. S. 20). So ließ auch er sich taufen. Und dieser Akt des Angebots und der Hingabe blieb nicht ohne Antwort: Als Jesus »aus dem Wasser stieg, sah er, daß der Himmel sich öffnete und der Geist wie eine Taube auf ihn herabkam. Und eine Stimme aus dem Himmel sprach: Du bist mein geliebter Sohn, an dir habe ich Gefallen gefunden« (V. 10f.).

Fragen

Diese beiden Verse von Jesu Taufe werfen nicht wenige Fragen auf: Hat sich das alles wirklich so abgespielt, wie es hier erzählt wird? Sah Jesus tatsächlich den Himmel offen und den Heiligen Geist als Taube herabkommen, und hörte er wirklich eine himmlische Stimme? Wurde Jesus im Augenblick seiner Taufe durch den Heiligen Geist vielleicht zum Messias gesalbt oder überhaupt erst von Gott als *Gottes Sohn* angenommen? Wenn wir diese Fragen beantworten wollen, müssen wir unseren Text sehr genau betrachten:

Da fällt als erstes auf, daß nach Darstellung des Evangelisten nur Jesus den Himmel sich öffnen und den Geist herabkommen sah und die Stimme sprechen hörte. Nicht einmal Johannes der Täufer war Zeuge dieses Ereignisses! Was hier geschildert wird, ereignete sich nur zwischen Jesus und dem Himmel, der Welt Gottes.

Als zweites dürfen wir nicht übersehen, daß der Geist nicht *als* eine Taube, sondern *wie* eine Taube – so schwebend und leicht – geschildert wird.

Und auch das Dritte ist wohl kein Zufall: Wer Israels Bibel kennt, denkt bei den Worten der himmlischen Stimme unwillkürlich an bedeutende Persönlichkeiten im Leben des auserwählten Volkes: An die *Könige* aus dem Hause Davids, die jeweils bei ihrer Thronbesteigung in Gottes Namen hören durften: »Mein Sohn bist du. Heute habe ich dich gezeugt« (Ps 2,7); aber auch an den *Gottesknecht,* von dem es bei Jesaja heißt: »Seht, das ist mein Knecht, den ich stütze; das ist mein Erwählter, an ihm finde ich Gefallen. Ich habe meinen Geist auf ihn gelegt« (Jes 42,1f.). Und wenn Jesus hier gar der *geliebte Sohn* genannt wird, dann erinnerte das die Menschen, denen die Bibel in der *griechischen* Sprache vertraut war – und das war wohl bei den allermeisten Lesern unseres Evangeliums der Fall –, dann erinnerte sie der Ausdruck *geliebter Sohn* sogleich an jenes Verhältnis, das zwischen Abraham und Isaak bestand. In der griechischen Bibel lautet nämlich Gottes Wort an Abraham: »Nimm deinen Sohn, *den geliebten,* den du liebgewonnen hast« (Gen 22,2), und später: »Du hast mir deinen *geliebten Sohn* nicht vorenthalten... Weil du das getan hast und deinen *geliebten Sohn* mir nicht vorenthalten hast, will ich dir Segen schenken« (Gen 22,12.16f.).

Die Antwort des Evangelisten

Bedenkt man das alles, legt sich folgender Schluß nahe:

Die Taufe Jesu wird in unserem Evangelium schon im Blick auf uns, die Leser, erzählt. Wir sollen bereits während des Lesens spüren, wer hier vor unsere Augen tritt. Es ist – äußerlich gesehen – »ein Mann aus Nazaret in Galiläa«, Jesus mit Namen. Doch es wäre zu wenig, begnügten wir uns mit dieser Feststellung, denn »dieser Mann« ist der, den Gott in besonderer Weise mit seinem Geist begnadete, und der in einer ganz besonderen Weise für Gott *der geliebte Sohn* war.

Markus möchte uns mit dieser Schilderung kein »Taufprotokoll« liefern. Er möchte aber auch nicht nur ein *besonderes* Ereignis im Leben Jesu schildern. Er will uns vielmehr gleich zu Beginn die Augen dafür öffnen, wer Jesus war (und ist): Gottes geliebter Sohn, der alles, was nun zu berichten sein wird, in der Kraft des Heiligen Geistes wirkte.

Jesus, der Sohn Gottes

Die Bezeichnung »Sohn Gottes« begegnet uns sowohl im jüdischen als auch im griechischen Schrifttum – freilich in sehr unterschiedlichem Verständnis:

Die Griechen verwandten das Wort »Sohn« fast nur, wenn eine *physische* Abstammung vorlag. Wenn also in Götter- und Heldensagen von einem »Sohn Gottes« gesprochen wird, soll damit gesagt werden, daß ein Gott – meist Zeus – der Vater dieser oder jener Gestalt sei. (Daß eine derart massive Vorstellung göttlicher Zeugung der Bibel insgesamt fremd ist, muß wohl nicht eigens betont werden!) Lediglich die Ärzte als »Söhne« des Gottes Asklepios und Herrscher wurden ohne direkte göttliche Zeugung als »Sohn Gottes« bezeichnet.

Auch im jüdischen Sprachgebrauch drückte das Wort »Sohn« die Zugehörigkeit aus, doch war es hier nicht nötig, daß die Zugehörigkeit durch physische Zeugung begründet war. Das Wort »Sohn« konnte demnach nicht nur die leibliche Abstammung oder die Verwandtschaft bezeichnen, sondern auch die Zugehörigkeit zu einer bestimmten Gruppe, zu einem bestimmten Beruf oder Volk, ja auch die Zugehörigkeit zu Gott. So wurden beispielsweise die *Engel* als Mitglieder des himmlischen Hofstaates »Söhne Gottes« genannt (Gen 6,2.4; Ijob 1,6; 38,7; Ps 89,7). Als »mein erstgeborener Sohn« wurde *Israel* von Gott angesprochen (Ex 4,22; vgl. Hos 11,1), und auch der *König* oder der (leidende, gerechte) *Weise* konnte »Sohn Gottes« heißen (Ps 2,7; 2 Sam 7,12–14; Sir 4,10; Weish 2,13–18; JosAs 6,2–6; 13,10). Und schließlich wissen wir aus den Funden von Qumran, daß auch der *königliche Messias* zur Zeit Jesu »Sohn Gottes« tituliert wurde (4 Qflor 10–14).

Wenn nun die Christen, die ja in der ersten Zeit ganz aus dem Judentum kamen, *Jesus* als den *Sohn Gottes* bezeichneten, dann wollten sie damit zunächst einmal die Zugehörigkeit Jesu zu Gott ausdrücken; denn sie war für Jesu Jünger spätestens seit Ostern keine Frage mehr (vgl. Röm 1,4; 1 Thess 1,10).

Daß die Urchristenheit Jesu Zugehörigkeit zu Gott gerade mit dem Wort »Sohn« kennzeichnete, hatte wohl einen doppelten Grund: Jesus hatte Gott immer nur seinen *Vater* genannt (vgl. Mk 14,36; Mt 11,25; Lk 11,2 u. ö.), und der Messias galt ja schon zuvor als Gottes Sohn (s. o.)!

Für Markus war Jesus von vornherein der Sohn Gottes (vgl. 1,1.11), obgleich der Gedanke der Jungfrauengeburt (vgl. 6,3) für ihn keine Rolle spielte. Weit wichtiger war es für ihn, daß erst der römische Hauptmann unter dem Kreuz Jesus in aller Öffentlichkeit als *Gottes* Sohn erkennen konnte und bekennen durfte (15,39). Erst im Blick auf das Kreuz können wir in Wahrheit begreifen, was es bedeutet, wenn wir von Jesus sagen: »Er war Gottes Sohn!« (s. auch S. 11 f.).

3. Die Versuchung Jesu (1,12–13)

In der Erzählung von Jesu Taufe schilderte Markus Jesus als Gottes geliebten Sohn. Doch nicht nur dafür möchte Markus gleich zu Beginn die Augen öffnen; denn Jesus ist nicht nur der Sohn Gottes. Er ist auch ein neuer, ja *der* neue Mensch. Davon handelt die Erzählung von Jesu Versuchung in der Wüste.

Vergleicht man die Versuchsgeschichte unseres Evangeliums mit jener Schilderung, die uns aus dem Matthäus- und Lukasevangelium bekannt ist (vgl. Mt 4,1–11; Lk 4,1–13), fällt auf, daß die Versuchungsberichte nur in der Zeitangabe übereinstimmen:

Vierzig Tage, d. h. eine gute, von Gott bemessene Zeit, lebte

Jesus in der Wüste – wie Mose, der vierzig Tage und Nächte auf dem Berg Sinai bei Gott weilte (Ex 34,28), oder wie Elija, der durch Engelspeise gestärkt, vierzig Tage durch die Wüste zum Gottesberg Horeb wanderte (1 Kön 19,1–8). In allen anderen Punkten entwirft Markus jedoch ein eigenes Bild: Ungesagt bleibt, *wodurch* Jesus vom Satan versucht wurde. Auch scheint sich Jesu Versuchung nicht erst am Ende der vierzig Tage, sondern während der ganzen Zeit abgespielt zu haben, in der Jesus zugleich von den Engeln bedient wurde. Den auffälligsten Unterschied bilden allerdings die Worte: *»Er lebte bei den wilden Tieren«.*

Diese Bemerkung, die sich nur im Markusevangelium findet, weist uns den Weg zum rechten Verständnis der ganzen Erzählung; denn wenn Markus hier schildert, daß Jesus in der Gemeinschaft mit den wilden Tieren und von den Engeln bedient vom Satan versucht wird, dann erinnerte das seine Leser an *Adam* im Paradies.

In einer jüdischen Erzählung über das Leben Adams und Evas, die aus der Zeit Jesu stammt, lesen wir beispielsweise, daß Adam und Eva nach ihrer Vertreibung aus dem Paradies neun Tage lang etwas zum Essen suchten.

»Aber sie fanden nichts der Art, wie sie im Paradies gehabt hatten, sondern nur tierische Speise. Da sprach Adam zu Eva: Das hat der Herr den Tieren und dem Vieh zur Speise gegeben, wir aber hatten Engelspeise«.
(Das Leben Adams und Evas 4)

Für diese Erzählung war es auch selbstverständlich, daß die Tiere bis zum Sündenfall in Eintracht mit den Menschen lebten. Wenn daher Eva jenem Tier, das ihren Sohn Set bekämpft, entgegenhält:

»Du böses Tier, fürchtest du dich nicht, Gottes Ebenbild zu bekämpfen? Warum öffnete sich dein Mund? Warum erstarkten deine Zähne?«,

dann muß sie sich hier von eben diesem Tier sagen lassen:

»Eva, nicht gegen uns (richte sich) deine Anmaßung und dein Weinen, sondern gegen dich, ist doch die Herrschaft der Tiere erst durch dich entstanden. Warum öffnete sich dein Mund, von dem Baum zu essen,

von dem zu essen dir Gott verbot? Dadurch haben sich auch unsere Naturen verwandelt«.
(Das Leben Adams und Evas 10f.)

Vor dem Sündenfall lebten Menschen, Tiere und Engel in einer großen Gemeinschaft! Kein Wunder, daß sich die Menschen in Israel vom Messias die Wiederherstellung dieses paradiesischen Zustandes erhofften. Dementsprechend lesen wir beim Propheten Jesaja:

»Aus dem Baumstumpf Isais wächst ein Reis hervor, ein junger Trieb aus seinen Wurzeln bringt Frucht. Der Geist des Herrn läßt sich nieder auf ihm... Dann wohnt der Wolf beim Lamm, der Panther liegt beim Böcklein. Kalb und Löwe weiden zusammen, ein kleiner Knabe kann sie hüten. Kuh und Bärin freunden sich an, ihre Jungen liegen beieinander. Der Löwe frißt Stroh wie das Rind. Der Säugling spielt vor dem Schlupfloch der Natter, das Kind streckt seine Hand in die Höhle der Schlange.«
(Jes 11,1f.6–8)

In einer jüdischen Schrift aus der Zeitenwende verheißt gar einer der zwölf Jakobssöhne seinen Söhnen für die »letzten Zeiten«:

»Wenn ihr Gutes tut:
werden euch Menschen und Engel segnen,
und Gott wird durch euch unter den Völkern verherrlicht werden,
und der Teufel wird vor euch fliehen,
und die (wilden) Tiere werden euch fürchten,
und der Herr wird euch lieben,
und die Engel werden sich euer annehmen.«
(Testament des Naphthali 8,4)

Wenn also Markus seinen Lesern Jesus im Frieden mit der Schöpfung schilderte – »Er lebte bei den wilden Tieren, und die Engel dienten ihm« –, dann zeigte er ihnen Jesus gleichsam im Paradies. Der Geist, der Jesus in die Wüste getrieben hatte (V. 12), hatte ihn – in das Paradies gelangen lassen! Und er, Jesus, verspielte es nicht aufs neue.

Das sollen wir wissen, ehe wir nun von Jesu Wirken hören werden: In Jesus begegnet uns *Gottes geliebter Sohn,* dem Gott selbst den Weg bereitete. In Jesus begegnet uns aber auch *der neue Mensch,* in dessen Gemeinschaft die Schöpfung zum Frieden findet.

II. Das Himmelreich ist da! (1,14 – 3,12)

1. Jesu überraschende Botschaft (1,14–15)

Herodes Antipas (4 v. Chr.–39 n. Chr.), einer der drei Söhne Herodes' des Großen, hatte Johannes den Täufer ins Gefängnis werfen lassen (s. 6,17–29). Hatte er sich dadurch mehr Ruhe im jüdischen Volk versprochen, sah er sich bald getäuscht, denn nun trat Jesus an die Öffentlichkeit. Freilich, Jesus setzte das Wirken des Täufers nicht einfach bruchlos fort.

Nicht nur ein Ortswechsel

Schon äußerlich veränderte Jesus seine Wirksamkeit. Hatte Johannes in der *judäischen Wüste* am Jordan gewirkt – an einem bestimmten, festen Ort, zu dem die Menschen hinausziehen mußten –, so machte sich Jesus in *Galiläa* auf den Weg zu den Menschen – in einer Landschaft, die der jüdische Geschichtsschreiber Josephus Flavius folgendermaßen rühmt:

»Entlang dem See Gennesar erstreckt sich eine gleichnamige Landschaft von wunderbarer Natur und Schönheit. Wegen der Fettigkeit des Bodens gestattet sie jede Art von Pflanzenwuchs, und ihre Bewohner haben daher in der Tat alles angebaut; das ausgeglichene Klima paßt auch für die verschiedenartigsten Gewächse. Nußbäume, die im Vergleich zu allen anderen Pflanzen eine besonders kühle Witterung brauchen, gedeihen dort prächtig in großer Zahl. Daneben stehen Palmen, die Hitze brauchen, ferner Feigen- und Ölbäume unmittelbar dabei, für die ein gemäßigtes Klima angezeigt ist. Man könnte von einem Wettstreit der Natur sprechen, die sich mächtig anstrengt, alle ihre Gegensätze an einem Ort zusammenzuführen, oder von einem edlen Kampf der Jahreszeiten, von denen jede sich um diese Gegend wetteifernd bemüht. Der Boden bringt nicht nur das verschiedenste Obst hervor, das man sich kaum zusammen denken kann, sondern er sorgt auch lange Zeit hindurch für reife Früchte. Die königlichen unter ihnen, Weintrauben und Feigen, beschert er zehn Monate lang ununterbrochen, die übrigen Früchte reifen nach und nach das ganze Jahr hindurch. Denn abgesehen von der milden Witterung trägt zur Fruchtbarkeit dieser Gegend auch die Bewässerung durch eine sehr kräftige Quelle bei, die von den Einwohnern Kafarnaum genannt wird.«
(Der jüdische Krieg III,516–519)

27

Nicht die Wüste mit ihrer Trockenheit und ihren extremen Temperaturen war Jesu Lebensraum, sondern das fruchtbare, bewohnte Land mit seinem Wasser, Gras (Mk 6,39) und Schatten.

Und noch etwas war bei Jesus anders: Jesus ließ die Menschen nicht zu sich kommen, sondern er machte sich zu ihnen auf den Weg, um ihnen das Evangelium, d. h. die Frohe Botschaft Gottes zu verkünden: »Die Zeit ist erfüllt, die Herrschaft Gottes ist da!«

Die Stunde hat geschlagen!

Die griechische Sprache kennt zwei Wörter für »Zeit«: Zum einen *chronos*, das ist die Zeit in ihrer Ausdehnung, und zum anderen *kairos*, das ist der Zeit*punkt* – beispielsweise der Ernte (12,2) oder der Feigen (11,13). Das zweite Wort verwendet Markus an unserer Stelle. Jesus verkündet hier also: »Der entscheidende Zeitpunkt ist gekommen! Wir haben keinen Grund mehr, auf eine spätere Zeit zu warten!« Denn: »*Die Herrschaft Gottes ist da!*«

Dieser Ruf hatte für Jesu Zeitgenossen einen biblischen Klang; denn aus dem Buch Jesaja waren ihnen die Verse vertraut:

»Wie willkommen sind auf den Bergen die Schritte des Freudenboten, der Frieden ankündigt, der *eine frohe Botschaft bringt* und Rettung verheißt, der zu Zion sagt: *Dein Gott ist König!* Horch, deine Wächter erheben die Stimme, sie beginnen alle zu jubeln. Denn sie sehen mit eigenen Augen, wie der Herr nach Zion zurückkehrt. Brecht in Jubel aus, jauchzt alle zusammen, ihr Trümmer Jerusalems! Denn der Herr tröstet sein Volk, er erlöst Jerusalem!«
(Jes 52,7–9)

Seitdem der Prophet solches verkündet hatte, war im jüdischen Volk die Sehnsucht nicht mehr erloschen, daß es doch wahr werden möge: »Gott ist König! Seine Herrschaft ist Wirklichkeit geworden!« Dann wäre alles beseitigt, was die Gläubigen hinderte, Gott als ihren einzigen Herrn zu bekennen. Dann hätte sich das Wort aus dem Propheten Zefanja erfüllt:

»Juble, Tochter Zion! Jauchze Israel!... Der Herr hat das Urteil gegen dich aufgehoben und deine Feinde zur Umkehr gezwungen. Der König Israels, der Herr, ist in deiner Mitte; du hast kein Unheil mehr zu fürchten!«
(Zef 3,14f.)

Wenn Gott doch endlich König wäre und sich als König in unserer Welt zu erfahren gäbe!

Angesichts dieser Hoffnung verkündete Jesus: »Die Herrschaft Gottes ist *da*!« (Jesus wollte hier keineswegs nur sagen, die Herrschaft Gottes sei nahe, man könne also bald mit ihrem Beginn rechnen. Der gleiche Ausdruck wie hier begegnet uns nämlich auch Mk 14,42 bei der Ankunft des Judas: »Seht, der mich ausliefert, ist *da*!«.)

Kaum zu glauben

Wie ungeheuerlich diese Botschaft war, ermessen wir am besten, wenn wir uns nochmals an die Verkündigung des Täufers erinnern, der ganz Israel das Gericht angekündigt hatte:

> »Ihr Schlangenbrut, wer hat euch denn gelehrt, daß ihr dem kommenden Gericht entrinnen könnt? Bringt Früchte hervor, die eure Umkehr zeigen, und fangt nicht an zu sagen: Wir haben ja Abraham zum Vater. Denn ich sage euch: Gott kann aus diesen Steinen Kinder Abrahams machen. Schon ist die Axt an die Wurzel der Bäume gelegt; jeder Baum, der keine gute Frucht hervorbringt, wird umgehauen und ins Feuer geworfen«.
> (Lk 3,7–9)

Jesus hatte dieses Urteil über das Volk zu keiner Zeit zurückgenommen. Auch er nannte es ja eine »ungläubige« oder »ehebrecherische und sündige Generation« (Mk 9,19; 8,38). Und dennoch kündigte er ihm nicht das Gericht, sondern Gottes (rettende) Herrschaft an – und das ohne jede Vorbedingung!

Es ist verständlich, daß es da nicht wenige im Volk gab, die zweifelten; die diese Botschaft zwar hörten, sich dann aber doch kopfschüttelnd abwandten. Doch Jesus ließ nicht ab: »Kehrt um, und glaubt an das Evangelium!« war *seine* Antwort. (Nur hier forderte Jesus die Menschen noch auf »umzukehren«. In der weiteren Zeit verzichtete Jesus auf dieses Wort, weil es das nicht auszudrücken vermochte, wozu er sein Volk gewinnen wollte. Er wollte mit ihm ja nicht zu dem zurückkehren, was bislang als recht und gut gegolten hatte, sondern er wollte sein Volk *voranbringen*. Deshalb forderte Jesus die Menschen *nicht* länger auf *umzukehren,* sondern ihm *nachzufolgen*!)

2. »Auf, mir nach!« (1,16–20)

Wie lange Jesus als Verkündiger des Evangeliums allein durch Galiläa zog (nach Lk 4,14–44 hatte Jesus zunächst keine Jünger), und ob er in dieser Zeit bereits erste Kontakte mit denen knüpfte, die er später zur Nachfolge rufen wollte (so etwa Joh 1,35–51 oder Lk 4,38f.; 5,1–11) –, das alles interessierte Markus nicht. Anderes war für ihn wichtig; denn wir dürfen ja eines nie vergessen: Auch um das Jahr 70 n. Chr. waren die christlichen Gemeinden in der römischen Welt noch »Ausnahmeerscheinungen«. Sie gab es erst seit kurzem, und im Vergleich mit den übrigen Religionsgemeinschaften waren sie Neulinge und Anfänger. Trotzdem hatten sie unter dem römischen Kaiser Nero bereits die ersten Verfolgungen erleiden müssen. Was lag da näher, als daß sich die Christen – von Römern und Juden gleichermaßen angefeindet (vgl. Apg 14,4–6; 18,2f.) – immer wieder fragten: Was ist eigentlich der Grund für unsere Sonderexistenz? Worauf können wir uns wirklich zurückführen?

Auf solche und ähnliche grundlegende Fragen antwortet Markus mit dem Bericht von der Berufung der ersten Jünger (Mk 1,16–20): Die Gemeinde der Jesusjünger begann in dem Augenblick zu existieren, als Jesus die zwei Brüderpaare Simon und Andreas, Jakobus und Johannes am See von Galiläa rief, ihm nachzufolgen. *Die urchristlichen Gemeinden haben letztlich nur einen Grund: Das Wort Jesu.*

Diese Tatsache tritt noch klarer ans Licht, wenn man bedenkt, daß es im Judentum in der Regel umgekehrt war: Die jüdischen Männer erwählten sich *ihren* Lehrer. *Sie* entschieden, wem sie folgen und bei wem sie lernen wollten. Hier aber war es genau umgekehrt: Jesus war es, der diese vier Fischer aus ihrem Alltag herausrief, hinter sich und mit ihm in den Dienst der Gottesherrschaft: »Ich werde euch zu Menschenfischern machen!« (V. 17).

Aber noch ein Zweites brachte Markus mit dieser Erzählung zum Ausdruck. Sie erinnerte nämlich an eine *biblische* Geschichte:

> »Als Elija von dort weggegangen war, traf er Elischa, den Sohn Schafats. Er war gerade mit zwölf Gespannen am Pflügen, und er selbst pflügte mit dem zwölften. Im Vorbeigehen warf Elija seinen Mantel über ihn. Sogleich verließ Elischa die Rinder, eilte Elija nach und bat

ihn: Laß mich noch meinem Vater und meiner Mutter den Abschieds-
kuß geben; dann werde ich dir folgen. Elija antwortete: Geh, aber
komm dann zurück! Bedenke, was ich an dir getan habe. Elischa ging
von ihm weg, nahm seine zwei Rinder und schlachtete sie. Mit dem Joch
der Rinder kochte er das Fleisch und setzte es den Leuten zum Essen
vor. Dann stand er auf, folgte Elija und trat in seinen Dienst.«
(1 Kön 19,19–21)

Jesus hatte sich also dem Simon und Andreas, dem Jakobus und
Johannes gegenüber wie einer der großen Propheten »aus biblischer Zeit« verhalten. Freilich – und das mag uns zunächst sogar
negativ berühren –, was Jesus auf den Weg gebracht hatte, war
offensichtlich so dringend, daß er den Gerufenen nicht einmal
mehr jenen Liebesdienst gestattete, den Elija dem Elischa noch
gerne zugestanden hatte. In Jesus wiederholt sich nicht einfach die
vergangene Geschichte. Neues bricht mit ihm an, das keinen
Aufschub duldet.

3. Das befreiende Wort (1,21–28)

Mit der Berufungsgeschichte der beiden Brüderpaare gleich zu
Beginn von Jesu Wirksamkeit erinnert Markus die urchristlichen
Gemeinden daran, daß es für sie nur *einen* Grund gibt: Das Wort
Jesu.

Doch – so mag mancher schon damals gefragt haben – ist eine
solche Existenz nicht allzu unsicher und gefährdet? Kann man
unbedenklich, allein von diesem Wort gehalten, seinen Weg
gehen?

Unser Evangelist beantwortet diese Frage, indem er bei dem nun
folgenden Bericht von der Heilung eines Besessenen in zwei
bedeutsamen Punkten von den üblichen Heilungsgeschichten (vgl.
Mk 1,30f.40; 5,22f.25–28; 6,56) abweicht.

Nach der Verlesung des heiligen Textes durfte sich jeder
erwachsene Israelit im Synagogengottesdienst bei der Schriftauslegung zu Wort melden. So konnte auch Jesus am Sabbat in der
Synagoge lehren – und die Zuhörer spürten sofort den Unterschied
zwischen Jesu Verkündigung und der üblichen Auslegung der
Schriftgelehrten.

Markus erklärt nun nicht, worin dieser machtvolle Unterschied bestand. Erklärungen könnten doch nur Äußerliches treffen. Welche Macht Jesu Wort hatte, wird an der Reaktion des Dämons deutlich, der – ohne direkt angeredet zu sein – beim Lautwerden des Wortes Jesu getroffen aufschreit. Das ist *das erste Auffällige* an dieser Heilungsgeschichte: Der Mann mit dem unreinen Geist war keineswegs in den Gottesdienst gekommen, um dort von Jesus geheilt zu werden (s. auch den Exkurs: Das Sabbatverständnis zur Zeit Jesu). Vielleicht wußte der Mann gar nicht, was für ein Geist in ihn Eingang gefunden hatte – bis zu dem Zeitpunkt, an dem er von Jesu Wort getroffen wurde. In diesem Augenblick allerdings wehrte sich in ihm, was ihn im Innersten gepackt hatte – der Dämon.

Um die Bedeutung dieses Vorfalls besser verstehen zu können, ist es nötig, einen kurzen Blick auf das Dämonenverständnis der Zeitgenossen Jesu zu werfen.

Das jüdische Dämonenverständnis zur Zeit Jesu

Der Glaube an die Existenz von Dämonen (= unreinen Geistern) begegnet bereits innerhalb des Alten Testaments, denn nicht anders als die Babylonier, die Ägypter und die Bewohner Kanaans rechneten auch die Israeliten mit Dämonen (vgl. Lev 17,7; 2 Chr 11,15; Jes 13,21; 34,14). Zu oft erlebten ja auch sie, daß Leben und Besitz jederzeit durch letztlich unerklärliche Mächte angegriffen, beschädigt und vernichtet werden konnten.

Der Versuch, diesen Glauben in Israel zu überwinden bzw. zu verbieten, blieb letztlich ohne Erfolg. Vor allem seit dem babylonischen Exil sah man in jedem Übel und in jeder Krankheit nicht mehr eine *von Jahwe* verhängte Züchtigung und Strafe (so noch Num 12,9–14; Dtn 28,21f.; Ps 88 u. ö.), sondern – wie in Babylon – das Werk eines Dämons (vgl. Tob 3,8.17; 6,8.13–17; Ps 91,5f. LXX; 1 Hen 15,11f.; Mk 9,17f. u. ö.). Und auch die Götter der Heiden wurden seit dem Eindringen des Hellenismus nicht mehr als Mitglieder des göttlichen Hofstaates, d. h. als Engel betrachtet (so z. B. Dtn 32,8.17; Ps 29,1; 82,1.6; 89,6–8), sondern als Dämonen (vgl.

Dtn 32,17 LXX; Ps 95,5 LXX; 105,37 LXX; Jes 65,3 LXX; 1 Kor 10,20f.).

Wurde die Existenz von Dämonen in Israel zunächst einfach vorausgesetzt, so gab es zur Zeit Jesu im Judentum über den *Ursprung der Dämonen* sehr unterschiedliche Meinungen:

Für die einen waren die Dämonen die Geister jener Riesen, die (nach Gen 6,1–4) die Engel unter Führung Semjazas mit Menschentöchtern gezeugt hätten. Denn, so wußte man zu erzählen, nachdem diese Engel auf Gottes Befehl in die Unterwelt geworfen worden seien, wo sie gefesselt des endgültigen Gerichts harrten, hätten sich die Riesen vor den Augen ihrer Väter selbst hingeschlachtet. Seitdem streiften ihre Geister ruhelos zum Verderben durch die Welt.

Für andere waren die Dämonen die Seelen, die Gott in der Abenddämmerung des sechsten Schöpfungstages geschaffen hatte. Als Gott jedoch im Begriff gewesen wäre, ihren Leib zu schaffen, wäre der Sabbat eingetreten, der ihn gehindert hätte, sein Werk zu vollenden – und so wären diese Seelen Geister ohne Leib, d. h. Dämonen, geblieben.

Wieder andere glaubten, daß es sich bei den Dämonen um einen Teil des Turmbaugeschlechts (Gen 11,1–9) handle, während die Dämonen für den jüdischen Geschichtsschreiber Josephus Flavius ganz allgemein die Geister böser Menschen waren. Und schließlich gab es auch noch die Auffassung, nach der die Dämonen aus dem Geschlechtsverkehr Adams mit weiblichen Geistern und dem Evas mit männlichen Geistern entstanden seien (vgl. *P. Billerbeck*, Kommentar zum Neuen Testament aus Talmud und Midrasch, Band IV/1, München [4]1955, 501–535).

So eigenartig uns diese Erklärungen für die Existenz von Dämonen auch vorkommen mögen, sie stimmen in einem überein: Die Dämonen werden nicht mit dem Satan in Verbindung gebracht. Dementsprechend sah man ihre Hauptwirksamkeit auch nie in der Verführung zur Sünde, sondern in der Schädigung des Menschen.

Dieses Dämonenverständnis begegnet uns auch in den

ersten drei Evangelien. An keiner Stelle, die von dämonischer Besessenheit handelt, ist nämlich von irgendwelchen Sünden der Besessenen oder von einer Sündenvergebung durch Jesus die Rede, vielmehr werden dort immer nur bestimmte körperliche oder geistige Beeinträchtigungen durch Jesus aufgehoben (vgl. Mk 5,1–20; 7,25–30; 9,14–27 u. ö.).

Die Dämonen – das waren also in den Augen von Jesu Zeitgenossen jene dunklen, zerstörerischen Mächte, vor denen kein menschliches Leben sicher ist, und aus deren Bann die dann Betroffenen sich nie mehr selbst befreien können. Auch wenn die Meinungen über den Ursprung dieser zerstörerischen Mächte auseinandergingen – an deren übermächtiger Wirklichkeit gab es weder im Judentum noch im Heidentum einen Zweifel. Und deshalb waren die Berichte von Jesu Exorzismen nicht nur für die Juden, sondern auch für die Heiden wahrhaftig ein Evangelium!

Nun verstehen wir wohl besser, was es für die Leser des Markusevangeliums bedeutete, wenn sie als erstes von Jesu Wort – dem einzigen Grund für ihr Christsein! – hörten: »Sogar die unreinen Geister gehorchen seinem Befehl!« (V. 27). Das hieß für sie:

Wo Jesu Wort laut wird, können sich all die dunklen Mächte nicht mehr halten, die wir oftmals in unserem Leben spüren – ohne uns letztlich erklären zu können, woher sie kommen! –, und aus deren Gewalt wir uns nicht von selbst zu befreien vermögen.

Gewiß, diese »unreinen Geister« geben nicht sofort auf. Sie wehren sich in uns, und vielleicht entdecken wir erst in dem Augenblick, in dem sich in uns etwas gegen Jesu Wort wehrt, daß auch wir keineswegs frei von diesem lebensfeindlichen Geist sind. Ja, es kann sogar sein, daß wir uns dann plötzlich sehr hellsichtig argumentieren hören, um Jesu Worten ihre Kraft zu nehmen! (Diesen Sinn hat V. 24. Aus Zaubersprüchen wissen wir, wie häufig in der damaligen Zeit versucht wurde, einen anderen zu bannen und seine Macht lahm zu legen, indem man ihn bei seinem – geheimen – Namen nannte!) Dann sollten wir diese erste öffentliche Reaktion auf Jesu Verkündigung nicht vergessen!

Mag sich der Widerstand gegen Jesu Botschaft auch noch so laut äußern, und mögen wir uns gar selbst durch Jesu Wort hin- und hergerissen erleben (V. 26) – Jesu Wort läßt sich in ganz erstaunlicher Weise durch keine andere Macht aufhalten (V. 27).

Nur darauf kommt es Markus bei dieser ersten Heilungsgeschichte an. Deshalb lenkt er am Ende – und das ist die *zweite* Besonderheit – die Aufmerksamkeit seiner Leser nicht auf Jesus, sondern auf Jesu *Lehre* (vgl. 1,27 mit 4,41).

4. Das heilende Wort (1,29–45)

Jesu Verkündigung löste von Anfang an Betroffenheit aus. »Was hat das zu bedeuten?« (1,27), fragte man sich nicht nur in Kafarnaum (1,28).

Jesus ließ die Menschen darüber nicht lange im unklaren. Schon am ersten Abend, nach dem Ausgang des Sabbats, erlebten viele der Kranken und Besessenen Kafarnaums am eigenen Leib, wie *heilend* Jesu Wort war. (Anders als Mt 8,16 und Lk 4,40 spricht Markus nicht davon, daß alle, die zu Jesus gebracht wurden, geheilt worden wären. Die Tatsache, daß es auch für Jesu heilendes Wort Grenzen gab, spricht nach Markus keineswegs gegen Jesus! – Vgl. im übrigen auch den Exkurs: Wunderheilungen.)

Da verwundert es nicht, daß die Leute in Kafarnaum Jesus bei sich haben und behalten wollten. Nur, damit dokumentierten sie lediglich ihr Unverständnis. Hätten sie begriffen, daß Jesus nicht nur aus eigenem Antrieb zu ihnen gekommen war, sie hätten ihn am Morgen nicht gesucht, als er sich an einen einsamen Ort zurückgezogen hatte, um zu beten. So aber handelten sie wie seine Eltern, die auch nicht verstanden hatten, daß er »in dem sein mußte, was seines Vaters war« (vgl. Lk 2,49).

Jesus ging es in seinem Tun eben auch, ja vor allem um *Gottes* zuvorkommende Liebe. Sie ließ ihn nicht ruhen. Sie verwehrte es ihm, an *einem* Ort seßhaft zu werden. *Sie,* die Liebe Gottes, müssen wir am Werke sehen, erst dann verstehen wir Jesus wirklich. Das gilt auch bei dem unmittelbar anschließenden Bericht von der Heilung eines Aussätzigen.

Das Leid der Aussätzigen

Es fällt uns verständlicherweise immer wieder schwer, uns daran zu erinnern, daß das »Alte Testament« für das jüdische Volk – und damit auch für Jesus! – *die* Heilige Schrift war. Die darin enthaltenen Vorschriften waren für die gläubigen Juden *Gottes* Wort, dem man sich im privaten wie im öffentlichen Leben ganz selbstverständlich zu unterwerfen hatte. Das galt auch für Gebote wie dieses:

> »Wenn sich auf der Haut eines Menschen eine Schwellung, ein Ausschlag oder ein heller Fleck bildet, liegt Verdacht auf Hautaussatz vor. Man soll ihn zum Priester Aaron oder zu einem seiner Söhne, den Priestern, führen. Der Priester soll das Übel auf der Haut untersuchen. Wenn das Haar an der kranken Stelle weiß wurde und die Stelle tiefer als die übrige Haut liegt, ist es Aussatz. Nachdem der Priester das Übel untersucht hat, soll er den Erkrankten für unrein erklären... Der Aussätzige, der von diesem Übel betroffen ist, soll eingerissene Kleider tragen und das Kopfhaar ungepflegt lassen; er soll den Schnurrbart verhüllen und ausrufen: Unrein! Unrein! Solange das Übel besteht, bleibt er unrein; er ist unrein. Er soll abgesondert wohnen, außerhalb des Lagers soll er sich aufhalten.«
> (Lev 13,2–3.45–46)

Niemandem in Israel wäre es eingefallen, diese Vorschrift leicht zu nehmen. Schließlich war dieses Gebot nicht uneinsichtig; denn Israel sollte ja ein *reines* Volk für Jahwe sein (vgl. Lev 19,1f.). Deshalb mußten die Aussätzigen auch noch zur Zeit Jesu die menschliche Gesellschaft meiden. (Die Heilige Stadt und die seit alters ummauerten Städte durften sie überhaupt nicht betreten, und in den übrigen Ortschaften mußten sie getrennt für sich leben.) Die Aussätzigen waren den Toten gleich. Deshalb galt einen Aussätzigen von seinem Aussatz zu befreien als ebenso schwer wie einen Toten zum Leben zu erwecken. (»Bin ich denn ein Gott, der töten und zum Leben erwecken kann?« war daher auch die entsetzte Reaktion des Königs von Israel, als der Aramäer Naaman auf Geheiß seines Königs zu ihm kam, damit er ihn von Aussatz heile!)

Wie außergewöhnlich die Heilung vom Aussatz war, können wir schon daran erkennen, daß uns im ganzen Alten Testament nur zwei derartige Heilungen überliefert werden: Die Heilung

Mirjams, für die Mose zu Jahwe geschrien hatte (Num 12,10–16), und die Heilung Naamans auf Intervention des Propheten Elischa (2 Kön 5,1–19).

Vom Aussatz befreien konnte nur Gott. Wie groß mußte da das Vertrauen des Aussätzigen nicht nur in das Wohlwollen und in die heilende Kraft Jesu, sondern auch in Jesu Verbundenheit mit Gott gewesen sein, wenn er zu Jesus kam und zu ihm sagte: »Wenn du willst, kannst du mich rein machen!« (Mk 1,40). Mirjam hatte sieben Tage auf ihre Heilung warten müssen, Naaman hatte sich siebenmal im Jordan waschen müssen, der Aussätzige hier aber fand *sofort* Heilung. Nichts konnte eindringlicher zeigen, daß *Gott* mit Jesus war, um sich auch derer zu erbarmen, die bereits im Schatten des Todes lebten.

Mit der Heilung des Aussätzigen war die Geschichte für Markus freilich noch nicht zu Ende:

Indem Jesus dem Geheilten gebot: »Zeig dich dem Priester und bring das Reinigungsopfer dar, das Mose angeordnet hat«, machte er den Geheilten zunächst einmal zum Zeugen dafür, daß er trotz seiner *Vollmacht* und trotz seiner *ganz neuen Lehre* (vgl. 1,27!) die Vorschriften des Gesetzes nicht auf die leichte Schulter nahm. (Die späteren Gesetzeskonflikte Jesu resultierten also keineswegs nur aus einer »liberalen« Einstellung Jesu dem Gesetz gegenüber!) Indem Jesus dem Geheilten aber einschärfte: »Nimm dich in acht! Erzähl niemand etwas davon!«, zeigte er, daß es ihm auch bei diesem ganz außergewöhnlichen Wunder nicht um sein persönliches Ansehen, sondern um das Wohl dieses einen Menschen gegangen war.

Der Geheilte mißachtete jedoch Jesu Schweigegebot. Verständlicherweise? Nun, die Konsequenzen müßten uns zumindest nachdenklich machen: Der Geheilte, der nicht genug davon bekommen konnte zu erzählen, was ihm widerfahren war, zwang Jesus gleichsam »ins Abseits« (V. 45). Nicht jeder, der meint, den anderen immer wieder ganz offen berichten zu müssen, was der Herr an ihm getan hat, macht es Jesus möglich, bei den Menschen so anzukommen, wie *er* es möchte.

5. Das vergebende Wort (2,1–17)

Was sich bereits nach Jesu erstem Tag in Kafarnaum angekündigt hatte, fand durch die Ereignisse der folgenden Tage seine volle Bestätigung: In Jesu Nähe gesundete das Leben. Wo Jesu Wort laut wurde, verschwand alles Dämonische. Das alles sprach für die Wahrheit von Jesu Botschaft: »Die Zeit ist erfüllt, die Herrschaft Gottes ist da!«

Noch war den Menschen freilich nicht völlig klar geworden, wie tiefgreifend diese Botschaft war. Das deutlich zu machen, ist das Anliegen der beiden folgenden Abschnitte von der Heilung des Gelähmten (2,1–12) und von der Berufung des Levi (2,13–17).

Die Heilung des Gelähmten

Der Bericht von der Heilung des Gelähmten gilt vielen als eine nachträglich erweiterte Wundergeschichte, in welcher die Diskussion um das Recht der Sündenvergebung durch Jesus ursprünglich gefehlt hätte.

Als Hauptgründe für diese Annahme werden genannt: Daß einem Kranken innerhalb einer Wundergeschichte die Sündenvergebung zugesprochen wird, ist ohne Parallele; die Schriftgelehrten, die in Vers 6 ganz unvermittelt auftreten – und ebenso lautlos verschwinden –, sprechen ihre Bedenken nicht direkt aus, Jesus muß sie vielmehr (wie Gott: vgl. 1 Sam 16,7; 1 Kön 8,39) durchschauen, um dann den Vorwurf selbst zu formulieren; das Wort vom Menschensohn dürfte erst nach Ostern von der Gemeinde gebildet worden sein (s. auch den Exkurs: Jesus und der Menschensohn).

Wir können diese Überlegungen auf sich beruhen lassen, da unserem Evangelisten bereits der erweiterte Bericht vorgelegen haben dürfte. (Darin stimmen alle Exegeten überein!) Wenn wir verstehen möchten, was Markus mit dieser Erzählung seinen Lesern mitteilen wollte, müssen wir von dem gesamten Text 2,1–12 ausgehen.

Es muß den Menschen unvorstellbar gut getan haben, Jesus zuzuhören – und auch Jesus war es offensichtlich nie zuviel geworden, den Menschen »das Wort« zu verkünden (V. 2). Wiederum verzichtet Markus darauf (s. zu 1,22f.), den Inhalt der Verkündigung Jesu näher zu umschreiben; denn weit besser als alle theologischen Schlagworte veranschaulicht die folgende Geschichte, was für *Jesu* Wort typisch war.

Es scheinen zunächst nur Kleinigkeiten zu sein, in denen der Bericht von der Heilung des Gelähmten von den übrigen Wunderberichten der Evangelien abweicht, bei näherem Zusehen freilich erweisen sie sich als hilfreich für das rechte Verständnis:

Daß Kranke von Freunden oder Bekannten zu Jesus gebracht werden, ist nichts Außergewöhnliches (vgl. Mk 1,32; 6,55; 7,32; 8,22; 9,17. Außergewöhnlich ist nur die Art und Weise in der der Gelähmte doch noch vor Jesus gebracht wurde!). Auffällig ist jedoch, daß Jesus hier nicht im Blick auf den Glauben des Kranken (so 5,34; 10,52; Lk 17,19), sondern im Blick auf den Glauben der Träger handelt. Hatte der Gelähmte vielleicht gar keinen Glauben (mehr)? Waren die Träger die »treibende Kraft«?

Auffällig ist ferner, daß Jesus den Kranken nicht zuerst auffordert: »Hab Mut!« (so z. B. Mk 6,50; 10,49), sondern daß er ihm direkt und zuerst die Sündenvergebung zusagt. (Diese Zusage ist auch deshalb so außergewöhnlich, weil Jesus sonst nie die Sündenvergebung zur Voraussetzung irgendeiner Heilung machte – nicht einmal Joh 5,8.14! Ja, nach Joh 9,2f. lehnte Jesus eine derartige Verbindung zwischen Krankheit und Sünde ab!) Mußte denn der Kranke zuerst von einer lähmenden Schuld befreit werden, ehe er überhaupt wieder aufstehen und leben *wollte*?

Die *Verkündigung des Wortes* (V. 2) bedeutete für den Gelähmten in jedem Fall, vor allem erfahren zu dürfen, daß Gott ihn von seiner Schuld befreit. Das aber bedeutete für Markus: Jesu Wort, das die Existenzgrundlage von Jesu Jüngern ausmacht, bringt nicht nur alle dunklen, dämonischen Mächte zum Weichen; es läßt nicht nur die Kranken gesunden, wenn sie ihm vertrauen, sondern es sagt auch jedem, der von Schuld gelähmt ist, daß Gott ihm vergibt – ohne jede Voraussetzung und selbst dann, wenn er persönlich keinen Glauben mehr aufzubringen vermöchte.

Eine solche Zusage aus dem Mund eines Menschen muß anmaßend klingen (VV. 6f.). Sie kann – auch für die Urchristenheit! – wahrhaftig nur von dem ausgesprochen werden, der von Gott selbst dazu ermächtigt wurde: vom Menschensohn (V. 10).

Aber – so mögen nicht wenige Menschen in Palästina (vor Ostern) und unter den Lesern des Markusevangeliums (auch noch nach Ostern) gefragt haben –, woran können *wir* erkennen, daß es gerade Jesus war, den Gott dazu ermächtigte? Diese Frage wird in unserer Geschichte nicht einfach als illegitim verworfen, sondern mit dem Hinweis auf die bewegende, aufrichtende Macht von Jesu Wort beantwortet. Es war kein leeres Wort, das hier einem Menschen Gottes Vergebung zusagte (VV. 11f.).

Wie ernst es Jesus mit dieser seiner Zusage war; wie sehr die Botschaft von Gottes Vergebung zu seinem Wort (V. 2) gehörte, zeigt auch der nächste Abschnitt unseres Evangeliums.

Die Berufung des Levi und das Mahl mit den Zöllnern

Auch damit erregte Jesus Anstoß – und wir werden zugeben müssen, daß man sich aus *guten* Gründen an Jesu Verhalten stoßen konnte; denn die Pharisäer dachten und urteilten ja keineswegs »pharisäisch«!

Die Pharisäer
Sie wollten eigentlich nie »etwas Besseres« sein. Sie wehrten sich nur gegen die – auch damals schon weit verbreitete – Auffassung, man könne den »alten Glauben« in der Gegenwart nicht mehr wirklich ernst nehmen, weil sich die Zeiten doch sehr verändert hätten. Und weil sie sahen, daß man diesen Kampf für den Glauben der Väter nicht allein führen und durchhalten konnte, schlossen sie sich in kleinen Gruppen und Gemeinschaften zusammen, in der sich ein jeder auf die Treue und Hilfe des anderen verlassen konnte. Damit fielen sie allerdings aus dem Rahmen ihrer Zeit, und so kamen sie auch zu ihrem Namen: die Pharisäer, d. h. die Abgesonderten, die Nichtangepaßten.

Den Pharisäern ging es also darum, daß man die Gebote Gottes nicht einfach den veränderten Zeiten opferte, sondern sie auch in der Gegenwart ernst nahm. Aus diesem Grund war das Gesetzesstudium für sie so wichtig, und deshalb stand bei ihnen auch der *Schriftgelehrte* in einem besonderen Ansehen; denn die Tora, das Gesetz des Mose, war nun einmal die Lebensgrundlage Israels.

Wie angesehen die Pharisäer beim jüdischen Volk waren, erfahren wir durch den Geschichtsschreiber Josephus Flavius:

> »Die Pharisäer leben enthaltsam und kennen keine Annehmlichkeiten. Was vernünftige Überlegung als gut erscheinen läßt, dem folgen sie, und sie halten es überhaupt für ihre Pflicht, den Vorschriften der Vernunft nachzukommen. Die Alten ehren sie, und sie maßen sich nicht an, den Anordnungen derselben zu widersprechen... Sie glauben auch, daß die Seelen unsterblich sind und daß dieselben – je nachdem der Mensch tugendhaft oder lasterhaft gewesen – unter der Erde Lohn oder Strafe erhalten, so daß die Lasterhaften in ewiger Kerkerhaft schmachten müssen, während die Tugendhaften die Macht erhalten, ins Leben zurückzukehren. Infolge dieser Lehre besitzen sie beim Volk einen solchen Einfluß, daß sämtliche gottesdienstlichen Verrichtungen, Gebete wie Opfer, nur nach ihrer Anleitung dargebracht werden. Ein so herrliches Zeugnis gaben ihnen die Gemeinden, weil man glaubte, daß sie *in Wort und Tat nur das Beste wollten.*«
> (Jüdische Altertümer 18,1.3)

Wir würden den Pharisäern und ihren Schriftgelehrten also gewiß nicht gerecht, glaubten wir, sie hätten aus bloßer Selbstgerechtigkeit oder Überheblichkeit an Jesu Gemeinschaft mit den Zöllnern und Sündern Anstoß genommen. Es waren vielmehr *gute* Gründe, deretwegen ihnen Jesu Tischgemeinschaft zumindest als sehr frag-würdig vorkam (V. 16). Zu den Dingen, die Israel im Lauf seiner Geschichte gelernt hatte, gehörte nämlich auch die Erkenntnis, daß *jede* Verfehlung und *jedes* Vergehen – jede Sünde also – *Auswirkungen* hat: Jede Lüge beispielsweise – und wäre sie nur eine Scherzlüge (Spr 26,18f.) – mindert die Bereitschaft bei den anderen Menschen, ihren Nächsten zu trauen. Und jedes unbedachte lieblose Wort verletzt, selbst wenn wir das »nicht so gewollt« haben. Das aber bedeutet doch: Jedes Vergehen mindert das Wohl, den *schalom,* der Welt. Jeder Sünder zerstört Gottes gute Schöpfung und wird so zum Widersacher Gottes.

Aus diesem Grund waren die Menschen in Israel, die Gott gerecht werden wollten, überzeugt, sich mit den Sündern nicht einfach an einen Tisch setzen zu können – wenigstens so lange nicht, bis sie sich bekehrt hatten. Denn hätten sie in der Öffentlichkeit sonst nicht den Eindruck erweckt, als ob sie mit den Sündern letztlich doch gemeinsame Sache machen oder zumindest deren Verhalten dulden würden?

Zu den Menschen, die sich gegen das Wohl ihrer Nächsten vergingen und so die Gemeinschaft des Volkes zerstörten, gehörten nun auch *die Zöllner,* da sie oft in ihre eigene Tasche wirtschafteten. Dies war deshalb möglich, weil sie keine staatlichen Beamten, sondern »Privatunternehmer« (bzw. deren Angestellte) waren. Anders als die (kaiserlichen) Steuern gehörten die Zolleinkünfte, d. h. jene Abgaben, die besonders für Waren beim Überschreiten der Landesgrenzen bezahlt werden mußten, nämlich dem jeweiligen Landesherrn. Der aber verpachtete die Zölle seines Gebietes gegen eine feste jährliche Summe an Privatpersonen. Die Höhe der jeweiligen Zölle selbst aber waren recht unbestimmt. Infolgedessen konnten sie von habgierigen Eintreibern »sündhaft hoch« angesetzt werden – was verständlicherweise dazu führte, daß man die Zöllner ganz allgemein zu den Sündern zählte.

Einer von diesen Zöllnern war Levi, der Sohn des Alphäus, aus Kafarnaum, jener Stadt am Nordende des Sees von Gennesaret, die die Grenze zwischen den Staaten der beiden Herodessöhne, des Philippus (4 v. – 34 n. Chr.) und des Herodes Antipas (4 v. – 39 n. Chr.), bildete und in der Jesus eine neue Heimat gefunden hatte (vgl. Mt 9,1). Als Jesus Levi sah, rief er ihn zur Nachfolge. Nicht vergebens. Freilich, ehe Levi alles verließ, um Jesus nachzufolgen, feierte er – zusammen mit vielen seiner Kollegen und (Gesinnungs-)Freunden – ein großes Mahl mit Jesus und dessen Jüngern (V. 15). Das aber verwunderte die Schriftgelehrten der Pharisäer (V. 16): Gab Jesus hier nicht ein sehr schlechtes Beispiel? Stiftete er, der bereits angesehene Lehrer und Wundertäter, durch dieses sein Verhalten nicht Irrtum und Verwirrung unter den Menschen, die sich im Gehorsam gegen Gottes Gebote abmühten?

Jesu Antwort (V. 17) ist in doppelter Hinsicht bedenkenswert: Die Sünder sind für Jesus nicht einfach Gesetzesbrecher oder gescheiterte Existenzen, sondern *Kranke* – Menschen also, denen etwas fehlt. Deshalb weiß er sich an deren Tisch und nicht zu denen gesandt, die stark genug sind, Gottes Gebote zu halten. Sie, die Sünder, brauchen Heilung. Das ist wichtiger als die Ruhe jener, deren Leben in Ordnung ist.

6. Wie Gottes Herrschaft die Gegenwart verändert – Die Frage nach dem Fasten (2,18–22)

Daß Jesus das Recht hatte, Menschen ihre Sünden zu vergeben, war für den Evangelisten Markus (wie für die ganze Urchristenheit) angesichts der Auferweckung Jesu durch Gott keine Frage. Doch, so mögen wir vielleicht fragen, wie kam *Jesus* zu diesem Wissen, in Gottes Namen Sünden vergeben zu dürfen, und was bedeutete das für Jesus selbst?

Auch wenn es für uns unmöglich ist, aufgrund der Evangelien eine Biographie oder ein Werk über die Psychologie Jesu zu verfassen, müssen wir doch nicht alle Fragen, die uns im Blick auf Jesu Leben und Wirken bewegen, unbeantwortet lassen. Ein Wort wie beispielsweise das folgende über das Fasten sagt uns nämlich etwas sehr Wichtiges über die Gründe, die Jesus zu seinem Tun veranlaßten.

Gründe für das Fasten

Das Fasten hatte im Leben des jüdischen Volkes eine lange Tradition und eine klare Begründung:

Am ursprünglichsten und natürlichsten war das Fasten nach einem Unglücksfall, wenn es dem Betroffenen gleichsam »den Appetit verschlagen« hatte. Als beispielsweise David vom Tode Sauls und Jonatans und der Niederlage seines ganzen Volkes erfuhr, »da faßte David sein Gewand und zerriß es, und ebenso (machten es) alle Männer, die bei ihm waren. Sie klagten, weinten und fasteten bis zum Abend« (2 Sam 1,11f.). Auf diese Weise wurde das Fasten zum *gesellschaftlichen* Ausdruck der Trauer über ein geschehenes Unglück. (Wer bei einem Unglück nicht fastete, erweckte jetzt den Eindruck, als ob ihn das Unglück gar nicht berühren würde, vgl. 2 Sam 12,15–23!)

Durch Fasten konnte nun aber auch die *Trauer vor Gott* über begangenes Unrecht ausgedrückt werden – in der Hoffnung, daß Gott vielleicht doch noch das Unheil aufhalten könnte, das man durch eigenes Vergehen verschuldet hatte. Das beeindruckendste Beispiel hierfür ist neben dem Versöhnungstag, an dem das ganze Volk einmütig fastete (vgl. Lev 16,29–31), das Verhalten der Bewohner von Ninive:

»Jona begann, in die Stadt hineinzugehen; er ging einen Tag lang und rief: Noch vierzig Tage, und Ninive ist zerstört! Und die Leute von Ninive glaubten Gott. Sie riefen ein Fasten aus, und alle, groß und klein, zogen Bußgewänder an. Als die Nachricht davon den König von Ninive erreichte, stand er von seinem Thron auf, legte seinen Königsmantel ab, hüllte sich in ein Bußgewand und setzte sich in die Asche. Er ließ in Ninive ausrufen: Befehl des Königs und seiner Großen: Alle Menschen und Tiere, Rinder, Schafe und Ziegen, sollen nichts essen, nicht weiden und kein Wasser trinken. Sie sollen sich in Bußgewänder hüllen, Menschen und Tiere. Sie sollen laut zu Gott rufen, und jeder soll umkehren und sich von seinen bösen Taten abwenden und von dem Unrecht, das an seinen Händen klebt. Wer weiß, vielleicht reut es Gott wieder, und er läßt ab von seinem glühenden Zorn, so daß wir nicht zugrunde gehen.« (Jona 3,4–9)

Damit drückte das Fasten aber nicht mehr nur die Trauer über das begangene Unrecht, sondern auch die Bereitschaft aus, sich Gott aufs neue zuzuwenden und ihm allein anzugehören. Wer sich daher in einer besonders intensiven Weise von allem, das ihn von Gott ablenken könnte, abwenden wollte, um ganz für Gott und seinen Anruf bereit zu sein, der fastete: Mose beispielsweise, als er ohne zu essen und zu trinken vierzig Tage und Nächte beim Herrn auf dem Berg blieb, um die Zehn Gebote auf Tafeln zu schreiben (Ex 34,28); oder Daniel, als er sich bemühte, die ihm von Gott geschenkte Offenbarung zu verstehen (Dan 9,3; 10,1–3), und vielleicht auch Jesus, als er sich nach seiner Taufe in die Wüste zurückgezogen hatte (so Mt 4,2; Lk 4,2 – jedoch nicht Mk 1,13, s. S. 24f.).

Es waren also zwei Gründe, die dem Fasten im Glaubensleben Israels nicht nur einen festen Platz, sondern auch eine hohe Wertschätzung verschafft hatten: Zum einen drückten die Menschen durch das Fasten ihre Trauer über ihre begangenen Sünden aus. Vielleicht konnte dadurch doch noch das Gericht aufgehalten werden, das der einzelne oder das Volk insgesamt durch seine Vergehen verschuldet hatte. Zum anderen aber galt das Fasten als ein vorzüglicher Weg zu einer vertiefteren Gottesbeziehung: »Durch das Fasten des Leibes hältst du die Sünde nieder, erhebst du den Geist, gibst du uns die Kraft und den Sieg...« (Aus diesem Grund wurde das Fasten auch im Kampf gegen die bösen Geister hoch geschätzt, vgl. zu Mk 9,29 S. 125).

Die Zeiten haben sich geändert!

Wenn nun Jesus *seine* Jünger *nicht* zum Fasten anhielt, dann war dies eben nicht nur auffällig, sondern ausgesprochen ärgerlich und anstößig! Hatten seine Jünger es denn nicht nötig, »die Sünde niederzuhalten und den Geist zu erheben«? Gab es in ihrem Leben denn nichts, wofür sie hätten Buße tun müssen? Und wenn schon – hätten sie dann nicht durch ihr Fasten wenigstens *Zeugnis für den Ernst der Zeit* ablegen können, so wie es die Pharisäer und die Jünger des Johannes taten?

»Nein!« antwortete Jesus; denn die Zeiten – nicht die Menschen! – haben sich geändert! Weil mit ihm die Zeit angebrochen ist, in der sich die Verheißung aus dem Propheten Jesaja erfüllt: »Wie sich der junge Mann mit der Jungfrau vermählt, so vermählt sich mit dir, Zion, dein Erbauer. Wie der Bräutigam sich freut über die Braut, so freut sich dein Gott über dich!« (Jes 62,5), deshalb *können* seine Jünger *nicht* fasten. Fasteten sie, handelten sie unzeitgemäß!

Gewiß, es wird eine Zeit kommen, in der auch seine Jünger wiederum einen Fasttag kennen werden (V. 20). Nur, durch diese Tatsache werden keineswegs die »alten« Gründe, die die Menschen bis zur Zeit Jesu zum Fasten veranlaßten, wieder in ihre Rechte eingesetzt! Denn *seine* Jünger werden mit *ihrem* Fasten ihre *Trauer über* seine, des Bräutigams Abwesenheit ausdrücken (V. 21)!

Gegenüber allen Versuchen, das Fasten in der Gemeinde Jesu *auch* mit jenen Gründen fortzuführen und zu rechtfertigen, deretwegen die Menschen in Israel vor Jesu Kommen fasteten, verkündet unser Evangelium: Ein derartiges Unterfangen kann – beim besten Willen! – nicht gut ausgehen; denn »niemand näht ein Stück neuen Stoff auf ein altes Kleid... Auch füllt niemand neuen Wein in alte Schläuche. Sonst zerreißt der Wein die Schläuche; der Wein ist verloren, und die Schläuche sind unbrauchbar. Neuer Wein gehört in neue Schläuche« (V. 21f.).

Mögen die Gründe auch noch so verständlich und gut gemeint sein, die den frommen Menschen zu einem bestimmten Verhalten Gott gegenüber veranlassen, was *recht* ist, können wir allein im Blick auf Gott erkennen. Und Gott ist heute der, der unter uns *seine* Herrschaft aufrichten will.

Was das bedeutet und wie das zu verstehen ist, versuchte Jesus vor allem auch durch seine Sabbatstreitigkeiten klar zu machen.

7. Sabbatstreitigkeiten (2,23 – 3,6)

Die Gründe, die Jesus bewogen hatten, sich auch gegen den Protest der Frommen in Israel mit den Sündern an einen Tisch zu setzen, können wir in der Regel verstehen: »Nicht die Gesunden brauchen den Arzt, sondern die Kranken!« (Mk 2,17). Doch was war der Sinn jenes Streits, den Jesus mit den Pharisäern und Schriftgelehrten um den Sabbat geführt hatte, und der in den allermeisten Fällen von Jesus selbst »vom Zaun gebrochen« worden war? (Mit Ausnahme von Mk 2,23 = Mt 12,1; Lk 6,1 wurden alle in den Evangelien berichteten Sabbatstreitigkeiten von Jesus provoziert: Mk 3,3 = Mt 12,13; Lk 6,8 sowie Lk 13,12; 14,3f.; Joh 5,6!) Um dies verstehen zu können, müssen wir noch einmal einen Blick in die Geschichte Israels werfen.

Das Sabbatverständnis zur Zeit Jesu
Was ist der Sinn des Sabbats? Auf diese Frage finden wir in Israels Heiliger Schrift eine doppelte Antwort.
Die eine begegnet uns im Buch Exodus:

>»Gedenke des Sabbats: Halte ihn heilig... Denn in sechs Tagen hat der Herr Himmel, Erde und Meer gemacht und alles, was dazugehört; am siebten Tag ruhte er. Darum hat der Herr den Sabbattag gesegnet und ihn für heilig erklärt.«
>(Ex 20,8–11)

46

Die zweite Antwort steht im Deuteronomium:

>>Achte auf den Sabbat: Halte ihn heilig, wie es dir der Herr, dein Gott, zur Pflicht gemacht hat... Denk daran: Als du in Ägypten Sklave warst, hat dich der Herr, dein Gott, mit starker Hand und hoch erhobenem Arm dort herausgeführt. Darum hat es dir der Herr, dein Gott, zur Pflicht gemacht, den Sabbat zu halten.<< (Dtn 5,12–15)

Der Unterschied, der zwischen diesen beiden Begründungen des Sabbatgebots besteht, ist nicht zu übersehen: Nach Ex 20,11 besteht der Sinn des Sabbats darin, daß Israel an Gottes Ruhe, d. h. an *Gottes* Sabbat, teilnimmt, den es als einen besonders gesegneten Tag bereits seit Ende der Schöpfung gibt (vgl. Gen 2,2f.). Nach Dtn 5,15 hingegen ist der Sabbattag die Konsequenz aus der Exodus-Erfahrung Israels: Weil Israel bei seiner Herausführung aus Ägypten am eigenen Leib erlebt hat, daß sein Gott *die Freiheit seiner Geschöpfe* will, soll Israel allem Lebenden in seinen Wohnbereichen wenigstens einmal in der Woche die Freiheit schenken. Wenigstens einmal in der Woche sollen alle Geschöpfe *aufatmen* können! Oder anders ausgedrückt: Nach Ex 20,11 ist Israel für den Sabbat Gottes da, nach Dtn 5,15 ist der Sabbat für Mensch und Tier da.

Seit der Rückkehr aus dem babylonischen Exil hatte sich nun das (priesterliche) Sabbatverständnis des Buches Exodus mehr und mehr durchgesetzt. Einen sehr deutlichen Beweis hierfür haben wir in einer jüdischen Nacherzählung der Schöpfungsgeschichte aus dem zweiten vorchristlichen Jahrhundert. Nach ihr offenbarte ein Engel dem Mose:

>>Und allen Engeln des Angesichts und allen Engeln der Heiligung, den beiden großen Geschlechtern, uns sagte er dieses, daß wir Sabbat feiern sollten mit ihm im Himmel und auf der Erde. Und er sagte zu uns: >Siehe, ich will schaffen und erwählen mir ein Volk mitten aus meinen Völkern. Und sie werden mir Sabbat halten. Und ich werde sie heiligen mir zu einem Volk. Und ich werde sie segnen. Wie ich geheiligt habe den Tag des Sabbats und ihn mir heiligen werde, so will ich es segnen. Und sie werden mir mein Volk sein, und ich werde ihr Gott sein. Und ich habe auserwählt den Samen Jakobs unter allem, was ich gesehen habe, und habe

ihn mir aufgeschrieben als erstgeborenen Sohn. Und ich habe ihn mir geheiligt in die Ewigkeit der Ewigkeit. Und den Tag des Sabbats werde ich ihnen zeigen, damit sie Sabbat halten an ihm von aller Arbeit.‹ Und er machte an ihm ein Zeichen, nach welchem sie Sabbat halten sollten mit uns am siebenten Tag, zu essen und zu trinken und ihn zu segnen, der alles geschaffen, wie er gesegnet und geheiligt hat sich das Volk, das aus allen Völkern hervorragt, damit sie Sabbat halten in Gemeinschaft mit uns, aufsteigen zu lassen seine Gebote als schönen Duft, der angenehm sein sollte vor ihm alle Tage.«
(Jubiläenbuch 2,18–22)

Am Sabbat ist Israel für Gott da. Alle eigenen menschlichen Bedürfnisse haben deshalb zurückzustehen! (Deshalb gilt – nach den Worten des jüdischen Rabbiners *R. R. Geis* – bis zum heutigen Tag im Judentum: »Alle Bitten um irdische Güter, so wichtig sie die ganze Woche genommen werden, müssen am Sabbat schweigen!«) Wenn Gott sechs Tage für den Menschen da ist, dann sollte der Mensch nicht zögern, wenigstens am siebenten Tag *ganz* für Gott da zu sein.

Da wir Menschen aber erfahrungsgemäß geneigt sind, auch am Sabbat an *uns* und *unser* Wohl zu denken, bildeten sich im frühen Judentum eine Reihe von Geboten zum Schutz des Sabbats heraus – beispielsweise auch jenes (vgl. Mk 2,23f.), nach dem das Ährenraufen (als Teil der Erntearbeit!) untersagt war.

Wenigstens einmal in der Woche soll der Mensch Gott in allem den Vorrang einräumen; denn es kann für den Menschen nichts Größeres und Segensreicheres geben als die *volle* Gemeinschaft mit Gott.

Das Abreißen der Ähren am Sabbat

Wir werden nicht bestreiten können, daß sich in dem Sabbatverständnis, wie es zur Zeit Jesu im Judentum herrschend war, eine tiefe, selbstlose Frömmigkeit ausdrückte. Trotzdem wurde sie von Jesus zurückgewiesen, denn »der Sabbat ist für den Menschen da, nicht der Mensch für den Sabbat« (V. 27). Aus diesem Grund gewährte Jesus seinen Jüngern die Freiheit, sich auch am Sabbat der Schöpfung zu *ihrem* Wohl zu bedienen.

Einen jeden, der sich daran stoßen sollte, erinnerte Jesus an eine *biblische* Geschichte – als David »in das Haus Gottes ging und die heiligen Brote aß, die außer den Priestern niemand essen darf, und auch seinen Begleitern davon gab« (V. 26). Dieser Vorfall ereignete sich zwar nicht an einem Sabbat, aber darauf kam es Jesus auch nicht an. Von Bedeutung war für ihn vielmehr dies: Die Trennung von Profanem und Heiligem, nach der bestimmte Dinge *um Gottes willen* für den Menschen als tabu gelten, wurde auch von David in dem Augenblick nicht mehr respektiert, in dem er und seine Gefährten in Not waren. Offensichtlich glaubte auch David nicht, daß Gott wahrhaftig etwas für sich beanspruchen und damit dem Menschen vorenthalten würde!

Gewiß, gegen dieses Beispiel »biblischer Freiheit« ließen sich eine Menge anderer biblischer Texte ins Feld führen. Das wußte bereits die Urgemeinde. Das wußte auch unser Evangelist. Deshalb fügte er – wie bei der Frage nach dem Recht zur Sündenvergebung (s. zu 2,10) – den Hinweis auf den *Menschensohn* an. Daß der Sabbat mißverstanden wird, wenn der Mensch (in seiner Frömmigkeit!) glaubt, um Gottes willen auf ein Gut verzichten zu sollen – »Alle Bitten um irdische Güter, so wichtig sie die ganze Woche genommen werden, müssen am Sabbat schweigen!« (s. o.) –, ist letztlich nur vom Menschensohn, d. h. von Jesus her zu begründen.

Aus diesem Grund war der nachfolgende Sabbatzwischenfall für Markus von wesentlicher Bedeutung; denn hier dokumentierte Jesus sein eigenes Sabbatverständnis.

Die Heilung eines Mannes am Sabbat

Die Pharisäer machen ohne Zweifel einen bösartigen Eindruck, wenn es von ihnen heißt: »Und sie gaben acht, ob Jesus ihn am Sabbat heilen werde; sie suchten nämlich einen Grund zur Anklage gegen ihn« (V. 2). Dieses Verhalten erscheint freilich in einem anderen Licht, wenn wir das Sabbatverständnis ernst nehmen, das zur Zeit Jesu im Judentum maßgebend war (s. o.). Denn auf dem Hintergrund dieses Sabbatverständnisses mußte Jesus – gerade nach dem Vorfall mit seinen Jüngern (2,23–28) – als einer erscheinen, der die Heiligkeit des Sabbats gefährdete. Wenn Jesus auch jetzt – am Sabbat in einer Synagoge! – den Menschen und das menschliche Wohl in den Mittelpunkt stellte (V. 3!), dann verstieß er damit gegen den geistlichen Sinn des Sabbats.

Doch dagegen wehrte sich Jesus. Für ihn lautete die Frage nämlich nicht: »Wozu sind wir Menschen am Sabbat da?«, sondern: »Ist es erlaubt, am Sabbat Gutes zu tun oder Böses zu tun? Jemanden zu retten oder zu töten?« (V. 4).

Vielleicht empfinden wir diese Frage als ein wenig »überzogen«. Hätte Jesus den Kranken bis zum nächsten Tag warten lassen, hätte er dann wirklich etwas Böses getan? Hätte er dann tatsächlich Leben vernichtet? Jesu Frage wird jedoch verständlich, wenn wir uns daran erinnern (s. S. 41 f.), daß nach jüdischem Verständnis *jedes* Tun Folgen hat – zum Guten oder zum Bösen. Wer also am Sabbat etwas Gutes, das er tun könnte, *nicht* tut, der bewirkt damit automatisch etwas Nicht-Gutes, d. h. etwas Böses. Wer jemand retten könnte und es nicht tut, der überläßt den anderen der Macht des Todes.

Die von Jesus Gefragten schwiegen. So wie Jesus konnte ja nur der fragen, der überzeugt war, daß Gott auch am Sabbat nichts anderes erwarte, als daß der Mensch Gutes tue und Leben rette! Weshalb fragte Jesus nach dem, was dem Menschen am Sabbat erlaubt sei, anstatt zu fragen, was der Mensch am Sabbat *Gott schuldet*? So schwiegen sie.

Für Jesus freilich kam dieses Schweigen nicht aus einem frommen, sondern aus einem verstockten Herzen, das nicht aufrichtig bereit ist, den Weisungen Gottes zu folgen, sondern letztlich doch nur den eigenen Vorstellungen und Plänen nachgeht (s. zu 6,52).

Das machte ihn zornig und traurig zugleich; denn dadurch konnte es zu keinem wirklichen Einverständnis kommen. Und so offenbarte er gleichsam unter Protest, daß auch am Sabbat des Menschen Heil Gottes Wille ist.

Wenn dieser Sabbatzwischenfall mit der Feststellung endet: »Da gingen die Pharisäer hinaus und faßten zusammen mit den Anhängern des Herodes den Beschluß, Jesus umzubringen« (V. 6), dann sollten wir uns auch hier davor hüten, in diesem Beschluß reine Bosheit am Werke zu sehen. Denn durch sein Verhalten am Sabbat hatte Jesus nun einmal das damals maßgebende Gottes- und Menschenbild angegriffen – und auch dieses ließ sich mit nicht wenigen biblischen Texten begründen. Vielleicht spüren sogar wir gewisse Einwände in uns, wenn wir bedenken, daß Jesus mit seinem Verhalten am Sabbat nicht mehr und nicht weniger behauptete, als daß Gott jederzeit – an jedem Tag und zu jeder Stunde – *vor allem* auf das Wohl des Menschen bedacht sei; daß es also keine Zeit gäbe, zu der Gott vom Menschen erwarte, daß er, der Mensch, ihm den Vorrang einräume.

Wenn wir Menschen im Blick auf Gott fragen: »Wer oder was soll zuerst kommen?«, dann kann die Antwort nach Jesu Sabbatauslegung nur lauten: »Immer das Wohl des Menschen!«

8. Die heilende Gegenwart Jesu (3,7–12)

Jesu Botschaft von Gott und seinem Reich hatten die einen im jüdischen Volk als eine wahre Wohltat erlebt: die Kranken, die Besessenen, die Sünder, während die anderen darin eine Gefahr für den rechten Glauben erblickten: die Pharisäer, die Schriftgelehrten, die Anhänger des Herodes. Schon jetzt ließ sich voraussehen, daß Jesu Wirken zu einem ernsthaften, ja vielleicht sogar tödlichen Konflikt in seinem Volk führen könnte.

Nur – das wollte Jesus nicht. Daher zog er sich mit seinen Jüngern an den See zurück (V. 7). Und die Menschen folgten ihm auch dorthin; denn sie spürten, daß von ihm Heil ausging (VV. 7–10). Weil dieses aber gefährdet gewesen wäre, hätten die Menschen in ihm schon jetzt den Sohn Gottes gesehen, verbot Jesus den unreinen Geistern, daß sie ihn bekannt machten (V. 11f.; s. auch S. 11f.).

III. Kehrt um! (3,13 – 6,6)

1. Die Wahl der Zwölf (3,13–19)

Es ist verständlich, daß nicht nur aus Galiläa, sondern auch aus Jerusalem und Idumäa, aus Transjordanien und aus dem Gebiet von Tyrus und Sidon viele Menschen zu Jesus drängten, nachdem sie von seinem wundervollen Wirken gehört hatten (Mk 3,7f.). Hier war endlich einer, von dem man auch noch in solchen Fällen, die bis dahin als aussichtslos gegolten hatten, Hilfe erwarten konnte. Und offensichtlich war es auch für Jesus wichtig, daß die Menschen mit ihm derart gute Erfahrungen machten (3,9f.).

Freilich, er wollte nicht nur der persönliche Nothelfer sein. Es ging ihm um mehr – und um das deutlich zu machen, berief er *die Zwölf*, »die er selbst wollte« (V. 13); denn es gab keinen im Judentum, der nicht verstanden hätte, was die Berufung von *zwölf* Männern bedeutete.

Eine Zwölfergruppe erinnerte die Menschen in Israel ja nicht nur an die *zwölf Söhne*, sondern auch, ja noch weit mehr an die *zwölf Stämme* Israels – und deren unheilvolle Geschichte! Bereits unter Salomos Sohn (931 v. Chr.) hatten sich doch die zehn Stämme des Nordens von den beiden südlichen Stämmen, von Juda und Benjamin, getrennt, weil sie sich von den Jerusalemer Königen unterdrückt und ausgebeutet fühlten. So war der Zwölf-Stämme-Verband bereits nach zwei Generationen in zwei Königreiche gespalten – in das Königreich Israel im Norden und in das Königreich Juda im Süden.

722 v. Chr. kam die nächste Katastrophe: Der König von Assur eroberte das Nordreich Israel und deportierte den Großteil der Israeliten nach Assyrien. Aber auch dem Königreich Juda erging es nicht besser: 586 v. Chr. wurde Jerusalem von den Babyloniern erobert. Damit war auch für das Königtum im Süden das Ende gekommen. Dazu kam, daß nicht nur viele aus den führenden Schichten in Juda nach Babylon ins Exil mußten, sondern auch eine große Schar aus den Zurückgebliebenen nach Ägypten auswanderten (vgl. Jer 41,16 – 44,30). Und keineswegs alle kehrten später wieder nach Palästina zurück. Die aber, die dann doch zurückkehrten, bildeten mit denen, die zurückgeblieben waren, nie

mehr ein Ganzes. Die gegenläufigen Interessen und die verschiedenen Parteiungen konnten nie mehr völlig überwunden werden.

So richtete sich auch an diesem Punkt die Hoffnung aller jüdischen Frommen auf die Endzeit, wenn Gott nochmals zugunsten seines Volkes in die Geschichte eingreifen würde:

»An jenem Tag wird der Herr Ähren ausklopfen
vom Eufrat bis zum Grenzbach Ägyptens;
dann, ihr Söhne Israels, liest man euch auf, einen nach dem andern.
An jenem Tag wird man das große Widderhorn blasen,
dann kommen die Verirrten aus Assur nach Hause,
und die in Ägypten Verstreuten kehren zurück;
sie fallen vor dem Herrn in Jerusalem nieder, auf dem heiligen Berg.«
(Jes 27,12f.)

Wie lebendig die Hoffnung auf die Wiederherstellung des Zwölf-Stämme-Volkes im jüdischen Volk war, können wir nicht nur an der Gemeinschaft von Qumran erkennen, in der es einen eigenen »Zwölferrat« gab (vgl. Gemeinderegel VIII,1). Von dieser Hoffnung spricht auch einer der sog. Psalmen Salomos, die im ersten vorchristlichen Jahrhundert in Palästina entstanden sind. Er lautet:

»Von Salomo. Zur Erwartung.
Stoßt in die Posaune auf Zion mit der Jubelposaune der Heiligen,
verkündet in Jerusalem die Botschaft des Freudenboten,
denn Gott hat sich Israels erbarmt und sie besucht.
Steige hinauf auf die Höhe, Jerusalem, und sieh deine Kinder
alle gesammelt von dem Herrn von Ost und West.
Von Norden kommen sie in der Freude ihres Gottes,
von den Inseln weit her versammelt sie Gott...
Der Herr führe aus, was er gesagt hat, über Israel und Jerusalem!
Der Herr richte Israel auf im Namen seiner Herrlichkeit!
Die Barmherzigkeit des Herrn über Israel immer und ewig!«
(Psalmen Salomos 11,1–3.8f.)

So lebendig war damals die Erwartung, daß Gott *bald* die Verheißung zugunsten seines Volkes einlösen und Israel wiederherstellen werde.

Im Zusammenhang mit dieser Erwartung müssen wir nun die Berufung der Zwölf durch Jesus sehen. Wenn Jesus *zwölf Männer* berief, »damit sie mit ihm seien und damit er sie aussende«

(V. 14), dann setzte er damit in seinem Volk ein unübersehbares Zeichen:

»Seht!«, sagte Jesus damit seinem Volk, »seht, der Neuanfang! Ich werde euch den Weg führen, auf dem Gott seine Verheißungen *für unser Volk* einlösen wird. Kommt, der Anfang des neuen Zwölf-Stämme-Volkes ist gemacht! Das Reich Gottes ist da!«

Jesus wollte nicht nur der private Nothelfer sein. Er wollte seinem Volk als Ganzem aufhelfen. Deshalb genügte es ihm nicht, nur unter denen zu sein, die bei ihm Hilfe für ihre persönlichen Nöte suchten. Daher »stieg er auf einen Berg und rief die zu sich, die er wollte, und sie kamen zu ihm« (V. 13. – Man kann zwar manchesmal der Meinung begegnen, bei »den Zwölfen« handle es sich erst um eine »nachösterliche Institution«, doch dagegen spricht schon die Tatsache, daß der Kreis der Zwölf im Leben der Urgemeinde keine besondere Funktion hatte. Die Zwölf werden 1 Kor 15,5 vielmehr *vorausgesetzt,* verschwinden dann aber sehr rasch aus dem Gesichtsfeld der Urchristenheit. Zur Funktion der Zwölf vgl. zu Mk 6,6b–13.).

2. Wer steckt hinter Jesus? (3,20–30)

Wenn es wirklich so viele Menschen waren, die aus dem ganzen Land zu Jesus drängten, weil sie von ihm ihr Heil erwarteten, und wenn Jesus tatsächlich so viele Wunder unter denen gewirkt hatte, die ihn von allen Seiten bedrängten, weshalb hatte er dann letztlich doch keinen Erfolg in seinem Volk?

Die Antwort, die Markus mit dem nächsten Abschnitt seines Evangeliums auf diese Frage gibt, ist gewiß nicht nur von historischem Interesse.

Ausgangspunkt der folgenden Geschichte ist noch einmal der »umlagerte Jesus«. Es ist unübersehbar, daß Jesus bei den Menschen »ankommt«. Er und seine Begleiter kommen bei all dem Andrang nicht einmal mehr zum Essen (V. 20).

In dieser Situation handelte zunächst einmal Jesu Familie. (V. 21 findet in V. 31 seine Fortsetzung. Markus fügt hier – wie 5,21–43 u. ö. – zur dramatischen Verstärkung eine zweite Geschichte in die erste, die für ihren Verlauf eine gewisse Zeit benötigt. Zu Jesu Familie gehörte also auch Jesu Mutter, von der erst V. 31 ausdrücklich die Rede ist.) Nach allem, was man von Jesus gehört hatte, gab es für Jesu Familie nur einen Schluß: »Er ist verrückt! Man muß ihn mit Gewalt zurückholen!« (V. 21).

Doch nicht nur bei seiner eigenen Familie stieß Jesus auf Unverständnis und Ablehnung, sondern auch bei den Schriftgelehrten, d. h. bei den maßgebenden theologischen Lehrern des jüdischen Volkes, denen auch das letzte Urteil in Rechtsfragen zustand. Sie waren eigens Jesu wegen von Jerusalem nach Galiläa herabgekommen, um festzustellen, was von dieser neuen Jesus-Bewegung zu halten sei. Und auch ihr Urteil fiel negativ aus: »Er ist von Beelzebul besessen; mit Hilfe des Anführers der Dämonen treibt er die Dämonen aus« (V. 22).

Jesu Wunderheilungen wurden von den Schriftgelehrten keineswegs bezweifelt. Doch mit der bloßen Feststellung, *daß* durch Jesus Wunder geschahen, war noch gar nichts entschieden; denn Wunder konnten schließlich ganz verschiedene Ursachen haben.

Wunderheilungen

Jesus war ein *großer* Wundertäter. Nicht zufällig wurde sein Name im Judentum des 1. Jahrhunderts sogar zum Zauberwort (vgl. Mk 9,38; Apg 19,13). Doch er war keineswegs der einzige, von dem solch wundervolle Wirksamkeit berichtet wird.

Die jüdische Überlieferung weiß beispielsweise von einem Rabbi namens Chanina ben Dosa, einem angesehenen Lehrer des 1. Jahrhunderts n. Chr., eine Reihe beachtlicher Wunder zu erzählen. Als etwa der Sohn Rabban Gamaliels erkrankte, schickte dieser zwei Gelehrte zu Rabbi Chaina ben Dosa,

»damit er für ihn um Erbarmen bitte. Sobald er diese sah, stieg er zum Obergemach hinauf und bat für ihn um Erbarmen. Indem er herunterkam, sagte er zu ihnen: Gehet, das Fieber hat ihn verlassen. Sie sagten zu ihm: Bist du denn ein Prophet? Er sagte zu ihnen: Nicht Prophet bin ich, auch nicht eines Propheten Sohn bin ich, sondern so habe ich es empfangen: Wenn das Gebet meinem Munde geläufig ist, so weiß ich, daß es angenommen wurde, wenn aber nicht, so weiß ich, daß es verworfen wurde. Da setzten sie sich und schrieben, indem sie die Stunde genau angaben. Als sie zu Rabban Gamaliel kamen, sagte dieser zu ihnen: Beim Kult! Nichts habt ihr abgezogen und nichts habt ihr hinzugefügt, sondern genau so ist es geschehen: in ebendieser Stunde hat ihn das Fieber verlassen, und er bat uns um Wasser zum Trinken.« (Berachot 34b)

Auch in den »Jüdischen Altertümern« des Josephus Flavius stoßen wir auf derartige Wunderberichte, für deren Richtigkeit der jüdische Historiker sich selbst verbürgt:

»Ich habe gesehen, wie einer der Unseren, Eleazar mit Namen, in Gegenwart des Vespasianus, seiner Söhne, der Obersten und der Krieger, die von bösen Geistern Besessenen davon befreite. Die Heilung geschah in folgender Weise: Er hielt unter die Nase des Besessenen einen Ring, in dem eine von den Wurzeln eingeschlossen war, welche Salomo angegeben hatte, ließ den Kranken daran riechen und zog so den bösen Geist durch die Nase heraus. Der Besessene fiel sogleich zusammen, und Eleazar beschwor dann den Geist, indem er den Namen Salomos und die von ihm verfaßten Sprüche hersagte, nie mehr in den Menschen zurückzukehren. Um aber den Anwesenden zu beweisen, daß er wirklich solche Gewalt besitze, stellte Eleazar nicht weit davon einen mit Wasser gefüllten Becher oder ein Becken auf und befahl dem bösen Geist, beim Ausfahren aus dem Menschen dieses umzustoßen und so die Zuschauer davon zu überzeugen, daß er den Menschen verlassen habe. Das geschah auch in der Tat, und so wurde Salomos Weisheit und Einsicht kund«. (8,2.5)

Derartige Wunder wurden jedoch nicht nur von Juden – von gläubigen Juden – bewirkt. Neben Apollonius von Tyana, dem berühmtesten heidnischen Wundertäter des 1. Jahrhunderts n. Chr., erwähnen die damaligen Schriftsteller vor allem die römischen Kaiser als wundertätige Heilande. Von Vespasian (9–79 n. Chr.) berichtet zum Beispiel Sueton in seinem »Leben der Caesaren«:

»Noch fehlte Vespasian das nötige Ansehen und gleichsam die von Gott bestätigte Majestät, da er wider Erwarten und erst seit kurzem zum Kaiser erhoben worden war. Aber auch dies wurde ihm zuteil. Zwei Männer aus dem Volk, der eine blind, der andere mit einem lahmen Bein, kamen miteinander zu ihm, als er auf

seinem Tribunal saß, und baten ihn, zu ihrer Heilung zu tun, was ihnen Serapis im Traum gezeigt habe: Vespasian werde dem Blinden das Augenlicht wiedergeben, wenn er dessen Augen mit seinem Speichel benetze, das Bein des Lahmen heilen, wenn er geruhe, es mit seiner Ferse zu berühren. Da kaum eine Hoffnung bestand, daß die Sache irgendwie von Erfolg begleitet sein könnte, wollte der Kaiser nicht einmal einen Versuch wagen. Auf Zureden seiner Freunde unterzog er sich endlich vor versammeltem Volk dem Experiment, und der Erfolg blieb beide Male nicht aus.«
(*Sueton*, Leben der Caesaren – Vespasian c. 7)

An der Tatsächlichkeit solch wunderbarer Heilungen bestand für die (meisten) Menschen der Antike – und zu ihnen gehörten auch die Menschen in Palästina zur Zeit Jesu – kein Zweifel; denn für sie gab es noch keine derart strenge Trennung zwischen der irdischen und himmlischen Welt, wie wir sie heute in der Regel voraussetzen. Deshalb sahen sie sich auch noch nicht jener Frage gegenüber, die uns zumeist beschäftigt, wenn wir über die Möglichkeit oder Unmöglichkeit von Wundern diskutieren: »Kann Gott in *diese* Welt eingreifen oder nicht? Kann Gott Naturgesetze aufheben oder nicht?« Daß Gott sich auch in außergewöhnlicher Weise in seiner Schöpfung zur Wirkung bringen kann, wurde weder von Jesus noch von seinen Zeitgenossen bezweifelt.

Es waren *theologische,* nicht naturwissenschaftliche Fragen, die die Menschen in Israel angesichts der Wunder, die unter ihnen geschahen, beschäftigten: Es gab nach ihrem Glauben eben nicht nur Gott, der bestimmte Menschen (wie Mose oder Elija – oder Rabbi Chanina ben Dosa) zu außergewöhnlichen Taten ermächtigen konnte, sondern es gab ja auch noch andere dem Menschen überlegene Mächte. Auch sie konnten »hinter den Wundern stekken«! In einer jüdischen Auslegung von Exodus 8,14 – »Die Wahrsager versuchten mit Hilfe ihrer Zauberkunst ebenfalls Stechmücken hervorzubringen, vermochten es aber nicht« – heißt es beispielsweise:

»Als die Bilderschriftkenner (d. h. die ägyptischen Weisen und Zauberer) sahen, daß sie die Mücken nicht hervorbringen konnten, erkannten sie, daß sie Werke Gottes und nicht Werke der Dämonen waren, und sie dachten nicht ferner daran, sich dem Mose gleichzustellen, um die Plagen hervorzubringen.«
(Exodus Rabba 10 zu 8, 14)

Wie verbreitet diese Vorstellung war, daß Wunder auch mit Hilfe von Dämonen gewirkt werden können, beweist eine Stelle aus der Schrift des Origenes gegen den heidnischen Philosophen Celsus. Origenes schreibt hier im Zusammenhang mit dem Besuch der Magier bei dem Neugeborenen in Betlehem:

»Zu den Griechen nun dies: Die Magier stehen mit den Dämonen im Verkehr, sie rufen diese an um Beistand bei den Dingen, die sie nach den Regeln ihrer Wissenschaft vollbringen wollen, und erreichen dann ihre Absichten, solange kein göttliches und stärkeres Wesen als die Dämonen und die Beschwörung, durch die sie gerufen werden, erscheint oder genannt wird.«
(Gegen Celsus I,60)

Die entscheidende Frage angesichts irgendwelcher außergewöhnlicher Taten lautete in der Antike also nicht: »Handelt es sich hier wirklich um ein Wunder?«, sondern: »Wer wirkt hier *im Grunde*? Eine gute oder eine böse Macht? Gott – oder der Satan?« Erst wenn diese Frage beantwortet war, konnten die geschehenen Wunder (unter Umständen) als eine göttliche Legitimation des Wundertäters anerkannt werden.

Zu einem derart positiven Urteil kamen die Schriftgelehrten bei Jesus allerdings nicht. Ihre Diagnose lautete vielmehr: »Er ist von Beelzebul besessen; mit Hilfe des Anführers der Dämonen treibt er die Dämonen aus!« (V. 22).

Es ist für uns nun wichtig zu sehen, wie Jesus auf diese Deutung seiner Wunder reagiert. Er zeiht seine Gegner nicht des Unglaubens. Er macht ihnen keine Vorwürfe, sondern er macht sie zunächst auf etwas aufmerksam, worin sie und er gewiß übereinstimmen dürften:

»Jedesmal, wenn (so müßte die griechische Konjunktion *ean* genau übersetzt werden) ein Reich wider sich selbst zerteilt ist, kann jenes Reich nicht bestehen. Und jedesmal, wenn ein Haus wider sich selbst entzweit ist, wird jenes Haus nicht bestehen können« (V. 24f.).

An diesem Punkt dürften sie alle doch *einer* Meinung sein. Nur – mußten ihm die Schriftgelehrten dann nicht auch zustimmen, wenn er aus diesen Beispielen jetzt die Konsequenz zog? Im Blick auf seine Heilungen bedeutet dies doch:

»Wenn daher wirklich (so müßte jetzt die griechische Konjunktion *ei* genau übersetzt werden – eingeleitet durch ein *kai*-consecutivum) der Satan wider sich selbst auf*stand* und zerteilt *war*, kann er nicht (weiter) bestehen, sondern er hat ein Ende!« (V. 26 – Die meisten Übersetzungen sind hier sehr ungenau, indem sie die beiden Verben auch dieses Bedingungssatzes im Präsens wiedergeben. Im Griechischen stehen diese beiden Verben jedoch im Indikativ Aorist, d. h. sie bezeichnen einen Vorgang, der vom Standpunkt des Redenden aus der Vergangenheit angehört!)

Wenn die Schriftgelehrten daran festhalten, daß er, Jesus, die Dämonen mit Hilfe des Anführers der Dämonen austrieb, dann müßten sie logischerweise auch die Folgerung ziehen: Also ist die Herrschaft des Satans zu Ende. Das aber bedeutete: Die messianische Zeit ist angebrochen!

Wenn sich in Jesu Wirken aber nicht von selbst das Ende des satanischen Reichs offenbarte, dann bleibt für Jesu Heilungen nur noch eine Erklärung übrig: Jesus ist der Stärkere, der alle aus dem Verhängnis des Bösen zu befreien vermag; denn auch darin müßten die Schriftgelehrten mit ihm doch übereinstimmen:

»Keiner kann in das Haus des Starken eindringen und seine Geräte ausrauben, außer wenn er den Starken zuerst bindet, und dann wird er sein Haus ausrauben«. (V. 27)

Das *müßte* einleuchten – gäbe es nicht die tief verwurzelte und offensichtlich weit verbreitete menschliche Voreingenommenheit, die in all jenen Menschen *böse* Mächte am Werk sieht, die mit ihrem Verhalten die eigene bisherige Weltanschauung in Frage stellen.

Mißtrauen verteufelt

Der Vorwurf der dämonischen Besessenheit, den die Schriftgelehrten Jesus gegenüber erhoben, war ja nichts Neues:
Von Johannes dem Täufer wurde schließlich ebenfalls behaup-

tet: »Er ist von einem Dämon besessen« (vgl. Mt 11,18), und auch im heidnischen Raum begegnet uns der Vorwurf, Zauberei zu betreiben, gerade denjenigen gegenüber, die eine neue Religion oder eine neue religiöse Richtung zu begründen versuchten (vgl. *Euripides,* Bacchae 334; *Ovid,* Metamorphosen II,534). Daher war es auch kein besonders neuartiger Einfall, wenn der Heide Celsus Jesu Wunder so erklärte:

> »Jesus wurde im geheimen erzogen, verdang sich nach Ägypten als Tagelöhner, versuchte sich dort an einigen Zauberkräften und kehrte darauf wieder zurück, indem er sich wegen jener Kräfte öffentlich als Gott erklärte.«
> (Vgl. *Origenes,* Gegen Celsus I,38)

Freilich, auch die Christen dachten hier – im Blick auf die nichtchristlichen Wundertäter – nicht anders. Auch für sie steckten hinter den Wundern, die »Andersgläubige« bewirkten, Dämonen und der Satan. Ein gutes Beispiel hierfür bieten uns die am Ende des zweiten Jahrhunderts n. Chr. entstandenen sogenannten Petrusakten. In ihnen wird auch die Auseinandersetzung des Petrus mit Simon Magus, einem berühmten *heidnischen* Wundertäter, geschildert. Da heißt es:

> »Als aber die Nacht kam, sah Petrus Jesus, angetan mit einem leuchtenden Gewand, lächelnd; Petrus war noch wach, und er (d. h. Christus) sagte zu ihm: ›Schon ist der größte Teil der Brüder durch dich und durch die Zeichen, die du getan hast in meinem Namen, zu mir zurückgekehrt. Du wirst aber einen Glaubenskampf haben am kommenden Sabbat, und es werden sich (noch) viel mehr von den Heiden und von den Juden in meinem Namen zu mir, dem Geschmähten, Verspotteten, Angespieenen bekehren. Denn ich will mich dir zeigen, wenn du um Zeichen und Wunder bittest, und du wirst viele bekehren, aber du wirst einen Widersacher an Simon haben infolge der Werke seines Vaters (vgl. Joh 8,44). Aber all sein Tun wird als Zauberspruch und als magischer Trug an den Tag kommen. Jetzt aber zögere nicht, und du wirst alle, die ich dir zuschicken werde, auf meinen Namen gründen!‹ Da forderte Petrus seine Mitchristen auf: ›Teuerste und geliebteste Brüder, wir wollen miteinander fasten und zum Herrn beten! Der, welcher ihn von dort (aus Judäa) vertrieben hat, ist auch mächtig, ihn von hier auszutreiben. Und er möge uns Kraft geben, ihm und seinen Zaubersprüchen zu widerstehen und ihn als den Engel des Satans zu entlarven.‹«
> (Petrusakten 16.18 – S. dazu auch 9,38–41, S. 127f.)

Für die Juden steckte hinter Jesu Wundern Beelzebul, für die Christen steckte hinter des Simon Magus (oder des Apollonius von Tyana) Wunder der Satan!

Unentschlossenheit wäre tödlich

Wunder *allein* bleiben zweideutig und daher ungeeignet, bereits vorhandenes Mißtrauen abzubauen oder gar zu überwinden. Wäre es da nicht besser, man kümmerte sich nicht weiter um sie – auch nicht um die von Jesus gewirkten Wunder? Ein solcher Schluß mag sich gerade den Menschen nahelegen, denen es auf Jesu Wunder »nicht ankommt«, weil ihnen Jesu Botschaft und die von Jesus gewirkte Erlösung weit wichtiger ist. Dennoch könnte sich eine derartige geringschätzende Abwertung der Wunder Jesu verhängnisvoll auswirken; denn »alle Vergehen und Lästerungen werden den Menschen vergeben werden, so viel sie auch lästern mögen; wer aber den Heiligen Geist lästert, der findet in Ewigkeit keine Vergebung, sondern seine Sünde wird ewig an ihm haften« (V. 28f.).

Achten wir genau auf den Wortlaut! Der Gegen-Satz zu Vers 28 wird durch einen Nachsatz verdeutlicht! Es heißt nicht nur: »Wer aber den Heiligen Geist lästert, der findet in Ewigkeit keine Vergebung!« Dieser Satz wird vielmehr mit der Feststellung weitergeführt: »Sondern seine Sünde wird ewig an ihm haften«.

Wiederum (s. S. 41 f.) nimmt der Evangelist es ernst, daß eine jede Tat auch auf den Täter ihre Auswirkung hat. Weil sich auch in Jesu Wundern *Gottes* Geist auswirkt (vgl. 1,9–11), verschließt sich ein jeder, der diese Wunder geringschätzt, letztlich *vor Gott.* Er läßt sich nicht wirklich von Gott ergreifen, vielmehr verharrt er – bewußt oder unbewußt – in Distanz zu Gott. Nicht weil Gott nicht vergeben wollte, sondern weil der Mensch sich weigert, auf Gottes rettendes Entgegenkommen einzugehen, kann dem, der Jesu Wunder lästert, keine Vergebung zuteil werden (V. 30). Er bleibt seinem distanzierenden Vorurteil gegen Gottes Wirken verhaftet. Das bedeutet: »Seine Sünde wird ewig an ihm haften«.

3. Wem Jesus sich verbunden weiß (3,31–35)

Jesu eigene Familie hatte offensichtlich – wenigstens zur Zeit seines irdischen Wirkens – keinen Zugang zu Jesus. Weshalb? Weil sie wähnten, auf Jesus einen Anspruch zu haben: »Sie blieben vor dem Haus stehen und ließen ihn herausrufen« (V. 31). Doch nicht der findet Zugang zu Jesus, der »draußen« stehen bleibt und nach Jesus fragt (V. 32; vgl. 4,11!). Nur wer den Willen des Vaters *tut*, ist Jesus »Bruder und Schwester und Mutter« (V. 34).

Was aber ist der Wille des Vaters? »Kehrt um, und glaubt an das Evangelium!« (1,15). Jesus und das mit ihm gekommene Reich Gottes stehen nicht mehr zur Debatte. Wir haben nur noch zwei Möglichkeiten: draußen stehen zu bleiben oder Jesus »Bruder und Schwester und Mutter« zu werden, indem wir ihm auf dem Weg des Evangeliums nachfolgen.

4. Was uns hoffen läßt (4,1–34)

Gerade bei denen, die sich für das Leben und den Glauben des Volkes verantwortlich fühlten, bei den Schriftgelehrten und den Pharisäern, war Jesus mit seinem Wirken auf Mißtrauen und Ablehnung gestoßen. Und auch bei seiner eigenen Familie hatte Jesus keinen Beifall gefunden. Was gibt uns eigentlich den Mut, dennoch auf Jesu Botschaft unsere ganze Hoffnung zu setzen? Wir können doch nicht die Augen verschließen, daß selbst Jesus mit seiner Verkündigung bei den entscheidenden Institutionen seines Volkes kaum etwas bewegen konnte!

Das folgende Kapitel enthält eine erste Antwort auf diese gewiß naheliegenden Bedenken.

Das Gleichnis vom Samen

Es ist eine einfache Geschichte, die Markus als erste aus den vielen Gleichnissen Jesu auswählte – die Geschichte vom Geschick des Samens, den der Sämann säte:

> ›Etwas von ihm (im griechischen Text steht hier und an den beiden folgenden Stellen der Singular) fiel dabei auf den Weg, und die Vögel fraßen es. Etwas von ihm fiel auf den Felsboden und unter die Dornen,

und es verdorrte und wurde erstickt. Alles übrige aber (Markus verwendet jetzt den Plural) fiel auf den guten Boden, und so brachte es vielfache Frucht!‹

Daß Samen keine Frucht bringen, ist die Ausnahme, nicht die Regel! Das aber ist nicht bedeutungslos. Diese Tatsache ist es vielmehr wert, bedacht zu werden! Deshalb forderte Jesus auch seine Zuhörer am Beginn und Ende eigens auf: »Hört!« (V. 3), und: »Wer Ohren hat zu hören, der höre!« (V. 9).

Samen, der ausgestreut wird, bringt normalerweise Frucht.

»Na und?«

Vielleicht ergeht es uns jetzt wie den Jüngern Jesu (V. 10). Wir möchten wissen, was Jesus mit diesem und den übrigen Gleichnissen eigentlich sagen wollte. Weshalb ist diese Geschichte vom Samen so bedenkenswert?

Ehe Markus uns diese Frage beantwortet, macht er darauf aufmerksam, daß die folgende Antwort keine »Allerweltsantwort« ist. Sie gibt es nur für die, denen »das Geheimnis des Reiches Gottes gegeben ist« (V. 11a). Nur sie werden etwas mit der folgenden Antwort anfangen können, während den anderen, »denen draußen alles ein großes Rätsel sein und bleiben wird« (V. 11b). Wie ist das zu verstehen?

Das Geheimnis des Reiches Gottes

Als Jesus auftrat und verkündigte: »Die Zeit ist erfüllt, das Reich Gottes ist da!« (1,15), da wollte er gewiß kein Geheimnis verkünden. Im Gegenteil! Er wollte alle Menschen seines Volkes darauf aufmerksam machen, daß das Reich Gottes zu ihnen gekommen war. Deshalb wurde er nie müde, vom Reiche Gottes, d. h. vom Himmelreich zu reden (vgl. Mk 4,26.30; 10,14.15.23; Mt 13,24.31.33.44.45.47 u. ö.).

Freilich, im Laufe der Zeit konnten die ersten Christen nicht übersehen, daß die Gegenwart des Reiches Gottes für viele ihrer Zeitgenossen keineswegs einleuchtend war. Doch weshalb? Sahen sie nur nichts, weil sie nichts sehen wollten? Fehlte ihnen eben die rechte Aufgeschlossenheit? Oder sahen sie wirklich nichts?

63

Von diesen Fragen bewegt lasen viele in der Urchristenheit einen Text aus dem Propheten Jesaja mit ganz neuen Augen. Hier berichtet Jesaja nämlich, nachdem er Gott inmitten der Serafim gesehen hatte:

>»Danach hörte ich die Stimme des Herrn, der sagte: Wen soll ich senden? Wer wird für uns gehen? Ich antwortete: Hier bin ich, sende mich. Da sagte er:
>Geh und sag diesem Volk:
>Hören sollt ihr, hören, aber nicht verstehen.
>Sehen sollt ihr, sehen, aber nicht erkennen.
>Verhärte das Herz dieses Volkes,
>verstopf ihm die Ohren,
>verkleb ihm die Augen,
>damit es mit seinen Augen nicht sieht
>und mit seinen Ohren nicht hört,
>damit sein Herz nicht zur Einsicht kommt
>und sich nicht bekehrt und nicht geheilt wird.
>Ich fragte: Wie lange, Herr?
>Er antwortete:
>Bis die Städte verödet sind und unbewohnt,
>die Häuser menschenleer,
>bis das Ackerland zur Wüste geworden ist.«
>(Jes 6,8–11)

Natürlich werden sich hier bei uns sofort eine Reihen von Fragen und Einwänden erheben, doch wir sollten sie zunächst einmal zurückstellen. Wichtiger ist, was den ersten Christen im Blick auf diesen Text des Propheten Jesaja aufgegangen ist:

Wenn das Verständnis jener Botschaft, die Gott durch seinen Boten in seinem Volk ausrichten läßt, *nicht* selbstverständlich ist, weil Gott durch seine Botschaft auch einmal bewußt das Unverständnis hervorrufen kann, *dann* können wir, die Jünger Jesu, es auch nicht einfach unserer eigenen Fähigkeit zuschreiben, daß wir in Jesu Botschaft Gottes Wort – die Botschaft vom gegenwärtigen Reich Gottes – erkannten. *Dann* muß uns dieser Blick für das Reich Gottes unter uns *von Gott* geschenkt worden sein: »Euch ist das Geheimnis des Reiches Gottes gegeben« (V. 11a).

Das ist das erste, was wir als jene Gemeinde, die sich um Jesus versammelt und die ihn nach dem Sinn seiner Gleichnisse fragt (V. 10), von ihm her gesagt bekommen: Wir sind bevorzugt, denn

Gott hat uns den Blick und das Verständnis für das Reich Gottes geschenkt.

Und die anderen?

Es ist verständlich, daß sich in uns schwerwiegende Bedenken melden, wenn wir in unserem Evangelium als Fortsetzung lesen: »... denen aber, die draußen sind, wird alles zu Rätseln; denn sehen sollen sie, sehen, aber nicht erkennen; hören sollen sie, hören, aber nicht verstehen, damit sie sich nicht bekehren und ihnen nicht vergeben wird« (V. 11b.12).

Wie läßt sich ein solches Wort mit Jesu Botschaft von Gottes Liebe und Barmherzigkeit vereinbaren? Wo bleibt hier Gottes Gerechtigkeit?

Wenn wir nun noch einmal auf den Text des Propheten Jesaja blicken, können wir sehen, daß die von Gott gewollte Verstockung seines Volkes *nicht* dessen *ewige* Verdammnis, sondern dessen *irdische* Katastrophe zum Ziel hat.

Das mag uns zunächst wenig trösten; denn was sollen wir von einem Gott halten, der »nur« eine irdische Katastrophe will? Lesen wir im Neuen Testament nicht ganz andere Worte? Etwa: »Werdet Söhne eures Vaters im Himmel; denn er läßt seine Sonne aufgehen über Bösen und Guten, und er läßt regnen über Gerechte und Ungerechte!« (vgl. Mt 5,45). Wie paßt ein solches Jesuswort zu jenem Jesajatext?

Auch jetzt sollten wir noch einmal in *Jesu* Heilige Schrift, in unser Altes Testament, zurückblicken. Dann finden wir beim Propheten Hosea ein sehr bezeichnendes »Bußgebet« Israels *und* Gottes Antwort:

»Kommt, wir kehren zum Herrn zurück!
Denn er hat (Wunden) gerissen,
er wird uns auch heilen;
er hat verwundet, er wird auch verbinden.
Nach zwei Tagen gibt er uns das Leben zurück,
am dritten Tag richtet er uns wieder auf,
und wir leben vor seinem Angesicht.
Laßt uns streben nach Erkenntnis,
nach der Erkenntnis des Herrn.

Er kommt so sicher wie das Morgenrot;
er kommt zu uns wie der Regen,
wie der Frühjahrsregen, der die Erde tränkt! –
Was soll ich tun mit dir, Efraim?
Was soll ich tun mit dir, Juda?
Eure Liebe ist wie eine Wolke am Morgen
und wie der Tau, der bald vergeht.
Darum schlage ich drein durch die Propheten,
ich töte sie durch die Worte meines Mundes.
Dann leuchtet mein Recht auf wie das Licht.«
(Hos 6,1–5)

Die mißbrauchte Vergebung

Wenn wir Menschen in Not geraten, erinnern wir uns ganz selbstverständlich an Gott. »Not lehrt beten!« Nur, wenn Gott uns erhört und der Not entreißt, wenn es mit uns also wieder bergauf geht, wie rasch orientieren wir uns dann an unseren eigenen Wünschen und Vorstellungen. Wie rasch entscheiden wir dann wieder selbst, was in unserem Volk möglich ist und was nicht.

Ein sehr gutes Beispiel hierfür berichtet der Prophet Jeremia: Unter dem Druck des babylonischen Heeres, das Jerusalem belagerte, beschlossen die Mächtigen Jerusalems in einem feierlichen Akt, ihre hebräischen Sklaven freizulassen. Vielleicht konnte dadurch das drohende Gericht doch noch abgewendet werden! Und tatsächlich – das babylonische Heer zog ab.

Wie aber reagierten die Mächtigen in Jerusalem darauf?

»Sie holten die Sklaven und die Sklavinnen, die sie freigelassen hatten, zurück und machten sie mit Gewalt wieder zu Sklaven und Sklavinnen. Da erging das Wort des Herrn an Jeremia: So spricht der Herr, der Gott Israels: Ich habe mit euren Vätern, als ich sie aus Ägypten, dem Sklavenhaus, herausführte, eine Abkommen getroffen und verlangt: Alle sieben Jahre soll jeder von euch seinen hebräischen Stammesbruder, der sich ihm verkauft hat, freilassen; sechs Jahre soll er dein Sklave sein, dann sollst du ihn freilassen. Aber eure Väter haben mir nicht gehorcht und mir ihr Ohr nicht zugeneigt. Da seid ihr jetzt umgekehrt und habt das getan, was in meinen Augen recht ist, indem jeder für seinen Nächsten die Freilassung ausrief. Vor mir hattet ihr ein Abkommen getroffen in dem Haus, über dem mein Name ausgerufen ist. Aber ihr seid wieder umgekehrt und habt meinen Namen entweiht; denn jeder von euch hat seinen Sklaven oder seine Sklavin zurückgeholt, die

ihr doch völlig freigelassen hattet. Ihr habt sie gezwungen, wieder eure Sklaven und Sklavinnen zu werden. Darum – so spricht der Herr: Ihr habt mir nicht gehorcht, und keiner hat für seinen Stammesbruder und seinen Nächsten die Freilassung ausgerufen. Wohlan, so rufe ich euch eine Freilassung aus – Spruch des Herrn – für Schwert, Pest und Hunger, und ich mache euch zu einem Bild des Schreckens für alle Reiche der Erde. Ich mache die Männer, die mein Abkommen verletzt und die Worte der Abmachung, die sie vor mir getroffen hatten, nicht gehalten haben, dem Kalb gleich, das sie in zwei Hälften zerschnitten haben und zwischen dessen Stücken sie hindurchgegangen sind. Die Großen Judas und Jerusalems, die Höflinge, die Priester und alle Bürger des Landes, die zwischen den Stücken des Kalbes hindurchgegangen sind, sie alle gebe ich in die Hand ihrer Feinde und derer, die ihnen nach dem Leben trachten. Ihre Leichen sollen den Vögeln des Himmels und den Tieren des Feldes zum Fraß dienen. Auch Zidkija, den König von Juda, und seine Großen liefere ich ihren Feinden aus und denen, die ihnen nach dem Leben trachten, dem Heer des Königs von Babel, das eben von euch abgezogen ist. Schon gebe ich den Befehl – Spruch des Herrn – und hole sie zu dieser Stadt zurück, damit sie gegen sie kämpfen, sie erobern und niederbrennen. Die Städte Judas mache ich zur menschenleeren Wüste.«
(Jer 34,11–22)

Allem Anschein nach sind wir Menschen erst dann bereit einzugestehen, daß wir in der Vergangenheit falsch gehandelt haben, wenn wir es am eigenen Leib schmerzhaft verspüren müssen, daß wir mit dieser Vergangenheit *keine* Zukunft mehr haben. Deshalb kann auch das Gericht heils-notwendig sein – und nicht nur die Vergebung, die wir gar zu gern noch einmal zur Rechtfertigung unseres verkehrten Verhaltens in der Vergangenheit mißbrauchen.

Freilich – und das sollten wir bei all diesen Überlegungen nicht vergessen –, bei dem Wort: »Euch ist das Geheimnis des Reiches Gottes gegeben; denen aber, die draußen sind, wird alles zum Rätsel« (4,11) liegt das Hauptgewicht nicht auf denen »draußen«, sondern auf der Zusage an die Jünger. Sie sind die Beschenkten. Darauf liegt der Ton.

Uns, die wir daran glauben *können*, daß in Jesus Christus das Reich Gottes gekommen ist, uns hat Gott sein Wort geschenkt – nicht zur Verstockung, sondern als Samen!

Der Mißerfolg ist nicht das Normale

In der Deutung des Gleichnisses vom Geschick des Samens (Mk 4,13–20) verbinden sich Jesu Wort und die Erfahrung der Urgemeinde mit diesem Wort. Bereits die ersten Christen mußten ja entdecken, daß der Same, der durch Jesu Verkündigung in ihr Leben gesät worden war, gefährdet blieb – nicht nur durch den Satan, sondern auch durch die Zeit mit ihren Bedrängnissen und Verlockungen. Worauf Jesus im Leben der Natur hingewiesen hatte, zeigte sich ebenfalls im Leben der ersten christlichen Gemeinden. Und trotzdem galt auch hier: Daß Samen keine Frucht bringt, ist die Ausnahme, nicht die Regel. Samen, der ausgestreut wird, bringt normalerweise vielfachen Erfolg.

Das ist für Markus kein billiger Trost, sondern Auswirkung der göttlichen Ökonomie. Um das zu verdeutlichen, fügt Markus der Deutung des Gleichnisses noch andere Jesusworte an, die uns Matthäus und Lukas an anderen Stellen ihres Evangeliums und auch in einem etwas anderen Wortlaut überliefern.

Gottes Ökonomie

Das erste Jesuswort ist uns aus der Bergpredigt (Mt 5,15) bekannt und scheint zunächst nur eine Banalität festzustellen: »Kommt denn die Leuchte, damit sie unter den Scheffel gestellt wird oder unters Bett? Nicht damit sie auf den Leuchter gestellt wird?« (Mk 4,21). Wer ein Licht anzündet, will, daß es irgendwo heller wird.

Diese scheinbare Selbstverständlichkeit erhält sofort eine aufregende Aktualität, blickt man auf die Gemeinde, der das Geheimnis des Reiches Gottes gegeben wurde, während denen draußen noch alles zum Rätsel wird (vgl. 4,11!):

»Denn nicht gibt es Verborgenes, es sei denn, damit es offenbart werde, noch ward Geheimes, außer damit es ins Offenbare komme« (V. 22. – Leider ist auch an dieser Stelle die Wiedergabe des griechischen Textes durch die Einheitsübersetzung sehr ungenau).

Das bedeutet: Wenn Gott die Botschaft des Evangeliums, das Geheimnis des Reiches Gottes, in die Gemeinde der Jünger Jesu »hineinverbarg«, dann geschah dies eben nicht, weil Gott das

Evangelium für immer vor der Welt verbergen wollte, sondern weil er will, daß es *als* Evangelium, als *seine* frohe Botschaft in der Welt aufleuchtet.

Freilich, so könnte man jetzt wieder einwenden, wenn Gott sein Evangelium tatsächlich *aller* Welt mitteilen wollte, weshalb verbarg er es dann zuerst vor ihr?

Weil wir Menschen immer geneigt sind, das, was uns in zuvorkommender Weise geschenkt wird, uns selbst zuzuschreiben – als ob wir es aus eigener Kraft erworben hätten, als ob es uns infolge unserer eigenen Attraktivität zugefallen wäre, als ob wir ein Recht darauf hätten.

So wären wir zuletzt auch fähig, *unserer* Klugheit und Stärke das zuzuschreiben, was Gott uns aus freien Stücken von sich mitteilt. Erst wenn wir an unsere Grenzen gestoßen sind; erst wenn wir zugeben müssen, nicht weiterzuwissen und am Ende zu sein, kann uns das Evangelium als Licht, als ein *göttliches* Geschenk aufgehen – so wie wir es etwa im Propheten Daniel immer wieder lesen:

»Im zweiten Jahr der Herrschaft Nebukadnezzars hatte dieser einen Traum. Sein Geist wurde davon so beunruhigt, daß er nicht mehr schlafen konnte. Da ließ der König die Zeichendeuter und Wahrsager, die Beschwörer und Chaldäer zusammenrufen; sie sollten ihm Aufschluß geben über seinen Traum. Sie kamen und traten vor den König. Der König sagte zu ihnen: Ich habe einen Traum gehabt; mein Geist ist voll Unruhe, und ich möchte den Traum verstehen. Die Chaldäer sagten zu ihm: O König, mögest du ewig leben. Erzähl deinen Knechten den Traum, dann geben wir dir die Deutung. Der König antwortete den Chaldäern: Das ist mein unwiderruflicher Entschluß: Wenn ihr mir nicht den Traum und seine Deutung sagen könnt, dann werdet ihr in Stücke gerissen und eure Häuser werden in Schutthaufen verwandelt. Sagt ihr mir aber den Traum und seine Deutung, dann empfangt ihr von mir Geschenke, Gaben und hohe Ehrungen. Gebt mir also den Traum und seine Deutung an! Sie antworteten zum zweitenmal: Der König erzähle seinen Knechten den Traum, dann geben wir ihm die Deutung. Da erwiderte der König: Nun bin ich sicher, daß ihr nur Zeit gewinnen wollt; denn ihr seht, daß mein Entschluß unwiderruflich ist. Wenn ihr mir den Traum nicht sagen könnt, gibt es nur ein Urteil über euch, nämlich: Ihr habt euch verabredet, mir einen erlogenen und verkehrten Spruch vorzutragen, in der Hoffnung, daß sich die Lage ändert. Erzählt mir also den Traum; daran werde ich erkennen, daß ihr ihn auch deuten könnt. Die Chaldäer hielten dem König entgegen: Es gibt keinen Menschen auf der Welt, der sagen könnte, was der König verlangt. Auch hat noch nie ein König, mag er noch so groß und mächtig gewesen sein, ein solches Ansinnen an irgendeinen Zeichendeuter, Wahrsager oder Chaldäer gestellt. Was der König verlangt, ist zu schwierig. Es gibt auch sonst niemand, der es dem König sagen könnte, außer den Göttern; doch diese wohnen nicht bei den Sterblichen. Darüber wurde der König so wütend und zornig, daß er befahl, alle Weisen in Babel umzubringen.

Als der Befehl erging, die Weisen zu töten, waren auch Daniel und seine Freunde in Gefahr, getötet zu werden. Aber Daniel, klug und rechtskundig, wandte sich an Arjoch, den Obersten der königlichen Leibwache, der schon unterwegs war, um die Weisen Babels zu töten. Daniel fragte den Bevollmächtigten des Königs, warum der König einen so harten Befehl gegeben habe. Da erklärte ihm Arjoch die Sache. Daniel ging darauf zum König und bat ihn, er möge ihm eine Frist bewilligen, damit er ihm die Deutung des Traumes geben könne. Dann eilte Daniel nach Hause, teilte seinen Gefährten Hananja, Mischael und Asarja alles mit und sagte, sie wollten wegen dieses Geheimnisses den Gott des Himmels um Erbarmen bitten, damit nicht Daniel und seine Gefährten samt den anderen Weisen Babels umkämen. Darauf wurde ihm das Geheimnis in einer nächtlichen Vision enthüllt, und Daniel pries den Gott des Himmels dafür. Er betete: Der Name Gottes sei gepriesen von Ewigkeit zu Ewigkeit. Denn er hat die Weisheit und die Macht. Er bestimmt den Wechsel der Zeiten und Fristen; er setzt Könige ab und setzt Könige ein. Er gibt den Weisen die Weisheit und den Einsichtigen die Erkenntnis. Er enthüllt tief verborgene Dinge; er weiß, was im Dunkeln ist, und bei ihm wohnt das Licht. Dich, Gott meiner Väter, preise und rühme ich; denn du hast mir Weisheit und Macht verliehen, und jetzt hast du mich wissen lassen, was wir von dir erfleht haben: Du hast uns die Sache des Königs wissen lassen.«
(Dan 2,1–23)

Daraufhin ließ Daniel sich vor den König bringen und offenbarte ihm sowohl den Traum als auch dessen Deutung.

»Da warf sich König Nebukadnezzar auf sein Gesicht nieder, huldigte Daniel und befahl, man sollte ihm Opfer und Weihrauch darbringen. Und der König sagte zu Daniel: Es ist wahr: Euer Gott ist der Gott der Götter und der Herr der Könige, und er kann Geheimnisse offenbaren; nur deshalb konntest du dieses Geheimnis enthüllen.«
(Dan 2,46–47)

Hätten die Zeichendeuter und Wahrsager des Königs Traum zu offenbaren vermocht, wie hätte dem König aufgehen sollen, daß

Daniels Gott, *der Gott Israels,* »der Gott der Götter und der Herr der Könige« ist? Vermöchte jedermann das Evangelium, die Botschaft vom Reiche Gottes, zu verstehen und auszulegen, wie sollte es uns dann einleuchten, daß *Gott* es ist, der uns im Evangelium anspricht?

Gott verbirgt nur deshalb sein Wort in die Gemeinschaft der Jünger Jesu (Mk 4,11), *damit* es als *sein* Wort die Welt überzeuge (4,22)! Diese Art der göttlichen Ökonomie ist gewiß nicht leicht zu begreifen. Daher fordert Markus seine Leser auch ausdrücklich auf: »Wenn einer Ohren hat zum Hören, so höre er!« (4,23). Doch wer das verstanden hat, wird auch das folgende begreifen:

Weil das Evangelium *hinausdrängt,* erweist sich nur der als dessen treuer Verwalter, der es weitergibt. Nur ihm wird Neues hinzugegeben. Wer das Evangelium aber in seinem Leben nicht vorkommen läßt, wer es verbirgt, verhält sich wie der treulose Verwalter: »Nach dem Maß, mit dem ihr meßt und zuteilt, wird euch zugeteilt werden, ja, es wird euch noch mehr gegeben. Denn wer hat, dem wird gegeben; wer aber nicht hat, dem wird auch noch weggenommen, was er hat« (4,24f.; vgl. Mt 25,28f.; Lk 19,24–26).

Gottes Reich gehört die Zukunft

»Die Zeit ist erfüllt, das Reich Gottes ist da!« (Mk 1,15). Nur, damit ist das Reich Gottes noch keineswegs *die* beherrschende Wirklichkeit in dieser Welt. Im Gegenteil! Sie ist *als Geheimnis* der kleinen Jüngerschar Jesu anvertraut (vgl. 4,11).

Das ist gewiß wahr – und dennoch ist das kein Grund, in unserer Zeit noch auf etwas anderes zu setzen als auf Gottes Reich; denn ihm gehört die Zukunft. So gewiß die Ernte kommt, da die Erde von selbst die Frucht hervorbringt, nachdem der Bauer die Aussaat vorgenommen hat, so gewiß wird das Reich Gottes in dieser Welt durch *Gottes* Handeln seine Vollendung finden (Mk 4,26–29). Und mag der Anfang des Reiches Gottes, der in die Gemeinschaft der Jünger Jesu hineinverborgen wurde, noch ganz unscheinbar sein, dieser Anfang ist die notwendige Voraussetzung *und* das Unterpfand dafür, daß am Ende der Zeit alle Welt im Reiche Gottes ihr Heil finden kann und finden wird (Mk 4,30–32.

Die »Vögel des Himmels«, die in den Zweigen nisten, sind ein Bild für die Fülle der Heiden, vgl. Ez 31,6).

Wer einen Blick *für das Leben* hat, wird vieles entdecken, was *für* Jesu Verkündigung spricht. Und so »verkündete Jesus ihnen das Wort durch viele solche Gleichnisse, so wie sie es aufnehmen konnten« (4,33). Daß zwischen diesen Vorgängen im Leben und dem Reiche Gottes jedoch ein wesentlicher Zusammenhang besteht, leuchtet freilich nur denen ein, denen »das Geheimnis des Reiches Gottes gegeben ist« (4,11). Daher *erklärte* Jesus seinen Jüngern die Gleichnisse, »wenn er mit ihnen allein war« (4,34).

5. »Fürchtet euch nicht!« (4,35 – 5,43)

Die drei folgenden Wundergeschichten dürften auch bei demjenigen eine Reihe von Fragen aufwerfen, der Wunderberichten keineswegs grundsätzlich skeptisch gegenübertritt:

Kann man wirklich glauben, daß Jesus einen jener gefürchteten Stürme auf dem See Gennesaret nur durch sein Wort stillte (4,35–41)? Hat Jesus tatsächlich 2000 Schweine ins Meer getrieben (5,1–20)? Konnte Jesus denn nicht nur Kranke heilen, sondern auch Tote auferwecken (5,21–43)? Werden uns hier nicht sehr unglaubwürdige Geschichten erzählt?

Damit wir uns nicht an einem falschen Punkt »festbeißen«, sollten wir zunächst einfach folgendes bedenken:

Was als durchaus möglich galt

Naturwunder – wie die Stillung eines Seesturms – werden nicht nur von Jesus erzählt. Von einem schlagartigen Verstummen des Sturms weiß schon die Jonageschichte zu berichten (vgl. Jona 1,1–16), und im Talmud finden wir beispielsweise folgende Erzählung:

»Einmal war ein heidnisches Schiff, auf dem sich ein jüdischer Knabe befand, auf das große Meer hinausgefahren. Es erhob sich ein großer Sturm gegen sie auf dem Meer. Jeder von ihnen stand auf und nahm seinen Götzen in die Hand und schrie zu diesem; aber es nützte nichts. Als sie sahen, daß es nichts nützte, sprachen sie zu jenem Knaben: Mein Sohn, steh auf und rufe deinen Gott an; denn wir haben gehört, daß er

euch erhört, wenn ihr zu ihm schreit, und er ist mächtig. Sofort erhob sich der Knabe und schrie von ganzem Herzen, und Gott nahm sein Gebet an, und das Meer schwieg.«
(pBerachot 9,13b)

Daß mit Gottes Hilfe selbst der wildeste Sturm sofort zur Ruhe gebracht werden konnte, war für das jüdische Volk ohne weiteres vorstellbar und glaubhaft.

Auch an den 2000 Schweinen (Mk 5,13) sollten wir uns nicht zu lange aufhalten. Bereits das Matthäus- und Lukasevangelium verzichten auf eine genaue Zahlenangabe (vgl. Mt 8,30–32; Lk 8,32f.). Im übrigen finden wir auch in der Umwelt des Neuen Testaments eine Reihe von Zeugnissen dafür, daß Dämonen ihre Beschwörer bitten, sich ein neues Ziel, eine neue Behausung suchen zu dürfen.

Wenn es uns aber schwerfallen sollte zu glauben, daß Jesus nicht nur Kranke geheilt, sondern auch Tote auferweckt hatte, sollten wir bedenken, daß sowohl im Alten Testament (vgl. 1 Kön 17,17–24; 2 Kön 4,8–37) als auch im Judentum und Heidentum der Zeit Jesu Totenerweckungen berichtet werden.

Der Evangelist Markus wußte also, daß er mit den drei folgenden Wundergeschichten seinen Hörern und Lesern nichts völlig Außergewöhnliches erzählte. Gewiß, solche Wunder waren nichts Alltägliches, aber sie blieben im Rahmen dessen, was man durch einen besonders begnadeten Menschen erleben konnte. Wenn wir uns das klargemacht haben, fällt es uns wohl leichter zu entdekken, weshalb Markus gerade an dieser Stelle die drei folgenden Geschichten in sein Evangelium aufgenommen hat.

In allen drei Fällen konnte es Markus nicht nur darum gehen, von Jesus Einmaliges zu erzählen.

»Warum seid ihr feige?«

Mehreres ist in der Geschichte vom Sturm auf dem See (4,35–41) für unseren Evangelisten von Bedeutung:

1. Der Befehl, sich aufs Wasser zu begeben, geht von Jesus aus (V. 35).

2. Jesus teilt die Sorge seiner Jünger ums Überleben nicht. Er schläft sorglos (V. 38a).

3. Die Vorhaltung, die die Jünger ihrem »Lehrer« machen, offenbart nicht Glauben, sondern Angst (V. 38b). Daher lautet Jesu Antwort auf den Schrei der Jünger auch nicht: »Habt Vertrauen; fürchtet euch nicht!« (so Mk 6,50), sondern: »Was seid ihr so feige? (Die Einheitsübersetzung verharmlost hier.) Habt ihr noch keinen Glauben?« (V. 40).

Darauf kommt es Markus mit dieser Erzählung an: Der Glaube von Jesu Jüngern zeigt sich nicht einfach daran, daß sie an Jesu Wunderkraft glauben (vgl. 1,30.33f.40–45; 3,7–12) und sich in besonderer Weise von Jesus belehren lassen (4,10f.34), sondern erst daran, ob sie bereit sind, miteinander die Gefahren zu teilen, in die sie auf Jesu Wort hin geraten. Oder anders ausgedrückt: Markus will mit dieser Erzählung darauf hinweisen, daß der Unglaube dort beginnt, »wo der Christ nicht bereit ist, aus Feigheit und Angst mit Jesus und anderen Menschen Gefahren auf sich zu nehmen und zu teilen« (*J. Gnilka,* Markus I,198).

Die Angst angesichts des befreiten Menschen

Die Heilung des Besessenen von Gerasa (5,1–20) wurde gewiß nicht ohne Schadenfreude erzählt; denn zum einen erinnerten die Dämonen, die da trotz ihres Versuches, das drohende Verderben noch abzumildern (VV. 7–12), doch noch ganz böse hereinfielen (V. 13), mit ihrem Namen »Legion« (V. 9) an die römische Besatzungsmacht! Und zum anderen dürfte es den (ursprünglich) jüdischen Erzählern auch nicht leid getan haben, daß es gerade Schweine waren, die da so spektakulär untergingen!

Doch nicht um dieses ›Spaßes‹ willen wurde die ganze Geschichte erzählt (die ursprünglich kaum in der Nähe der in aller Welt bekannten Stadt Gerasa gespielt haben dürfte; denn Gerasa war zwei Tagereisen weit vom See Gennesaret entfernt. Nach Mt 8,28 ereignete sich die Geschichte im Gebiet von Gedara, das nur zwei Stunden vom See entfernt lag. Denkbar wäre freilich auch, daß ursprünglich von Gergesa die Rede war, einer relativ unbekannten Stadt am Südostufer des Sees Gennesaret. Bereits die frühen Abschreiber konnten sich an diesem Punkt nicht einigen, wie die Fußnote zu Mk 5,1 in der Einheitsübersetzung zeigt!).

Wenn wir dem nahekommen wollen, was die ersten Hörer

dieser Geschichte empfunden haben dürften, müssen wir uns wiederum der damaligen Bibel, unserem Alten Testament, zuwenden. Da lesen wir am Ende des Propheten Jesaja:

»Ich sage zu einem Volk,
das meinen Namen nicht anrief:
Hier bin ich, hier bin ich.
Den ganzen Tag streckte ich meine Hände aus
nach einem abtrünnigen Volk,
das einen Weg ging, der nicht gut war,
nach seinen eigenen Plänen,
nach einem Volk,
das in seinem Trotz mich ständig ärgert.
Sie bringen Schlachtopfer dar in Gärten
und Rauchopfer auf Ziegeln;
sie sitzen in Grabkammern
und verbringen die Nächte in Höhlen;
sie essen das Fleisch von Schweinen
und haben Brühe von verdorbenem Fleisch in ihren Töpfen;
sie sagen: Bleib, wo du bist, komm mir nicht nahe…«
(Jes 65,1–5)

Wer diesen biblischen Text im Ohr hatte, für den war »der Besessene von Gerasa« nicht nur ein einzelner, besonders bedauernswerter Kranker, sondern *die* Verkörperung des Heidentums (zumal nach jüdischem Verständnis die Götter der Heiden – Dämonen waren! Deshalb warnte Paulus die Christen in Korinth ja auch vor dem Essen des Fleisches, das den Göttern geweiht worden war, mit der Begründung: »Ist denn Götzenopferfleisch wirklich etwas? Nein, aber was man dort opfert, opfert man nicht Gott, sondern den Dämonen. Ich will jedoch nicht, daß ihr euch mit Dämonen einlaßt. Ihr könnt nicht Gäste sein am Tisch des Herrn und am Tisch der Dämonen.« 1 Kor 10,19–21. S. auch S. 33 f.).

Jesus, der über den See gefahren war, wird in dieser Erzählung als der geschildert, der jenseits des Heiligen Landes dem Heidentum begegnet, das durch die Dämonen, denen es dient, unfrei ist und an seinem wahren Menschsein gehindert wird (VV. 2–5). Aber auch die Mächte, die das Heidentum bestimmen, sind Jesus nicht gewachsen, wenn er ihnen direkt begegnet. Sie entkommen selbst dort dem Untergang nicht, wo sie sich mit Jesus arrangieren wollen (VV. 7–13). Doch auch hier, im Heidenland, stieß Jesus auf Ablehnung. Die Menschen, die sahen, daß der Besessene durch Jesu Wort zum Menschen geworden war, fürchteten sich vor den Auswirkungen Jesu (V. 15). Und als sie gar erfuhren, daß diese Heilung für sie mit Verlusten verbunden war (V. 16), »da baten sie Jesus, ihr Gebiet zu verlassen« (V. 17). Die heilende Begegnung eines Menschen mit Jesus darf auf keinen Fall zu irgendwelchen »Besitz- oder Geschäftsverlusten« führen!

Weshalb erlaubte Jesus dem Geheilten nicht, »bei ihm bleiben zu dürfen« (V. 18f.)? Er hätte – auch als »geheilter Heide« – in Israel keine Heimat gehabt. Jesus will auch bei seinen Nachfolgern keine entwurzelten Menschen. Deshalb sandte er ihn in seine Familie zurück. Dort, wo er zu Hause war, sollte er verkünden, wie der Herr mit ihm Erbarmen gehabt hatte (V. 20).

»Sei ohne Furcht, glaube nur!«

Auch die dritte Wundergeschichte, die Auferweckung der Tochter des Jairus und die Heilung einer kranken Frau (5,21–43), zeigt, daß Jesus bei den Menschen, denen er doch helfen möchte, nur wenig Vertrauen findet. Denn wäre es nach den Jüngern Jesu gegangen, wäre es zu *keiner* Begegnung zwischen der blutflüssigen Frau, die bei Jesus ihr Heil gefunden hatte, und Jesus gekommen (V. 31). Daß es in all dem Gedränge, in das Jesus sich hineinziehen ließ, zu einer besonders hilfreichen und überaus intensiven Begegnung eines einzelnen mit Jesus kommen könnte (V. 29f.), war für sie unvorstellbar. Und wäre es nach den Hausgenossen des Synagogenvorstehers gegangen, hätte dieser gerade in seiner größten Not nichts mehr von Jesus erwarten sollen: »Warum bemühst du den Meister noch länger?« (V. 35).

Unsere Erzählung macht aber auch überaus anschaulich, daß *kein* Mensch Grund hat, die Skepsis der anderen zu teilen: »Meine Tochter, dein Glaube hat dir geholfen. Geh in Frieden! Du sollst von deinem Leiden geheilt sein!« (V. 34). Und: »Jesus, der diese Worte gehört hatte, sagte zu dem Synagogenvorsteher: Sei ohne Furcht; glaube nur!« (V. 36).

Freilich, wer dann Gottes Macht durch Jesus in seinem unmittelbaren Lebensraum erlebt, kann statt von Freude von Entsetzen gepackt werden: »Da kam die Frau, zitternd vor Furcht, weil sie wußte, was mit ihr geschehen war; sie fiel vor Jesus nieder und sagte ihm die ganze Wahrheit« (V. 33). Und: »Jesus faßte das Kind an der Hand und sagte zu ihm: Talita kum!, das heißt übersetzt: Mädchen, ich sage dir, steh auf! Sofort stand das Mädchen auf und ging umher. Es war zwölf Jahre alt. Die Leute gerieten außer sich vor Entsetzen« (V. 41f.).

Alle anderen aber, die die heilende Macht Gottes in Jesus nur als unbeteiligte Zuschauer erleben oder gar nur in Erzählungen geschildert bekommen, werden immer Gefahr laufen, Jesu Wunder mißzuverstehen. Daher ließ Jesus zum Haus des Synagogenvorstehers keinen mitkommen »außer Petrus, Jakobus und Johannes, den Bruder des Jakobus« (V. 37), und deshalb schärfte er ihnen und den Eltern des Mädchens ein, »niemand dürfe etwas davon erfahren« (V. 43).

6. Da wunderte sich Jesus (6,1–6a)

Nicht ohne Absicht beschließt Markus den zweiten Teil seines Evangeliums mit der Erzählung, wie die Menschen von Jesu Heimatstadt Jesus begegneten (6,1–6a). Auch sie, die Bewohner von Nazaret, bestätigten, daß Jesu Wirken außergewöhnlich war. »Sie staunten und sagten: Woher hat er das alles? Was ist das für eine Weisheit, die ihm gegeben ist! Und was sind das für Wunder, die durch ihn geschehen!« (V. 2).

Freilich, dies ganz Erstaunliche wurde für sie nicht zum Anlaß, genauer auf Jesus hinzuhören – ob er ihnen nicht vielleicht doch etwas Neues zu sagen hätte. Wenn die Bewohner von Kafarnaum oder Betsaida von Jesus überraschend viel erwarteten, so war das verständlich. Für sie war Jesus ein »unbeschriebenes Blatt«, ja vielleicht sogar eine »Offenbarung«. Doch sie, in Nazaret, kannten ihn schon besser: »Ist das nicht der Zimmermann, der Sohn der Maria und der Bruder von Jakobus, Joses, Judas und Simon? Leben nicht seine Schwestern unter uns?« (V. 3). Weil die Bewohner von Nazaret so sicher zu wissen glaubten, was man von Jesus erwarten konnte und was nicht, hatte Jesus mit seiner *neuen* Botschaft bei ihnen keine Chance.

Diese Tatsache könnte uns vielleicht helfen, die Diskussion, die sich an diesem Vers 3 zu entfachen pflegt, nicht zu sehr zu verselbständigen.

Fragen zur Herkunft Jesu

Die Reaktion der Bewohner Nazarets ist für viele nicht nur deshalb so interessant, weil wir aus ihr erfahren, daß Jesus bis zu seinem Auftreten ein »Bauhandwerker«, d. h. ein Handwerker war, der Holz *oder* Stein bearbeitete (das griechische Wort *tektōn* entspricht dem lateinischen *faber*). Wichtig ist Mk 6,3 auch deshalb für viele, weil in diesem Vers Jesus als »der Sohn der Maria« bezeichnet wird und weil hier zugleich von »den Brüdern und Schwestern Jesu« die Rede ist. Wie sind diese Aussagen zu Jesu Herkunft und Familie zu verstehen?

1. Die Kennzeichnung Jesu als »der Sohn der Maria« ist ganz außergewöhnlich, da der Sohn immer nach seinem Vater benannt wurde (vgl. Mt 13,55; Lk 3,23; Mk 1,19; 2,14). Redeten die Bewohner von Nazaret so, weil Joseph bereits gestorben war? Auch in diesem Fall wäre die Bezeichnung nach der Mutter ungewöhnlich. Dazu kommt, daß Markus Joseph in seinem Evangelium nie erwähnt und der Ausdruck »der Sohn der Maria« eine Bezeichnung für Jesus bleibt. »Der Name wird entweder polemisch und als Schimpfwort oder als Hinweis auf die Jungfrauengeburt verwendet. Das erste ist in jüdisch beeinflußter Literatur der Fall, wo auf diese Weise eine uneheliche Geburt insinuiert wird. Für das zweite kann der Koran als Zeuge herangezogen werden, der die Jungfrauengeburt voraussetzt. Darum kann vermutet werden, daß im Bericht vordergründig die Landsleute Jesu beschimpfen, hintergründig aber eine Glaubensaussage angedeutet ist, die auf die Jungfrauengeburt Bezug nimmt« (*J. Gnilka* I,231f.).

2. Das griechische Wort »Bruder« *(adelphos)* und »Schwester« *(adelphē) kann* – besonders in semitischen oder semitisch beeinflußten Texten – *auch* den »Vetter« und die »Base« bezeichnen. Da es nämlich im Hebräischen und Aramäischen kein eigenes Wort für Vetter und Base gab, verwandte man nicht selten das Wort »Bruder« und »Schwester« auch zur Bezeichnung des Vetters und der Base, um nicht zu umständlichen Umschreibungen greifen zu müssen (vgl. Gen 13,8; 14,14.16; 31,23.32.37; Jos 17,4

u. ö.). Es ist also durchaus denkbar, daß die Bewohner einfach deshalb von den »Brüdern und Schwestern« Jesu redeten, weil die exakte Bezeichnung des Verwandtschaftsverhältnisses Jesu zu Jakobus, Joses, Judas und Simon eine sehr langatmige Umschreibung nötig gemacht hätte.

Zu beachten bleibt freilich auch, daß das griechische Wort *adelphos* sonst im Neuen Testament den leiblichen Bruder bezeichnet (Mk 1,16.19; 3,17; 5,37; Mt 1,2.11; 20,24 u. ö.), sofern es nicht für den »Glaubensbruder« (Röm 1,13; 8,12; Eph 6,23; Apg 6,3; Hebr 2,17 u. ö.) oder für den Mitmenschen überhaupt (Mt 5,22–24; 7,3; 25,40; Röm 8,29) verwendet wird.

Das eigentlich Anstößige

Es ist verständlich, daß wir gerne *genauer* wissen würden, wie der Evangelist Markus die Aussagen der Leute von Nazaret verstand. Doch sollten wir dabei folgendes bedenken:

Für Markus bestand kein Zweifel daran, daß die Bewohner von Nazaret Jesus deshalb abgelehnt hatten, weil sie wähnten, aufgrund der ihnen bekannten Herkunft Jesu über die Annehmbarkeit oder Unannehmbarkeit von dessen Botschaft und Wirken entscheiden zu können. Dennoch antwortete Markus auf das abwertende Vorurteil der Menschen von Nazaret *nicht* mit einer besonderen Betonung der Gottessohnschaft Jesu oder mit einem unüberhörbaren, klaren Bekenntnis zur Jungfrauengeburt. Der Grund dafür ist unschwer zu erkennen: Das eigentliche Ärgernis, worüber die Einwohner Nazarets zu Fall kamen, war gar nicht die Botschaft der Inkarnation (vgl. Joh 1,14; Lk 1,26–38), sondern die Tatsache, daß uns Menschen Gottes Sohn »nur als Mensch, als purer Mensch« (*J. Gnilka*) offenbar wird.

Wer lediglich aufgrund irgendwelcher erkennbarer Außergewöhnlichkeiten – und wäre es wenigstens eine außergewöhnliche Herkunft – bereit ist, daran zu glauben, daß Gott uns Menschen in Jesus von Nazaret entgegenkommt, wird letztlich immer an Jesus und seiner Botschaft von der Gegenwart des Reiches Gottes (Mk 1,15) Anstoß nehmen (6,3). Denn selbst in der ablehnenden Skepsis, die Jesus in seiner Heimat zur Ohnmacht verurteilte, meldete sich keine *besondere* menschliche Verbohrtheit, sondern jene normale Einstellung, von der das Sprichwort zeugt: »Nirgends hat ein Prophet so wenig Ansehen wie in seiner Heimat, bei seinen Verwandten und in seiner Familie« (6,4). Es ist jenes weitverbreitete menschliche Besserwissen, für das letztlich immer nur die bereits bekannten Fakten maßgebend sind.

Wo dieses Denken herrscht, hat Gott, der Neues auf *menschliche* Weise schaffen will, kaum eine Chance: »Und Jesus konnte dort kein Wunder tun; nur einigen Kranken legte er die Hände auf und heilte sie. Und er wunderte sich über ihren Unglauben« (6,5f.).

Nur dieses eine Mal ist in unserem Evangelium die Rede davon, daß Jesus sich wunderte.

IV. Glaubt an das Evangelium! (6,6b – 8,26)

1. Die Aussendung der Zwölf (6,6b–13)

Es wäre verständlich gewesen, hätte Jesus auf das Mißtrauen und die Ablehnung, die ihm entgegengebracht wurden, verletzt und enttäuscht reagiert. Doch das Gegenteil war der Fall: Jesus zog weiter durch die Dörfer in der Nähe seiner Heimatstadt. Ja, »er rief die Zwölf zu sich und sandte sie aus, jeweils zwei zusammen. Und er gab ihnen Macht über die unreinen Geister« (V. 7).

Anstatt zu resignieren verstärkte Jesus noch sein Bemühen, die Menschen seines Volkes aus der Macht des Bösen zu befreien.

Glaubwürdigkeit ist verlangt

Jesus stellte es nun allerdings nicht in das Belieben seiner Jünger, wie sie seinem Auftrag nachkommen wollten. Er gab ihnen ganz bestimmte Weisungen mit auf den Weg: »Er gebot ihnen, außer einem Wanderstab nichts auf den Weg mitzunehmen, kein Brot, keine Vorratstasche, kein Geld im Gürtel, kein zweites Hemd und an den Füßen nur Sandalen. Und er sagte zu ihnen: Bleibt in dem Haus, in dem ihr einkehrt, bis ihr den Ort wieder verlaßt« (VV. 8–10). Diese Weisung mag uns als sehr hart vorkommen. Ein Blick in das Matthäus- und Lukasevangelium bestätigt uns jedoch, daß Jesus nichts Einfaches von seinen Jüngern verlangte (vgl. Mt 10,7–11; Lk 9,3f.; 10,4–7).

Gewiß, die drei Evangelien stimmen nicht in allen Einzelheiten überein. Nach Matthäus und Lukas wären den Jüngern auch der Stab und die Sandalen untersagt (Mt 10,10; Lk 9,3; 10,4), und nach Lukas (10,4) sollten die Jünger unterwegs sogar niemand grüßen! Wir werden uns diese Unterschiede nur so erklären können, daß auch hier die Wiedergabe von Jesu Worten durch die Praxis der einzelnen urchristlichen Gemeinden mitbeeinflußt wurde (s. S. 140). Doch bei allen Unterschieden im einzelnen kann an der Hauptsache kein Zweifel bestehen: Jesus verlangte von denen, die er aussandte, damit sie an seinem Wirken teilhatten, daß sie bereits durch ihre Erscheinung Zeugnis für die Wahrheit des Evangeliums ablegten:

»Das Reich Gottes ist gegenwärtig. Wir haben als Gott einen Vater, dessen Zuneigung es überflüssig macht, daß wir um irgendwelche irdische Sicherheiten besorgt sind!«

Wie ernst es Jesus mit dieser seiner Botschaft war, können wir an dem zweiten Teil seiner Weisung erkennen: »Wenn man euch in einem Ort nicht aufnimmt und euch nicht hören will, dann geht weiter, und schüttelt den Staub von euren Füßen, ihnen zum Zeugnis« (V. 11). Die Ablehnung von Jesu Botschaft hat Konsequenzen. Darüber sollen die sich nicht hinwegtäuschen können, die »nicht hören wollen«. Und mit dieser ihrer Ablehnung werden sie sich eines Tages auch konfrontieren lassen müssen.

Die Zwölf, die sich nach Jesu Geheiß auf den Wege machten, erlebten freilich große Zustimmung. »Sie trieben viele Dämonen aus und salbten viele Kranke mit Öl und heilten sie« (V. 13). Und so erreichten die Zwölf gerade durch ihre offenkundige, *erfolgreiche* Sorglosigkeit und Armseligkeit, daß man von Jesus »bis in die höchsten Kreise«, bis hin zum Hofe des Herodes, sprach (V. 14).

2. Jesus im Urteil seiner Zeit (6,14–16)

Es müßte uns eigentlich überraschen: Für die Menschen in Galiläa war Jesus ganz gewiß etwas Besonderes. »Sein Name war bekannt geworden, und man sagte: Johannes der Täufer ist von den Toten auferstanden; deshalb wirken solche Kräfte in ihm. Andere sagten: Er ist Elija. Wieder andere: Er ist ein Prophet, wie einer von den alten Propheten« (V. 14f.). Daß Jesus nicht einfach ein »ganz normaler« frommer Mensch war – darüber war man sich allem Anschein nach einig. Und dennoch kamen die Menschen nicht auf die Idee: »Jesus ist der Messias!«

Weshalb eigentlich?

Messiaserwartungen

Einer der Hauptgründe, weshalb Jesus von seinen Zeitgenossen nicht als der Messias angesehen wurde, war das Verhalten Jesu selbst; denn all das, was für sein Tun charakteristisch war – daß er die Kranken und Besessenen heilte, daß er die Volksscharen lehrte, daß er offensichtlich keine politische Macht anstrebte, sich vielmehr um die kümmerte, die im Leben des Volkes am Rande standen –, all das erwartete man vielleicht von einem Propheten, aber nicht von dem Messias.

Wer als Messias gelten wollte, handelte anders – etwa so wie Simon von Peraea und Athronges nach dem Tod Herodes d. Gr. (4. v. Chr.). Von ihnen berichtet Josephus Flavius:

>>Auch ein gewisser Simon, ein Knecht des Königs Herodes und ein Mensch von hoher, schöner Gestalt, wollte aus der allgemeinen Verwirrung Nutzen ziehen und wagte, sich die Königskrone aufzusetzen. Dann sammelte er eine Menge Abenteurer um sich, ließ sich von diesem sinnlosen Haufen als König begrüßen und glaubte von sich selbst, daß er mehr als alle anderen der Königsherrschaft würdig sei... Hierauf vermaß sich ein gewisser Athronges, ein Mann, der sich weder auf vornehme Herkunft noch auf Tüchtigkeit und Reichtum berufen konnte, sondern ein einfacher Schafhirt war und sich durch nichts als durch einen riesenhaften Körperbau und gewaltige Stärke auszeichnete, seine Hand nach der Krone auszustrecken.<<
(Jüdische Altertümer 17,10.6f.)

Ein jeder, der das Volk in der Hoffnung auf den Messias ansprechen und treffen wollte, mußte den Sprung in die politische Arena wagen – sei es, indem er selbst den Anspruch auf den Königsthron erhob, sei es, indem er versprach, durch große Zeichen vor aller Augen die bevorstehende Wende zu dokumentieren:

>>Noch während Fadus Landpfleger von Judäa war (d. h. 45/46 n. Chr.), bewog ein Betrüger mit Namen Theudas eine ungeheure Menschenmenge, ihm unter Mitnahme ihrer gesamten Habe an den Jordan zu folgen. Er gab sich nämlich für einen Propheten aus und behauptete, er könne durch sein Machtwort die Fluten des Jordan teilen und seinem Gefolge einen bequemen Durchgang ermöglichen. Durch solche Spiegelfechtereien gelang es ihm, viele zu täuschen.<<
(Jüdische Altertümer 20,5.1)

Einige Jahre später aber geschah dies:

>>Eine noch schlimmere Plage für die Juden war der falsche Prophet aus Ägypten. Es war nämlich ein Betrüger ins Land gekommen, der sich das Ansehen eines Propheten verschafft und gegen dreißigtausend Betrogene um sich gesammelt hatte. Mit diesen zog er aus der Wüste auf den sogenannten Ölberg, von wo er mit Gewalt in Jerusalem einzudringen gedachte.<<
(Der jüdische Krieg II,261f.)

Es lag zunächst einmal an Jesus selbst, daß ihn die Menschen seiner Zeit nicht mit ihrer Hoffnung auf den Messias in Verbindung brachten. Dazu kamen aber auch noch andere Gründe.

Es muß nicht immer der Messias sein

Es waren viele, die zur Zeit Jesu den Messias erwarteten (s. auch S. 18 f.). Aber es gab auch andere, die keineswegs auf den Messias, sondern auf das Kommen *des Propheten* warteten. Schließlich hatte ihnen Mose selbst verheißen:

»Einen Propheten wie mich wird dir der Herr, dein Gott, aus deiner Mitte, unter deinen Brüdern, erstehen lassen. Auf ihn sollt ihr hören. Der Herr wird ihn als Erfüllung von allem erstehen lassen, worum du am Horeb, am Tag der Versammlung, den Herrn, deinen Gott, gebeten hast, als du sagtest: Ich kann die donnernde Stimme des Herrn, meines Gottes, nicht noch einmal hören und dieses große Feuer nicht noch einmal sehen, ohne daß ich sterbe. Damals sagte der Herr zu mir: Was sie von dir verlangen, ist recht. Einen Propheten wie dich will ich ihnen mitten unter ihren Brüdern erstehen lassen. Ich will ihm meine Worte in den Mund legen, und er wird ihnen alles sagen, was ich ihm auftrage.« (Dtn 18,15–18)

Andere wiederum erwarteten vor dem Ende dieser Welt Elija oder Henoch (oder beide zusammen), die Gott einst zu sich entrückt hatte. So lesen wir beim letzten der alttestamentlichen Propheten:

»Bevor aber der Tag des Herrn kommt,
der große und furchtbare Tag,
seht, da sende ich zu euch den Propheten Elija.
Er wird das Herz der Väter
wieder den Söhnen zuwenden
und das Herz der Söhne ihren Vätern,
damit ich nicht kommen
und das Land dem Untergang weihen muß.«
(Mal 3,23f.)

Wir haben uns daran gewöhnt, Jesus als den Messias, den Christus, zu bezeichnen. Den Menschen, die mit Jesus zusammenlebten, legten sich freilich auch noch andere Namen nahe, wenn sie ausdrücken wollten, was Jesus für sie in ihrem Glauben bedeutete.

3. Das Ende des Täufers (6,17–29)

»Als aber Herodes von Jesus hörte, sagte er: Johannes, den ich
enthaupten ließ, ist auferstanden« (V. 16). Diese Notiz, nach der
Herodes die Meinung jener Leute teilte, für die Jesus der in das
Leben zurückgekehrte Täufer war, gibt Markus die Gelegenheit,
das Ende Johannes des Täufers nachzutragen. Bereits am Beginn
seines Evangeliums hatte er ja dessen Gefangennahme erwähnt
(1,14).

Markus nimmt eine im Volk umlaufende Erzählung auf. Sie läßt
uns etwas von der (schlechten) Meinung erkennen, die das Volk
von seinem Landesherrn hatte, der tatsächlich seine erste Frau –
eine Tochter des Nabatäerkönigs Aretas IV. – verstoßen hatte, um
Herodias, die Frau seines leiblichen Bruders, heiraten zu können.

Nach Markus hatte Johannes diesen eindeutigen Verstoß gegen
das Gebot: »Die Scham der Frau deines Bruders darfst du nicht
entblößen; denn sie ist die Scham deines Bruders« (Lev 18,16)
nicht stillschweigend hingenommen, sondern öffentlich angeprangert, bis er von Herodes festgenommen und ins Gefängnis geworfen wurde.

(Nach Josephus Flavius wäre Herodes Antipas allerdings eher aus
politischen Gründen gegen den Täufer vorgegangen: »Ihn hatte Herodes hinrichten lassen, obwohl er ein edler Mann war, der die Juden
anhielt, nach Vollkommenheit zu streben, indem er sie ermahnte,
Gerechtigkeit gegeneinander und Frömmigkeit gegen Gott zu üben und
so zur Taufe zu kommen. Dann werde, verkündigte er, die Taufe Gott
angenehm sein, weil sie diese nur zur Heiligung des Leibes, nicht aber
zur Sühne für ihre Sünden anwendeten; die Seele nämlich sei dann ja
schon vorher durch ein gerechtes Leben entsündigt. Da nun infolge der
wunderbaren Anziehungskraft solcher Reden eine gewaltige Menschenmenge zu Johannes strömte, fürchtete Herodes, das Ansehen des Mannes, dessen Rat allgemein befolgt zu werden schien, möchte das Volk
zum Aufruhr treiben, und hielt es daher für besser, ihn rechtzeitig aus
dem Weg zu räumen, als beim Eintritt einer Wendung der Dinge in
Gefahr zu geraten und dann, wenn es zu spät sei, Reue empfinden zu
müssen. Auf diesen Verdacht hin ließ also Herodes den Johannes in
Ketten legen, nach der Festung Machaerus bringen und dort hinrichten.« Jüdische Altertümer 18,5.2)

Auch wenn wir die genauen Gründe für die Festnahme des
Täufers nicht eindeutig klären können – an der *Hinrichtung* des

85

Täufers durch Herodes Antipas besteht kein Zweifel. Das aber war für Markus das Wichtigste, denn auf eben dieses Ende des Täufers wird Jesus *nach* seiner Verklärung noch einmal zu sprechen kommen: »Ich sage euch: Elija ist schon gekommen, doch sie haben mit ihm gemacht, was sie wollten, wie es in der Schrift steht« (Mk 9,13).

So gehen die Menschen mit denen um, die Gott als seine *besonderen* Boten in die Welt schickt. Was ihnen bleibt, ist – im besten Fall – die Beerdigung durch ihre Jünger (Mk 6,29).

4. Zu Gast bei Jesus (6,30–44)

Während die Zwölf unterwegs waren, um in Jesu Namen zu lehren und zu heilen, war der Zustrom zu Jesus nicht abgerissen. Es gab keine Ruhe – auch nicht für die Zwölf, als sie zu Jesus zurückkehrten. »Da sagte er zu ihnen: Kommt, ihr selbst, allein an einen einsamen Ort und ruht ein wenig aus... Sie fuhren also mit dem Boot in eine einsame Gegend, um allein zu sein« (V. 31f.).

Auch die Zwölf wurden von Jesus nicht einfach den anderen »geopfert«.

Die Menschen freilich nahmen darauf kein Rücksicht. Sie sahen Jesus und seine Jünger abfahren, »und viele erfuhren davon; sie liefen zu Fuß aus allen Städten dorthin und kamen noch vor ihnen an« (V. 33). Konnte Jesus ihnen deshalb böse sein?

»Als er ausstieg und die vielen Menschen sah, hatte er Mitleid mit ihnen; denn sie waren wie Schafe, die keinen Hirten haben. Und er lehrte sie lange« (V. 34).

Eine wunderbare Speisung

Der nun folgende Bericht von der *Speisung der Fünftausend* (6,35–44) wirft verständlicherweise zunächst wieder einmal sehr nüchterne Fragen auf: Kann eine derartige wunderbare Vermehrung von Broten und Fischen wirklich geschehen sein? Und wenn ja, wie sollen wir uns das vorstellen? Wenn aber nein, was können wir dann mit einer solchen Erzählung anfangen?

Nun – für die Menschen, denen diese Geschichte zuerst erzählt wurde, war ein derartiger Vorgang zwar auch sehr außergewöhnlich, aber nicht einfach undenkbar; denn so lasen sie ja bereits in ihrer Heiligen Schrift:

>Einmal kam ein Mann von Baal-Schalischa und brachte dem Gottesmann (d. h. Elischa) Brot von Erstlingsfrüchten, zwanzig Gerstenbrote, und frische Körner in seinem Beutel. Elischa befahl seinem Diener: Gib es den Leuten zu essen! Doch dieser sagte: Wie soll ich das hundert Männern vorsetzen? Elischa aber sagte: Gib es den Leuten zu essen! Denn so spricht der Herr: Man wird essen und noch übrig lassen. Nun setzte er es ihnen vor; und sie aßen und ließen noch übrig, wie der Herr gesagt hatte.«
(2 Kön 4,42–44)

Schon von Elischa, dem Gottesmann, erzählte man also eine solch wunderbare Speisung, die keiner zunächst für möglich gehalten hatte. Deshalb gab es für die Menschen in Israel auch keinen Grund, an der Wahrheit *dieser* Erzählung zu zweifeln. Sie hatte für sie nicht nur eine »symbolische« Bedeutung.

Aber, so mögen wir jetzt weiter fragen, wie sollen wir uns diese Vermehrung denn vorstellen? Waren es die Jünger, die *vor* dem Austeilen Zeugen dieses Wunders wurden – so wie es uns beispielsweise von den Dienern bei der Hochzeit von Kana berichtet wird (vgl. Joh 2,7–9)? Oder sahen es gar die Menschen selbst, die von den Jüngern bedient wurden? Aber dann hätten sie doch kaum so ruhig sitzen bleiben können!

Auf all diese Fragen geht Markus nicht ein. Anderes war ihm offensichtlich wichtiger:

Beispielsweise die Gruppen zu hundert und zu fünfzig, die sich nach Jesu Geheiß bildeten (V. 40); denn in Hundert- und Fünfzigschaften hatte bereits Mose das Volk in der Wüste aufgeteilt (Ex 18,25), und auch die Gemeinde von Qumran verstand sich als wohlgefügte Gemeinschaft, die sich bei ihren Mahlzeiten und Versammlungen, aber auch im Heiligen Krieg in Gruppen zu tausend, hundert, fünfzig und zehn ordnete (vgl. Gemeinderegel II,21f.: »Und das ganze Volk soll an dritter Stelle eintreten in die Ordnung, einer nach dem andern, zu Tausenden, Hunderten, Fünfzig und Zehn, so daß jeder Mann in Israel die ihm zugewiesene Stellung in der Gemeinschaft Gottes kennt.«). Im Mahl mit Jesus findet Israel zu seiner Ordnung.

Und wenn es heißt: »Dann befahl er ihnen, den Leuten zu sagen, sie sollten sich in Gruppen ins grüne Gras setzen« (V. 39), wer dachte da nicht ganz selbstverständlich an den Psalmvers:

>Der Herr ist mein Hirte,
nichts wird mir fehlen.
Er läßt mich lagern auf grünen Auen
und führt mich zum Ruheplatz am Wasser.«
(Ps 23,1f.)

Wichtig war für Markus auch, daß *Jesus* mit Hilfe der Zwölf (V. 43!) *der Gastgeber* war (VV. 39.41), und daß selbst noch das Ende – nachdem alle gesättigt waren – den Beginn um ein Vielfaches übertraf. *So haben Menschen Jesus erlebt!*

Auch jetzt haben wir noch keine Antwort auf die Fragen, die uns zu Beginn beschäftigten. Das Evangelium gibt uns keine Möglichkeit, sie überzeugend zu beantworten. Wir können »nur« so viel sagen:

Unser Evangelium berichtet, daß es in der Geschichte Jesu mit den Menschen seines Volkes einen Abend gab, an dem Jesus die Menschen, die zu ihm geströmt waren, zu seinen Gästen machte, sie dabei auf eine unvorstellbare Weise satt machte und so zugleich erfahren ließ, daß sie alle *ein* Volk, ja *das* heilige Volk Gottes sein könnten.

5. Jesu Entgegenkommen und die Uneinsichtigkeit seiner Jünger (6,45–52)

Die Jünger hatten Jesus bei der Speisung der Fünftausend geholfen. Doch nun werden sie weggeschickt – voraus nach Betsaida (V. 45a). Sie haben keinen Anspruch darauf, daß Jesus sie immer daran teilhaben läßt, wenn er sich den Menschen – oder Gott – zuwendet (VV. 45b.46. – Es ist überhaupt auffällig, daß Markus Jesus nur bei den Mahlzeiten im Gebet mit den Jüngern schildert!).

Weshalb das so ist, begründet die nachfolgende Erzählung – in einer Weise freilich, die uns fremd geworden ist; denn die Bilder, die sie benützt, sagen uns nicht mehr das gleiche wie den Menschen, unter denen diese Geschichte entstanden ist.

Ein Beispiel möge das Gemeinte verdeutlichen.

Wenn Bilder ihre Sprache verlieren

Es war am 3. Mai 1978, ein Tag vor Leonid Breschnews zweitem Staatsbesuch in Bonn, der an Christi Himmelfahrt beginnen sollte. Da war im Rahmen der üblichen Vorschau auf den bevorstehen- den Besuch und im Blick auf die offenkundigen Differenzen auch folgende Notiz in den Zeitungen zu lesen:

»Ein deutsch-sowjetisches Mißverständnis wenigstens konnte zufriedenstellend ausgeräumt werden: es gelang, die Sowjets davon zu überzeugen, daß es sich beim Feiertag ›Himmelfahrt‹ nicht um den ›Tag der Luftwaffe‹ handelt, sondern um ein christliches Fest.«

Ein schlechter Scherz? Gewiß nicht, sondern der ernüchternde Hinweis darauf, daß auch die Worte und Bilder, die für uns *noch* »völlig klar« sind, nur im Zusammenhang mit einer ganz bestimmten Weltanschauung etwas zu sagen vermögen. Das gilt auch von der Rede vom »Seewandel« – nur daß *auch wir* hier bereits so unverständig sind wie die Sowjets, wenn sie das Wort »Himmelfahrt« hören!

Wäre es anders, würden wir nach dieser Erzählung normalerweise nicht zuerst fragen: »Konnte Jesus wirklich auf dem Wasser gehen?« Denn gerade diese Frage stellte sich den Menschen der Antike nicht. Für sie war ein »Seewandel« genau so vorstellbar wie eine »Himmelfahrt«. So erzählt beispielsweise ein griechischer Philosoph namens Kleodemus bei dem hellenistischen Schriftsteller Lukian aus Samosata:

»›Es gab eine Zeit, wo ich gegenüber dergleichen Dingen, wie sie zuvor erzählt wurden, noch ungläubiger war als du [d. h. Lukian] und es schlechterdings für unmöglich hielt, daß ich jemals sollte bewogen werden können, so etwas zu glauben. Aber als ich einen Ausländer (er gab sich für einen Hyperboreer aus) fliegen sah, da begann ich zu glauben und gab mich nach langem Widerstand endlich überwunden. Was konnt' ich machen, als ich ihn bei hellem Tage durch die Luft fahren, auf dem Wasser gehen und mit gelassenen Schritten durchs Feuer spazieren sah?‹
›Wie?‹, rief ich, ›du hast einen Hyperboreer fliegen und auf dem Wasser gehen sehen?‹
›Allerdings‹, antwortete jener, ›und zwar in Schuhen aus rohem Leder, wie es bei seinen Landsleuten gebräuchlich ist.‹«
(Philopseudes 13)

Aber auch von einem Buddha-Jünger lesen wir in einer Erzählung, die noch in vorchristlicher Zeit entstanden sein dürfte:

Als ein gläubiger, bekehrter edler Schüler »eines Tages nach dem Jetavana ging, kam er am Abend an das Ufer der Aciravatī. Der Fährmann aber hatte sein Schiff an das Ufer gezogen und war weggegangen, um die Predigt zu hören. Als nun jener an der Furt kein Schiff sah, trat er, von freudigen Gedanken an Buddha getrieben, auf den Fluß. Seine Füße sanken im Wasser nicht ein, er ging wie auf festem Boden. Als er aber in die Mitte gelangt war, sah er die Wellen. Da wurden seine freudigen Gedanken an Buddha schwächer, und seine Füße begannen einzusinken. Doch er erweckte wieder stärkere freudige Gedanken an Buddha und ging weiter auf der Oberfläche des Wassers. So kam er in das Jetavana, wo er den Meister begrüßte und sich ihm zur Seite setzte. Der Meister begann eine freundliche Unterhaltung mit ihm und fragte: ›Du bist doch wohl, o Laienbruder, auf deinem Wege ohne große Beschwerde hierhergekommen?‹ Jener erwiderte: ›Herr, da ich von freudigen Gedanken an Buddha erfüllt war, nahm ich meinen Weg über das Wasser und kam hierher, wie wenn ich auf festem Boden ginge.‹ Darauf sprach der Meister: ›Nicht nur jetzt, o Laienbruder, hast du, da du dich an die Buddhavorzüge erinnertest, einen festen Untergrund erlangt, sondern auch früher schon fanden Laienbrüder inmitten des Ozeans, als ihr Schiff zertrümmert war, einen festen Untergrund, da sie der Buddhavorzüge gedachten.‹«
(Zitiert nach *J. B. Aufhauser,* Buddha und Jesus, Bonn 1926, 12)

Der Gang auf dem Wasser war für die Menschen der Antike nicht undenkbar. Deshalb fragten sich auch die ersten Christen, denen die Geschichte von Jesu Seewandel erzählt wurde, nicht: »Ist denn so etwas überhaupt möglich?« Anderes sprach sie an.

»... und schreitet einher auf den Höhen des Meeres« (Ijob 9,8)

Wenn die ersten Christen hörten: »Um die vierte Nachtwache (d. h. zwischen drei und sechs Uhr in der Frühe) kommt er, Jesus, zu ihnen« (Mk 6,48), dann erinnerte sie das daran, daß Gott seine Hilfe immer vor Anbruch des Tages gewährt: »Um die Zeit der Morgenwache blickte der Herr aus der Feuer- und Wolkensäule auf das Lager der Ägypter und brachte es in Verwirrung« (Ex 14,24). Deshalb steht auch beim Propheten Jesaja: »Am Abend herrscht plötzlich Schrecken, doch ehe es Morgen wird – verschwunden sind sie« (17,14).

Und wenn es hieß: »... da kommt er zu ihnen auf dem Meer wandelnd«, dann konnten sie darin ein Wort Ijobs hören: »Er, Gott, spannt allein den Himmel aus, und schreitet wie auf festem Grund über das Meer« (Ijob 9,8 LXX).

Daß Jesus an ihnen aber vorübergehen wollte – auch das kannten sie:

> »Der Herr aber stieg in der Wolke herab und stellte sich dort neben Mose hin. Er rief den Namen Jahwe aus. Der Herr ging an ihm vorüber und rief: Jahwe ist ein barmherziger und gnädiger Gott...« (Ex 34,5f.; vgl. 1 Kön 19,11–13).

Wenn Jesus den Jüngern aber sagte: »Habt Zuversicht, ich bin es!«, dann nahm er für sich jene Formel in Anspruch, mit der sich in Israels Heiliger Schrift *Gott selbst* vorstellt: »Ihr seid meine Zeugen – Spruch des Herrn – und auch mein Knecht, den ich erwählte, damit ihr erkennt und mir glaubt und einseht: *Ich bin es.* Vor mir wurde kein Gott erschaffen, und auch nach mir wird es keinen geben. *Ich bin Jahwe,* ich, und außer mir gibt es keinen Retter« (Jes 43,10f.).

Das alles aber geschah, während »sie sich beim Rudern abmühten, denn sie hatten Gegenwind«.

So redete für die ersten Christen diese kleine Erzählung von Jesu Seewandel davon, daß den Jüngern in ihrer Mühsal *zur rechten Zeit* Gott selbst in Jesus nahegekommen war.

Die Jünger freilich meinten, ein Gespenst zu sehen (V. 49). Und »sie waren bestürzt und außer sich. Denn sie waren nicht zur Einsicht gekommen, als das mit den Broten geschah; ihr Herz war verstockt« (V. 51f.).

Weshalb nahm Markus diese Erzählung wohl in seine Evangelium auf? Damit es seinen Lesern nicht wie den Jüngern ergehe; damit wenigstens sie erkennen:

Als Jesus die Fünftausend speiste, da tat sich *Gott als der gute Hirte* kund. Dieser göttlichen Fürsorge widerspricht es nun aber nicht, daß diejenigen, die Gott in wunderbarer Weise für das Volk erfahrbar machen durften, weitergeschickt werden und dabei in widrige Situationen geraten, in denen sie »nicht vom Fleck kommen« *(J. Ernst).* Er, in dem Gott uns heimsucht, verliert seine Jünger auch in dunklen Zeiten nicht aus den Augen, und er wird

ihnen entgegenkommen – wenn es Zeit ist. Darauf dürfen sie
vertrauen. Und das soll ihnen genügen.

6. Gesund sollen sie werden! (6,53–56)

Wer ist Jesus? Die Antwort darauf fiel unter Jesu Zeitgenossen
sehr unterschiedlich aus (vgl. 6,14f.). Selbst den Jüngern blieb die
Wahrheit Jesu verborgen (6,52). An einem aber zweifelte keiner:
Schon eine kurze Berührung, ein kurzer Kontakt mit Jesus ist
heilsam:

»Und immer, wenn er in ein Dorf oder eine Stadt oder zu einem
Geschäft kam, trug man die Kranken auf die Straße hinaus und bat
ihn, er möge sie wenigstens den Saum seines Gewandes berühren
lassen« (V. 56).

Und Jesus war das nicht zu wenig: »Und alle, die ihn berührten,
wurden geheilt« (V. 56).

7. Verfehlte Frömmigkeit (7,1–23)

Das Ansehen Jesu im Volk war groß. Nicht nur das einfache Volk,
sondern auch die Pharisäer und Schriftgelehrten suchten Jesu
Nähe (V. 1). Dabei entdeckten sie allerdings auch Beunruhigen-
des: »Sie sahen, daß einige seiner Jünger ihr Brot mit unreinen, das
heißt mit ungewaschenen Händen aßen... Sie fragten ihn also:
Warum halten sich deine Jünger nicht an die Überlieferung der
Alten, sondern essen ihr Brot mit unreinen Händen?« (VV. 2.5).

Auch wenn wir es zunächst vielleicht so empfinden könnten –
diese Frage der Pharisäer und Schriftgelehrten bezog sich auf keine
Nebensächlichkeit.

Wenn nun Jesus bei seinen Jüngern keinen Wert darauf legte, daß
sie sich an diese Tradition hielten (V. 2), die den einzelnen immer
wieder daran erinnern *konnte,* daß ihm Gottes Gemeinschaft
geschenkt war, und daß er ihr auch zu entsprechen hatte, gefährdete Jesus damit nicht eine gute, hilfreiche Tradition? (Was halten
wir von denen, die die alte Tradition des Weihwasser-Nehmens
geringschätzen?!)

Vom Sinn der Reinheitsvorschriften

Zwischen »rein« und »unrein« zu unterscheiden war Israel von früh an gewohnt – bei Menschen, Tieren und Dingen (vgl. Lev 10,10f.). Denn wie alle anderen Völker war sich auch Israel bewußt, daß der Zugang zu Gott und die Gemeinschaft mit Gott keinesfalls selbstverständlich war. Es lag bei Gott, wen oder was er in seiner Nähe duldete.

Alles nun, was Gott nahekommen oder nahegebracht werden durfte, wurde »rein« genannt. (Als »rein« galten daher all jene Tiere, die *Jahwe,* dem Gott Israels, geopfert werden durften: »Dann baute Noach Jahwe einen Altar, nahm von allen reinen Tieren und von allen reinen Vögeln und brachte auf dem Altar Brandopfer dar.« Gen 8,20. Diese Tiere durften daher *auch von Jahwes Volk,* von Israel, verzehrt werden: Lev 11!) Alles aber, was in der Gemeinschaft mit Jahwe keinen Platz hatte – bestimmte Tiere, die in *anderen* Kulten eine wichtige Rolle spielten, oder Tote, Aussätzige und Menschen, die sich durch Vergehen verunreinigt hatten –, all das hieß »unrein«. (So bekannte beispielsweise der Prophet Jesaja, nachdem er Gott in seiner Heiligkeit geschaut hatte: »Weh mir, ich bin verloren. Denn ich bin ein Mann mit unreinen Lippen und lebe mitten in einem Volk mit unreinen Lippen ...« Jes 6,5.)

Wer also Wert darauf legte, in Gemeinschaft mit Gott zu leben, hütete sich vor allem Unreinen; denn wer mit Unreinem in Kontakt kam, auf den übertrug sich die Unreinheit (vgl. Lev 11,32–40; Num 19,11–22 u. ö.). Wollte er für Gott wieder gemeinschaftsfähig werden, mußte er sich reinigen – durch Waschungen oder durch Opfer (vgl. Lev 5,2f.; 14,46f.; Num 19,18; Ps 51,4.9).

Verständlicherweise war die Unterscheidung von »rein« und »unrein« zunächst für die Priester und Leviten von besonderer Bedeutung; denn sie hatten ja den engsten und häufigsten Kontakt mit Gott. Das änderte sich allerdings, als es für keinen in Israel mehr selbstverständlich war, gerade *Jahwes* Volk anzugehören – seit dem babylonischen Exil und unter dem Einfluß des Hellenismus (s. auch S. 18). Nun mußte sich vor allem »der Laie« fragen, ob er auf die Gemeinschaft mit Jahwe tatsächlich Wert legte. Bejahte er dies, war es nur naheliegend, daß er von nun an aus der Sorge um die *volle* Gemeinschaft mit seinem Gott auch jene »Umgangsvorschriften«, d. h. jene Reinheitsgebote, in *seinem* Leben berücksichtigte, die ursprünglich nur für die Priester und Leviten gegolten hatten.

Freilich, verderblicher Einfluß auf die Gemeinschaft mit Gott ging nicht allein von den unreinen Dingen, sondern noch weit mehr von den *Menschen* aus, die sich um Gott und seinen Willen nicht kümmerten – weder in dem, was sie kauften und verkauften, noch in dem, was sie dachten und wie sie lebten –, so daß sich in deren gesamtem Leben geradezu eine Atmosphäre von Unreinheit entwickelte.

Gegen diese ständige Gefährdung durch einen Lebensstil, in dem auf die Heiligkeit Gottes keine Rücksicht mehr genommen wurde, gab es – zumindest für die Pharisäer (s. auch S. 40 f.) – nur *einen* Ausweg: eine besondere Besinnung auf die eigene Reinheit, d. h. auf die eigene Gemeinschaftsfähigkeit für Gott.

Aus diesem Grund sollte der einzelne, wenn er beispielsweise vom Markt (!) nach Hause gekommen war, sich bewußt von all den unreinen, schmutzigen Einflüssen distanzieren, mit denen er in Berührung gekommen war (Mk 7,4). Und deshalb sollte er sich auch vor dem Mahl, ehe er das Brot in die Hände nahm, über das ja der Segen gesprochen wurde, die Hände reinigen (VV. 2 f.5).

»Es ist sinnlos, wie sie mich verehren...« (V. 7)

Wenn Jesus auf die Frage der Pharisäer mit einem Zitat aus dem Propheten Jesaja antwortet, könnte das zunächst den Eindruck erwecken, als ob er lediglich die Oberflächlichkeit anprangern würde, die bei derartigen rituellen Vorgängen immer wieder naheliegt: »Er antwortete ihnen: Der Prophet Jesaja hatte recht mit dem, was er über euch Heuchler sagte: ›Dieses Volk ehrt mich mit den Lippen, sein Herz aber ist weit weg von mir. Es ist sinnlos, wie sie mich verehren; was sie lehren, sind Satzungen von Menschen.‹« (V. 6f.)

Doch mit den beiden nachfolgenden Versen macht unser Evangelist deutlich, daß es hier um ein tieferliegendes Problem geht: »Ihr gebt Gottes Gebot preis und haltet euch an die Überlieferung der Menschen. Und weiter sagte Jesus: Sehr geschickt setzt ihr Gottes Gebot außer Kraft und haltet euch an eure eigene Überlieferung« (V. 8f.).

Nicht das Händewaschen, sondern *die Traditionen* stehen letztlich zur Debatte, die sich innerhalb des frühen Judentums *um Gottes willen* herausgebildet hatten. Deshalb der Hinweis auf die sogenannte Korban-Praxis (V. 11) – eine Einrichtung zur Ehre Gottes! –, die auch den Eltern gegenüber als erlaubt galt. Mit Hilfe der Schwurformel »Weihegeschenk ist ...« konnten nämlich Dinge in vielfältigen Situationen für Gott beschlagnahmt und so dem Zugriff der Menschen entzogen werden. Eine im Südosten Jerusalems gefundene Grabinschrift lautet beispielsweise: »Alles, was jemand zu seinem Nutzen in dieser Grabkammer finden könnte, ist Weihegeschenk für Gott von dem, der hier bestattet ist.«

Dieses Gelübde war auch den eigenen Eltern gegenüber möglich, was zur Folge hatte, daß dann den Eltern all das entzogen war – an Lebensunterhalt und Gemeinschaft –, worauf sie von Rechts wegen Anspruch gehabt hätten. War ein solches Gelübde *ausgesprochen* – beispielsweise aus Zorn dem Vater gegenüber – konnte es nicht mehr aufgehoben werden!

Natürlich kannten auch die Schriftgelehrten das vierte, das Elterngebot, und natürlich sahen sie auch, daß Eltern durch ein solches Gelübde in Not geraten konnten. (Deshalb gab es auch in rabbinischen Kreisen Diskussionen, ob ein derartiges Gelübde nicht doch aufgelöst werden könnte!) Trotzdem sah man unter den Schriftgelehrten zur Zeit Jesu noch keine Möglichkeit, von diesem Korban-Gelübde zu befreien, da man überzeugt war, daß *das Recht Gottes dem Recht des Menschen vorangehe*. (Nichts berechtigt zu der Annahme, Jesus habe sich hier nur gegen den *Mißbrauch* gewandt, der mit Hilfe des Korban-Gelübdes auch möglich war, da derjenige, der dieses Gelübde seinen Eltern gegenüber ausgesprochen hatte, nicht gezwungen werden konnte, das den Eltern Nicht-Geleistete auch wirklich für religiöse Zwecke einzusetzen! Als ob dann ein derartiges Gelübde auf Kosten von Menschen zu rechtfertigen wäre!)

Das machte Jesus den Schriftgelehrten und Pharisäern also zum Vorwurf: Daß durch ihre Entscheidungen »unmenschliche Verhaltensweisen theologisch gerechtfertigt wurden ... Das Gebot Gottes ist nicht um seiner selbst willen gegeben und kann nicht in seinen Buchstaben erfaßt werden, sondern ist auf die Güte und Liebe hin auszulegen. Die Schriftgrundlage für die Korbanpraxis war Num 30,3. Wer die Schrift gegen die Liebe Gottes auslegt, hebt das Wort Gottes auf« (*J. Gnilka* I,284). Und offensichtlich bewahrt auch subjektive Frömmigkeit nicht vor solch grundlegenden Mißverständnissen des Wortes und des Willens Gottes.

Täuschungen

Weshalb setzten die Pharisäer aber Gottes Wort durch ihre traditionellen Waschungen außer Kraft? Weil sie damit den Blick dafür verstellten, daß das Böse, das den Menschen für die Gemeinschaft mit Gott unfähig macht, *aus des Menschen Herz* kommt! Keine Speise ist unrein (V. 15). Nichts Geschaffenes, was der Mensch aufnimmt, kann den Menschen verunreinigen. Nur sein eigenes Herz kann den Menschen Gott entfremden (VV. 20–23). Wer anderes lehrt, lehrt Menschensatzungen (V. 7). Er gibt – selbst wenn er es gut meinte – Weisungen für einen sinnlosen Gottesdienst.

Hob Jesus damit das Gesetz auf? Gewiß nicht (vgl. Mt 5,17–20), aber er machte deutlich, daß wir auch die Heilige Schrift an *Gottes* Willen messen müssen – und dieser ist auf das Wohl des Menschen gerichtet (vgl. bereits Gen 12,3)!

Eine bleibende Gefahr

Auch hier werden wir fragen dürfen: Weshalb nahm Markus diese Erzählung in sein Evangelium auf? Das Problem der Waschungen

war für *seine* Leser ja allem Anschein nach schon nicht mehr
verständlich (V. 3 f.!).

Das Anliegen, das Markus mit dieser Erzählung verfolgte, ist im
Jüngertadel (V. 18) zu erkennen: »Die unverständigen Jünger
machen deutlich, daß, wenn auch nicht die Rückkehr zum jüdischen Zeremonialgesetz, so doch der Rückfall in eine veräußer-
lichte Frömmigkeit als Gefahr stets gegeben ist. Der Mensch neigt
dazu, in religiöse Betriebsamkeit zu verfallen, um sich für seine
Weigerung, in Wahrheit umzukehren, ein Alibi zu verschaffen. Die
Beobachtung von Äußerlichkeiten läßt ihn den wahren Gottesdienst vergessen. Er täuscht sich vor, ein frommer Mensch zu sein,
wo er doch eine gesetzlich bestimmte Bindung an Gott benutzt, um
seinem Nächsten zu schaden« (*J. Gnilka* I,287).

Auch das ist ein Bestandteil des Evangeliums, dem wir glauben
sollen (1,15): Wo Traditionen dazu führen, daß aus Ehrfurcht vor
Gott die Liebe Gottes verstellt und unerfahrbar wird, müssen wir
kein Vergehen fürchten, wenn wir uns durch derartige »Menschensatzungen« (7,7) nicht länger gebunden fühlen – selbst wenn
sie sich auf eine Bibelstelle berufen könnten.

8. Jesus auf dem Weg (7,24–37)

Was Jesus voranbrachte

Die beiden folgenden Ereignisse zeigen Jesus – in einem doppelten
Sinn! – auf dem Weg: Jesu Begegnung mit der Syrophönizierin
findet ganz im Nordwesten, im Gebiet von Tyrus, statt (VV.
24–30). Die Heilung des Taubstummen spielt im Osten, in der
Dekapolis (VV. 31–37). Jesus hat (vorübergehend) Galiläa verlassen und befindet sich in heidnischem Gebiet.

Nicht als ob Jesus sich von jetzt an zur Heidenmission berufen
gefühlt hätte (vgl. V. 24!). Seine Antwort auf die Heilungsbitte der
heidnischen Mutter (V. 26): »Laß zuerst die Kinder satt werden;
denn es ist nicht recht, das Brot den Kindern wegzunehmen und
den Hunden vorzuwerfen« (V. 27) – diese Antwort zeigt deutlich,
daß Jesus sich auch nach der vorangegangenen Auseinandersetzung mit den Pharisäern und Schriftgelehrten *zu Israel* gesandt
weiß. Und doch lassen beide Ereignisse deutlich erkennen, weshalb

es später zur Heidenmission kommen konnte, ja kommen mußte:

1. Für Jesus ist auch das heidnische Land kein unreines Land (vgl. dagegen Am 7,7; Ez 4,12f.).

2. Es gibt auch außerhalb Israels Menschen, die von Jesus Hilfe erwarten (VV. 26.28.32). *Sie* sind es, die Jesus dazu bringen, daß er in seinem Wirken die bisherigen Grenzen überschreitet (VV. 29.33).

Was die Christenheit nicht vergessen sollte

Als Markus Jesu Wunder im heidnischen Land als Teil seines Evangeliums festhielt, war die Heidenmission bereits eine Selbstverständlichkeit. Sie mußte nicht mehr verteidigt werden (vgl. dagegen noch Apg 15,1–21). Trotzdem waren beide Erzählungen für Markus von Wichtigkeit:

1. Jesu Begegnung mit der Syrophönizierin erinnerte die Heidenchristen daran, daß ihr jetziger Glaube nicht mit ihnen (oder ihren Vätern) begonnen hatte. Der Glaube der (Heiden-)Christen hat eine ihnen *fremde* Geschichte Gottes mit Israel zur grundlegenden Voraussetzung. Selbst wenn sie eines Tages in der Überzahl sein sollten – sie haben keinen Grund, sich über »die Kinder«, für die der Tisch zuerst gedeckt wurde, zu erheben (vgl. Röm 11,17f.).

2. Die Menschen in der heidnischen Dekapolis erlebten Jesus wie einen der üblichen Wundertäter – der den Kranken abseits nahm, um seine Heilpraxis geheimzuhalten, der das kranke Organ mit seinem Finger und mit Speichel berührte und der vom Himmel die Kraft zum Wunder »einholte« (V. 33f.). Die Eigenart Jesu manifestierte sich nicht in einem besonderen Gehabe. Gewiß, wer ihn deshalb in *eine* Reihe mit den übrigen Wundertätern stellen würde, hätte ihn auch nicht verstanden! (Daher das Schweigegebot V. 36! – S. dazu S. 11f.) Aber das Faktum blieb – verstanden oder unverstanden – als solches bestehen, und es konnte nicht verborgen bleiben: Jesus macht die Schöpfung in erstaunlicher Weise gut (V. 37).

9. Unbegreifliche Blindheit (8,1–26)

Tätiges Mitleid

Noch einmal berichtet Markus ein Speisungswunder. Allem Anschein nach (vgl. 7,31) ereignete es sich diesmal am Ostufer des Sees, im Grenzgebiet der Dekapolis. Nach Vers 10 fuhr Jesus im Anschluß an die Speisung der Viertausend in das Gebiet von Dalmanuta. Wir können diesen Ort zwar nicht mehr identifizieren, doch wird man ihn in Galiläa suchen müssen, da dort Pharisäer Jesus entgegenkamen (vgl. V. 11!). Wenn wir Markus so verstehen dürfen, könnte diese zweite Speisung *das* Zeichen dafür sein, daß Jesu Mitleid (V. 2) sich (von nun an? vgl. 7,24–30) nicht mehr nur auf die Menschen seines Volkes beschränkte, sondern alle umfaßte, die zu ihm kamen.

Von Bedeutung ist auf jeden Fall, daß selbst eine derart wundervolle Sättigung der Menschen durch Jesus für Markus nichts Einmaliges und Unwiederholbares war. Diese aktive Fürsorge (VV. 2–8) gehörte für ihn vielmehr zum Wesen Jesu.

Sprach das nicht genug für Jesus? Nein, sagten diejenigen, die sich für den rechten Glauben des Volkes verantwortlich fühlten (vgl. V. 11).

Wer nicht vertraut, kann auch nicht glauben

Es ist verständlich, daß uns die Zeichenforderung der Pharisäer (V. 11) nicht mehr nur als »unfreundlicher Akt«, sondern schon als bösartiges Ansinnen vorkommt. Das ist zwar möglich, jedoch keineswegs sicher; denn schließlich kennt Israels Heilige Schrift eine Vielzahl von Situationen, in denen Gott bereit war, den Glauben durch Zeichen vom Himmel her zu stärken und zu sichern.

Himmlische Zeichen

Als Mose beispielsweise am brennenden Dornbusch zu Gott sagte:

> »Was aber, wenn sie mir nicht glauben und nicht auf mich hören, sondern sagen: Jahwe ist dir nicht erschienen? Da entgegnete ihm der

Herr: Was hast du da in der Hand? Er antwortete: Einen Stab. Da sagte
der Herr: Wirf ihn auf die Erde! Mose warf ihn auf die Erde. Da wurde
der Stab zu einer Schlange, und Mose wich vor ihr zurück. Der Herr
aber sprach zu Mose: Streck deine Hand aus, und fasse sie am Schwanz!
Er streckte seine Hand aus und packte sie. Da wurde sie in seiner Hand
wieder zum Stab. So sollen sie dir glauben, daß dir Jahwe erschienen ist,
der Gott ihrer Väter, der Gott Abrahams, der Gott Isaaks und der Gott
Jakobs.«
(Ex 4,1–5)

Ähnliches wird von Gideon berichtet, der vor dem Kampf gegen
die Midianiter zu Gott sagte:

»Wenn du Israel wirklich durch meine Hand retten willst, wie du gesagt
hast – sieh her, ich lege frisch geschorene Wolle auf die Tenne; wenn der
Tau allein auf die Wolle fällt und es auf dem ganzen (übrigen) Boden
trocken bleibt, dann weiß ich, daß du durch meine Hand retten willst,
wie du gesagt hast. Und so geschah es. Als er früh am Morgen hinkam
und die Wolle ausdrückte, konnte er den Tau – eine Schale voll Wasser
– aus der Wolle herauspressen. Darauf sagte Gideon zu Gott: Dein
Zorn möge nicht gegen mich entbrennen, wenn ich noch einmal rede.
Ich möchte es nur noch dieses eine Mal mit der Wolle versuchen: Die
Wolle allein soll dieses Mal trocken bleiben, und auf dem ganzen
(übrigen) Boden soll Tau liegen. Und Gott machte es in der folgenden
Nacht so: Die Wolle blieb trocken, und auf dem ganzen übrigen Boden
lag Tau.«
(Ri 6,36–40)

Und schließlich forderte der Prophet Jesaja König Ahas ausdrücklich auf:
»Erbitte dir vom Herrn, deinem Gott, ein Zeichen, sei es von
unten, aus der Unterwelt, oder von oben, aus der Höhe!« (Jes
7,10). Ahas freilich wollte nicht.
Wie selbstverständlich es für die Menschen zur Zeit Jesu war,
von demjenigen ein *Zeichen* zu erwarten, der beanspruchte, in
Gottes Namen als Führer des Volkes zu kommen, können wir
wiederum dem jüdischen Geschichtsschreiber Josephus Flavius
entnehmen:

»Außerdem bildete sich eine weitere Bande von nichtswürdigen Menschen, deren Hände zwar reiner, deren Gesinnung aber um so gottloser
waren, die nicht weniger als die Meuchelmörder (d. h. die Sikarier) zur
Zerstörung des Glückes der Stadt beitrugen. Sie waren nämlich

Schwarmgeister und Betrüger, die unter dem Vorwand göttlicher Eingebung Unruhe und Aufruhr hervorriefen und die Menge durch ihr Wort in dämonische Begeisterung versetzten. Schließlich führten sie das Volk in die Wüste hinaus, dort wolle ihnen Gott Wunderzeichen zeigen, die die Freiheit ankündigen.«
(Jüdischer Krieg II, 258f.)

Wir müssen damit rechnen, daß die Pharisäer überzeugt waren, im Recht zu sein, wenn sie von Jesus »ein Zeichen vom Himmel« forderten.

Jesus lehnte es freilich ab. »Er seufzte auf und sagte: Was fordert dieses Geschlecht ein Zeichen? Amen, das sage ich euch: Diesem Geschlecht wird niemals ein Zeichen gegeben werden« (8,12).

Was Jesus zum Seufzen bringt

Weshalb reagierte Jesus so abweisend? Hätte er sich nicht viel Ärger erspart, wenn er den religiösen Autoritäten entgegengekommen wäre?

Der von Jesus gebrauchte Ausdruck »dieses Geschlecht« hilft uns, seine Reaktion besser zu verstehen; denn diese Bezeichnung stammt aus der Bibel. Sie wird dort auf die Sintflut- und Mosegeneration angewandt (vgl. Gen 7,1; Ps 95,10f.), für die der Ungehorsam und die Verstocktheit gegenüber Gottes Anspruch typisch war.

Weil Jesus sein Volk – zumindest in der Verkörperung jener Pharisäer, die ein Streitgespräch mit ihm begonnen hatten – als im Grunde ungläubig und verstockt betrachtete, verweigerte er *jedes* Zeichen. Wer kein Vertrauen hat, kann auch nicht zum Glauben kommen. Wie aussichtslos sich die Situation für Jesus darstellte, zeigt seine Reaktion: »Und er verließ sie, stieg in das Boot und fuhr ans andere Ufer« (V. 13).

Auf ein Zeichen vom Himmel zu warten, *kann* berechtigt sein. Es ist freilich auch möglich, daß sich in einem solchen Zeichenverlangen keine Glaubensbereitschaft, sondern nur noch Blindheit ausdrückt. Und solche Blindheit ist mit subjektiv gutem Willen durchaus vereinbar.

Wollten die Anhänger Jesu, die (ur-)christlichen Gemeinden, sich nunmehr über *das Volk Jesu* erheben, da sie sich von Jesu Urteil ja nicht betroffen fühlen müssen, hätten sie wenig begriffen. Nicht ohne Absicht kommt Markus im unmittelbaren Anschluß an den Zusammenstoß zwischen Jesus und den Pharisäern auf einen *Vorfall im Jüngerkreis* zu sprechen.

Das Gespräch zwischen Jesus und seinen Jüngern bei der Fahrt über den See Gennesaret hinterläßt zunächst einen zwiespältigen Eindruck. Worum ging es eigentlich? Was meinte Jesus, wenn er den Jüngern sagte: »Gebt acht, hütet euch vor dem Sauerteig der Pharisäer und dem Sauerteig des Herodes!« (V. 15)?

Nun, Ausgangspunkt für das ganze Gespräch war – der vergessene Proviant: »Die Jünger hatten vergessen, bei der Abfahrt Brote mitzunehmen; nur ein einziges hatten sie dabei… Sie aber machten sich Gedanken, weil sie kein Brot bei sich hatten« (VV. 14.16).

Mitten in diese Überlegungen hinein sagte Jesus die Warnung: »Gebt acht…!« (V. 13). Und da sie offensichtlich nicht begriffen, erinnerte er sie an die vorausgegangenen Speisungswunder mit ihrem *Übermaß:*

> »Als er das merkte, sagte er zu ihnen: Was macht ihr euch darüber Gedanken, daß ihr kein Brot habt? Begreift und versteht ihr immer noch nicht? Ist denn euer Herz verstockt?… Erinnert ihr euch nicht: Als ich die fünf Brote für die Fünftausend brach, wie viele Körbe voll Brotstücke habt ihr da aufgesammelt? Sie antworteten ihm: Zwölf. Und als ich die sieben Brote für die Viertausend brach, wie viele Körbe voll habt ihr da aufgesammelt? Sie antworteten: Sieben.« (VV. 17–20)

Die zwölf und sieben Körbe ließen doch keinen Zweifel daran, daß dort, wo er ist und wirkt, keine Not Platz hat, sondern das Leben in Überfülle gegeben ist. Angesichts dieser Erfahrung war *die Sorge* der Jünger für Jesus ein unbegreifliches Zeichen für deren verstocktes Herz und deren Blindheit (V. 17f.). Sie sahen wirklich nicht, daß *seine* Gegenwart es unnötig machte, auch noch andere Sicherheiten haben zu wollen.

Die Jünger waren im Begriff, der Angst vor dem Ungewissen Raum zu geben – und sich damit vom »Sauerteig der Pharisäer und des Herodes« anstecken zu lassen; denn das kennzeichnete ja auch sie: Als Jesus die bisher geltenden Ordnungen durchbrochen hatte, »da gingen die Pharisäer hinaus und faßten zusammen mit den Anhängern des Herodes den Beschluß, Jesus umzubringen« (3,6). Weil Herodes Johannes den Täufer gefürchtet hatte, hatte er ihn festnehmen und ins Gefängnis werfen lassen (6,17–29; s. S. 85 f.). Weil die Pharisäer sicher gehen wollten, verlangten sie von Jesus ein Zeichen (8,11). Nur kein Risiko!

Wo Jesu Jünger solange unruhig sind, bis sie sicher sein können, daß sie satt werden, da gilt auch von ihnen: »Sie haben keine Augen, um zu sehen, und keine Ohren, um zu hören« (8,18; vgl. 4,12).

»Siehst du etwas?«

Alle, die als Jünger Jesu betroffen sind, daß selbst sie (ohne es zu begreifen!) blind sein könnten, erinnert Markus abschließend daran, daß Jesus auch blinde Augen öffnen konnte – selbst bei solchen, denen nicht sofort die Augen aufgingen!

V. Der Weg des Messias (8,27 – 10,52)

Hatte Markus bisher vor allem die vielfältigen Begegnungen Jesu mit den Menschen in seinem Land geschildert, so ändert er jetzt das Thema. Jesu Wirken in Galiläa geht dem Ende zu. Am Schluß dieses vierten Teils des Markusevangeliums wird Jesu Zug von Jericho nach Jerusalem stehen (10,46–52). *Der Weg,* den Jesus *als Messias* zu gehen hatte, wird sich immer klarer abzeichnen.

1. »Ihr aber, für wen haltet ihr mich?« (8,27–33)

Nicht ohne Absicht eröffnet Markus den folgenden Abschnitt seines Evangeliums mit der Frage Jesu an seine Jünger: »Für wen halten mich die Menschen... Ihr aber, für wen haltet ihr mich?« und mit dem Bekenntnis des Petrus: »Du bist der Messias!« (VV. 27.29). Alles Weitere ist erst verstehbar – und nachvollziehbar! –, wenn erkannt ist, daß es sich bei diesem Weg, der *unausweichlich* in das Leiden und in den Tod führen wird (V. 31), um den Weg des Messias handelt! Doch auch umgekehrt gilt: Was es heißt, daß Jesus der Messias ist; was es bedeutet, wenn wir bekennen: »*Jesus ist der Christus!*«, ist erst verstanden, wenn wir zugleich den Weg ernst nehmen, den Jesus als der Messias nach Gottes Willen zu gehen hatte. Solange dieser Zusammenhang nicht erkannt wird oder nicht erkannt werden kann, gilt Jesu Verbot, darüber mit anderen zu sprechen (V. 30!).

Aus diesem Grund fügt Markus dem Messiasbekenntnis des Petrus sofort die Belehrung der Jünger durch Jesus an: »Dann begann er, sie darüber zu belehren, der Menschensohn müsse vieles erleiden und von den Ältesten, den Hohepriestern und den Schriftgelehrten verworfen werden; er werde getötet, aber nach drei Tagen werde er auferstehen. Und er redete ganz offen darüber« (V. 31f.).

Es sind gleich mehrere Fragen, die dieses *belehrende* Wort Jesu aufwirft:

1. Was bedeutet es, wenn sich Jesus hier als »Menschensohn« bezeichnet?
2. Weshalb *muß* der Menschensohn vieles leiden?

3. Konnte Jesus wirklich seine eigene Auferstehung voraussagen?

Es fällt nicht leicht, diese Fragen zu beantworten.

Jesus und der Menschensohn

»Ob und in welchem Sinn Jesus vom ›Menschensohn‹ gesprochen hat, ist in der Forschung bis heute sehr umstritten« (*H. Merklein*, 152). Nicht als ob die Grundbedeutung des Ausdrucks »Menschensohn« unklar wäre. Er begegnet bereits im Alten Testament als gehobener Ausdruck für »Mensch« (vgl. Ps 8,5). Doch das hilft uns im Neuen Testament nicht weiter, da darin »Menschensohn« nie für den gewöhnlichen Menschen gebraucht wird, sondern immer nur im Zusammenhang mit Jesus, ja als (Selbst-)Bezeichnung Jesu begegnet – und das fast ausschließlich in den Evangelien (sonst nur noch Apg 7,56; Offb 1,13; 14,14).

Wie ist dies zu erklären? War es vielleicht eine besondere Eigenart Jesu, vom »Menschensohn« zu sprechen, wenn er nicht »ich« sagen wollte? Doch weshalb hätte Jesus das tun sollen? Denn zum einen verstanden die Jünger doch, daß er von sich sprach (vgl. nur die Reaktion des Petrus Mk 8,32 auf Jesu Wort in 8,31!), und zum anderen scheute sich Jesus ja auch sonst nicht vor dem Wort »ich«!

Dazu kommt noch ein Weiteres:
Mk 8,38 (vgl. Lk 12,8f.; Mt 10,32f.) unterscheidet Jesus in auffälliger Weise zwischen sich (und seinen Worten) und dem Menschensohn:

>»Denn wer sich vor dieser treulosen und sündigen Generation meiner und meiner Worte schämt, dessen wird sich auch der Menschensohn schämen, wenn er mit den heiligen Engeln in der Hoheit seines Vaters kommt.«

Diese Unterscheidung ist deshalb so bemerkenswert, weil Jesus weder der erste noch der einzige war, der in der damaligen Zeit von *dem* Menschensohn sprach.

Der Menschensohn – eine himmlische Gestalt
Die bekannteste Stelle, an der bereits vor Jesus ein Auser-
wählter als »Menschensohn« bezeichnet wird, findet sich im
Buch Daniel. Daniel sieht in einer nächtlichen Vision, wie die
durch Tiere symbolisierten heidnischen Weltreiche entmach-
tet werden. Dann fährt er fort:

> »Immer noch hatte ich die nächtlichen Visionen:
> Da kam mit den Wolken des Himmels
> einer wie ein *Menschensohn.*
> Er gelangte bis zu dem Hochbetagten
> und wurde vor ihn geführt.
> Ihm wurden Herrschaft,
> Würde und Königtum gegeben.
> Alle Völker, Nationen und Sprachen
> müssen ihm dienen.
> Seine Herrschaft ist eine ewige,
> unvergängliche Herrschaft.
> Sein Reich geht niemals unter.«
> (Dan 7,13f.)

Nach Auskunft der *Einheitsübersetzung* bezeichnet der
Ausdruck »Menschensohn« hier »im Unterschied zu den
durch Tiere symbolisierten heidnischen Weltreichen den
messianischen Herrscher des endzeitlichen Gottesreiches«.
In ähnlicher Weise ist in einer anderen frühjüdischen Schrift
von dem himmlischen Menschensohn die Rede. Seine Aufgabe ist es, die gottlosen Könige zu richten und so die
Gerechten zu retten. Der Verfasser dieses Textes schreibt:

> »Ich sah dort den, der ein betagtes Haupt hat, und sein Haupt war
> weiß wie Wolle; bei ihm war ein anderer, dessen Antlitz wie das
> Aussehen eines Menschen war, und sein Antlitz war voll Anmut
> gleichwie eines von den heiligen Engeln. Ich fragte den Engel, der
> mit mir ging und mir alle Geheimnisse zeigte, über jenen *Men-
> schensohn,* wer er sei, woher er stamme, und weshalb er mit dem
> betagten Haupte gehe? Er antwortete mir und sagte zu mir: Dies
> ist der *Menschensohn,* der die Gerechtigkeit hat, bei dem die
> Gerechtigkeit wohnt, und der alle Schätze dessen, was verborgen
> ist, offenbart; denn der Herr der Geister hat ihn auserwählt, und
> sein Los hat vor dem Herrn der Geister alles durch Rechtschaffen-
> heit in Ewigkeit übertroffen. Dieser *Menschensohn,* den du gese-

hen hast, wird die Könige und die Mächtigen von ihren Lagern und die Starken von ihren Thronen sich erheben machen; er wird die Zügel der Starken lösen und die Zähne der Sünder zermalmen... Die Weisheit des Herrn der Geister hat ihn den Heiligen und Gerechten geoffenbart; denn er bewahrt das Los der Gerechten, weil sie diese Welt der Ungerechtigkeit gehaßt und verachtet und alle ihre Taten und Wege im Namen des Herrn der Geister gehaßt haben; denn in seinem Namen werden sie gerettet, und er ist der Rächer ihres Lebens.«
(1 Henoch 46,1–4; 48,7)

Es überrascht nicht, daß »der Menschensohn« im Lauf der Zeit von vielen Juden mit »dem Messias« (so 1 Hen 48,10; vgl. 52,4) oder mit Henoch identifiziert wurde (vgl. 1 Hen 71), der ja von Gott in den Himmel erhoben worden war (vgl. Gen 5,21–24).

Rechnete auch Jesus mit dem Menschensohn?

Jesus begegnete also in seiner Zeit dem Glauben an den *himmlischen* Menschensohn, der am Ende der Zeiten in der Herrlichkeit Gottes zum Gericht erscheinen wird – und allem Anschein nach teilte er diesen Glauben, wenn er beispielsweise sagte:

»In jenen Tagen, nach der großen Not, wird sich die Sonne verfinstern, und der Mond wird nicht mehr scheinen... Dann wird man den *Menschensohn* mit großer Macht und Herrlichkeit auf den Wolken kommen sehen.«
(Mk 13,24.26)

Oder eben:

»Wer sich vor dieser treulosen und sündigen Generation meiner und meiner Worte schämt, dessen wird sich auch der *Menschensohn* schämen, wenn er mit den heiligen Engeln in der Hoheit seines Vaters kommt.«
(Mk 8,38)

Nun haben wir allerdings nicht nur solche Worte in den Evangelien, in denen Jesus vom *zukünftigen* Menschensohn redet, sondern auch solche – wie beispielsweise Mk 8,31 –, bei denen der Ausdruck »Menschensohn« Jesus selbst in seiner *irdischen* Existenz bezeichnet. Wie ist das zu erklären?

An diesem Punkt gehen die Meinungen (auch der katholischen Exegeten) weit auseinander.

Sollte Jesus tatsächlich nur vom *kommenden* Menschensohn gesprochen haben, wäre folgendes denkbar:

Nach Ostern kamen die ersten Christen zu der Überzeugung, daß der Auferstandene bei seiner Wiederkunft die Rolle des Menschensohnes einnehmen wird (vgl. etwa 1 Thess 1,10 mit dem obigen Zitat aus 1 Henoch). Daher gab es für sie keinen Grund mehr, zwischen dem Auferstandenen und dem (erwarteten) Menschensohn zu unterscheiden.

Diese nachösterliche Gleichsetzung hatte nun freilich auch Auswirkungen auf ihre Art, vom *irdischen* Jesus zu sprechen. Auch im Rückblick war er für sie jetzt der Menschensohn. Diese Würde war Jesus in ihren Augen immer schon eigen! Wenn beispielsweise »die Ältesten, die Hohenpriester und die Schriftgelehrten« Jesus verwarfen, so daß er vieles leiden mußte, dann hatten sie das eben nicht nur irgendeinem frommen Menschen, sondern *dem* Menschensohn angetan. Oder wenn Jesus Sünden nachgelassen hatte (vgl. 2,1–10), dann hatte er das Recht dazu, weil er nicht nur ein Prophet, sondern der Menschensohn war. Das heißt, in all den Stellen, an denen von Jesus als dem irdischen Menschensohn die Rede ist (vgl. etwa Mk 2,10.28; Mt 13,37; Lk 7,34), spricht sich der Glaube der urchristlichen Gemeinden aus, für die der auferstandene Jesus der Menschensohn ist, und denen es daher sehr wichtig ist, daß wir, die Späteren, auch schon in dem »unscheinbaren« Jesus den Menschensohn sehen (vgl. Mk 8,31; Lk 9,58; 22,27 u. ö.).

Denkbar wäre freilich auch folgendes: Jesus wußte sich von Gott gesandt, um das Reich Gottes auf Erden beginnen zu lassen (vgl. Mk 1,14f.). Nun stand aber in der Vision des Propheten Daniel (s. o.) *der Menschensohn* in einer sehr engen Beziehung zum *Reich Gottes*. Ist es da gänzlich undenkbar, daß sich Jesus auch gesandt fühlte, das Werk des Menschensohnes auf Erden zu tun? Dann wäre es aber doch verständlich, daß er dort *von sich als dem Menschensohn* sprach, wo es ihm vor allem auf diese sachliche Beziehung zwischen ihm (und seinem Tun) und dem Reich Gottes ankam (s. zu 10,45 S. 151 f.).

Auch wenn es uns nicht gelingt, alle Fragen mit letzter Sicherheit zu beantworten, die mit der Menschensohn-Bezeichnung in den Evangelien zusammenhängen – eines können wir mit Gewißheit sagen: Überall dort, wo uns der Ausdruck »Menschensohn« begegnet, sollen wir auf die Würde aufmerksam gemacht werden, die Jesus als dem zukommt, durch den Gott sein Reich aufrichten und sein Gericht halten will.

Weshalb muß der Menschensohn vieles leiden?

Es verlangt wohl keine große Einfühlungsgabe, um verstehen zu können, daß der Kreuzestod Jesu für die ersten Christen *trotz der Auferstehung Jesu* ein großes Problem darstellte – und das keineswegs nur, weil es für sie schwer war, Juden und Heiden einsichtig zu machen, daß *ein Gekreuzigter* der Heiland der Welt *und* der Sohn Gottes gewesen sein sollte (vgl. 1 Kor 1,22f.). Jesu Tod am Kreuz war auch für die Urchristenheit selbst ein Problem; denn wenn Jesus tatsächlich der von Gott gesandte Retter, ja Gottes eigener Sohn war – und daran gab es für sie *nach* Ostern keinen Zweifel mehr –, weshalb *mußte* er dann leiden?

Der leidende Gerechte

Angesichts des Gekreuzigten war es für die ersten Christen von großer Bedeutung, daß Jesus keineswegs der erste gewesen war, der als Gesandter Gottes ungerecht zu leiden hatte. So war es doch schon dem Propheten Jeremia ergangen, der klagte:

> »Du hast mich betört, o Herr,
> und ich ließ mich betören;
> du hast mich gepackt und überwältigt.
> Zum Gespött bin ich geworden den ganzen Tag,
> ein jeder verhöhnt mich ...

hörte ich doch das Flüstern der Vielen:
Grauen ringsum! Zeigt ihn an!
Wir wollen ihn anzeigen.
Meine nächsten Bekannten
warten alle darauf, daß ich stürze:
Vielleicht läßt er sich betören,
daß wir ihm beikommen können
und uns an ihm rächen.«
(Jer 20,7.10)

Ja, schaute man auf Israels Geschichte zurück, so konnte man geradezu den Eindruck gewinnen, daß alle, die Gott zu seinem Volk gesandt hatte, nur Spott und Leid geerntet hatten. Daher zögerten die aus Babylon zurückgekehrten Israeliten auch nicht, in einem Bußgottesdienst zu bekennen, in dem sie auf die Geschichte ihrer Väter zurückblickten:

»Sie (die Israeliten) eroberten befestigte Städte und fruchtbares Ackerland. Häuser mit all ihrem Reichtum nahmen sie in Besitz, ausgehauene Zisternen, Weinberge, Ölbäume und Obstbäume in Menge. Sie aßen sich satt, wurden fett und lebten gut von deinen reichen Gaben. Dann aber wurden sie trotzig; sie empörten sich gegen dich und kehrten deinem Gesetz den Rücken. Deine Propheten warnten sie zwar und wollten sie zu dir zurückführen; doch *man tötete sie* und verübte schwere Frevel.«
(Neh 9,25f.)

Doch nicht nur den Propheten war es so ergangen. Leid, Spott und Tod wurde zum Schicksal aller Gerechten, die sich um Gott und seinen Willen kümmerten. Das eindrucksvollste Beispiel hierfür begegnet uns im *Buch der Weisheit,* einer jüdischen Schrift aus dem 1. Jh. v. Chr. Darin werden die Frevler folgendermaßen zitiert:

»Unsere Stärke (sagen die Frevler) soll bestimmen,
was Gerechtigkeit ist;
denn das Schwache erweist sich als unnütz.
Laßt uns dem Gerechten auflauern!
Er ist uns unbequem und steht unserem Tun im Weg.
Er wirft uns Vergehen gegen das Gesetz vor und beschuldigt
uns des Verrats an unserer Erziehung.
Er rühmt sich, die Erkenntnis Gottes zu besitzen,
und nennt sich einen Knecht des Herrn.

Er ist unserer Gesinnung ein lebendiger Vorwurf,
schon sein Anblick ist uns lästig;
denn er führt ein Leben,
das dem der andern nicht gleicht,
und seine Wege sind grundverschieden.
Als falsche Münze gelten wir ihm;
von unseren Wegen hält er sich fern wie von Unrat.
Das Ende der Gerechten preist er glücklich
und prahlt, Gott sei sein Vater.
Wir wollen sehen, ob seine Worte wahr sind,
und prüfen, wie es mit ihm ausgeht.
Ist der Gerechte wirklich Sohn Gottes,
dann nimmt sich Gott seiner an
und entreißt ihn der Hand seiner Gegner.
Roh und grausam wollen wir mit ihm verfahren,
um seine Sanftmut kennenzulernen,
seine Geduld zu erproben.«
(Weish 2,11–20)

Weshalb Jesus leiden mußte

Unter Menschen, die sich um Gottes Willen nicht kümmern, *kann*
es dem nicht gut gehen, der Gott als seinen Vater ernst nimmt. In
dieser unserer Welt *muß* der Gerechte leiden – nicht weil Gott es
so wollte, sondern weil sich die Menschen in ihrer Herzenshärte
und in ihrem Unglauben am Gerechten vergehen; »denn er ist
unserer Gesinnung ein lebendiger Vorwurf« (Weish 2,14).

Dieses Fazit aus ihrer eigenen religiösen Geschichte befähigte die
ersten Christen, angesichts der Passion Jesu nicht an Jesus zu
verzweifeln. Ja, schon Jesus selbst dürfte durch die Erfahrung all
der Gerechten vor ihm in die Lage versetzt worden sein, auch sein
eigenes drohendes Leiden positiv zu sehen und anzunehmen.

Jesu Wort: »Der Menschensohn muß vieles erleiden« (Mk 8,31)
bedeutet im Licht der Geschichte Israels also *nicht,* daß *Gott*
solches Leiden über ihn verfügt habe. Jesus wird »nur« erleben,
was vor ihm schon viele erfahren mußten: »Der Gerechte muß viel
leiden!« (Ps 34,20).

Eine derartige Auslegung der *Leidensankündigung* Jesu mag uns
überraschen, da wir gewohnt sind, die Notwendigkeit von Jesu
Leiden mit unserer Erlösung in Verbindung zu bringen. Doch

dieser Gedanke spielt hier in unserem Evangelium keine Rolle: »Es bleibt zu beachten, daß das Todes- und Auferstehungsschicksal Jesu in der ersten Leidensankündigung (wie auch in den beiden folgenden) christologisch, nicht soteriologisch interpretiert wird. Der Heilstod Jesu tritt nicht in den Blick. Wichtig ist allein, seinen Weg in der Bedeutung für seine Person zu erfassen« (*J. Gnilka* II,16).

Weil Jesus der *Messias* ist, der Gottes Willen zum Heil auf eine ganz bestimmte Weise zu verwirklichen hat, *muß* er leiden.

Hat Jesus seine eigene Auferstehung vorausgesagt?

»Wenn Jesus tatsächlich vorausgesagt hatte, daß er nach drei Tagen auferstehen werde, weshalb« – so fragen sich nicht wenige – »weshalb sind dann die Jünger nach der Gefangennahme Jesu nach Galiläa geflohen, anstatt in Jerusalem den dritten Tag, und damit die Auferstehung Jesu, abzuwarten? Und weshalb haben sie dann, als es so weit war, den Frauen zuerst doch nicht geglaubt?«

Auch hier kann uns ein Blick in die Glaubensgeschichte Israels weiterhelfen. In ihr hatte Israel ja nicht nur das Leiden des Gerechten gesehen, sondern auch erlebt:

»Der Gerechte muß viel leiden,
doch allem wird der Herr ihn entreißen.
Er behütet all seine Glieder,
nicht eines von ihnen wird zerbrochen.«
(Ps 34,20f.)

Einer ähnlichen Erfahrung begegnen wir im Leben dessen, der im Buch des Propheten Jesaja »der Knecht Gottes« genannt wird:

»Bei den Ruchlosen gab man ihm sein Grab,
bei den Verbrechern seine Ruhestätte,
obwohl er kein Unrecht getan hat
und kein trügerisches Wort in seinem Mund war.
Doch der Herr fand Gefallen an seinem zerschlagenen (Knecht),
er rettete den, der sein Leben als Sühnopfer gab.
Er wird Nachkommen sehen und lange leben.
Der Plan des Herrn wird durch ihn gelingen.
Nachdem er so vieles ertrug,
erblickt er das Licht.«
(Jes 53,9f.)

Deshalb ist sich auch der Verfasser des *Buches der Weisheit* gewiß, daß am Ende nicht die Frevler, sondern die Gerechten siegen werden:

>»Zitternd kommen sie (die Frevler) zum Gericht über ihre Sünden;
>ihre Vergehen treten ihnen entgegen und überführen sie.
>Dann wird der Gerechte voll Zuversicht dastehen vor denen,
>die ihn bedrängt und seine Mühe verachtet haben.
>Wenn sie ihn sehen, packt sie entsetzliche Furcht,
>und sie geraten außer sich über seine unerwartete Rettung.
>Jetzt denken sie anders;
>seufzend und voll Angst sagen sie zueinander:
>Dieser war es, den wir einst verlachten,
>verspotteten und verhöhnten, wir Toren.
>Sein Leben hielten wir für Wahnsinn
>und sein Ende für ehrlos.
>Jetzt zählt er zu den Söhnen Gottes,
>bei den Heiligen hat er sein Erbteil.«
>(Weish 4,20 – 5,5)

Schon die Erfahrung, die die Menschen in Israel mit Gott gemacht hatten, konnte Jesus das Vertrauen geben, daß auch bei ihm nicht der Tod, sondern das Leben am Ende siegen werde.

Gewiß, Jesus dürfte keinen *exakten* Tag seiner Auferstehung vorausgesagt haben; denn wenn er davon sprach, daß er *nach drei Tagen* (Mk 8,31) auferstehen werde, verwendete er noch einmal einen *biblischen* Ausdruck. Diese Zeitangabe finden wir nämlich bereits beim Propheten Hosea in einem Bußgebet:

>»Kommt, wir kehren zum Herrn zurück!
>Denn er hat (Wunden) gerissen,
>er wird uns auch heilen;
>er hat verwundet, er wird auch verbinden.
>Nach zwei Tagen gibt er uns das Leben zurück,
>am dritten Tag richtet er uns wieder auf,
>und wir leben vor seinem Angesicht.«
>(Hos 6,1f.)

Es wird uns zwar nicht mehr gelingen festzustellen, wie genau Jesus von seinem drohenden Tod und seiner Rettung durch Gott, d. h. von seiner Auferstehung, gesprochen hat; denn die Urgemeinde, die uns Jesu Wort überlieferte, konnte ja nie vergessen, wie sich Jesu Passion abgespielt hatte. Da war es nur natürlich, daß sie von Jesu Tod und Auferstehung viel konkreter sprach, als es Jesus getan hatte, als alles noch offen war. Trotzdem haben wir keinen Grund, daran zu zweifeln, daß Jesus Gott über seinen Tod hinaus vertraute.

Freilich, auf dieses »über den Tod hinaus« kommt es Markus hier in seinem Evangelium gar nicht an! Das Erstaunen des Petrus gilt nicht der Auferstehung, sondern dem Leiden, von dem dieser Jesus, den er eben als »Messias« bekannt hatte, in aller Offenheit sprach (8,32).

Ein Messias für diese Welt

Es war für Petrus unvorstellbar, daß es für den Messias keinen anderen Weg geben sollte als den des Leidens. Wir erklären uns dies oft so, daß Petrus eben einer falschen, einer »national-politischen« Messiashoffnung angehangen habe. Doch damit machen wir es uns zu leicht. Der Grund für die nun folgende, überaus scharfe Auseinandersetzung zwischen Petrus und Jesus lag tiefer:

Man mußte zur Zeit Jesu nicht unbedingt auf den Messias warten (s. S. 84). Man konnte auch – wie vor allem in Qumran – auf *zwei* Messiasse warten: auf den Messias aus dem Hause David *und* auf den hohenpriesterlichen Messias. Doch *wenn* man auf den Messias hoffte, dann war man sich darin einig: Das Wirken des Messias wird das Heil Israels in *dieser* Weltzeit zum Ziel haben. (Kein Mensch zur Zeit Jesu erwartete vom Messias die Erlösung von den Sünden oder das ewige Heil! Sündenvergebung und *ewiges* Heil waren auch in den Augen derer, die auf das Kommen des Messias hofften, alleiniges Werk Gottes.)

Aus diesem Grund war es für *alle* Juden zur Zeit Jesu selbstverständlich, daß von dem Messias *politische* Wirkungen ausgehen mußten. Nicht als ob man deshalb vom Messias nur *militär*politische Aktivitäten erwartet hätte. Der Beter, der um das Kommen und Wirken des Messias flehte, hatte keineswegs nur dessen kriegerische Unternehmungen gegen die Feinde Israels vor Augen (s. S. 18 f.). Er betete im Blick auf den Messias auch:

> »Und er ist ein gerechter, von Gott gelehrter König über sie;
> und in seinen Tagen ist kein Unrecht unter ihnen,
> denn alle sind sie heilig, und ihr König ist der Gesalbte des Herrn.

Denn er wird nicht auf Pferd und Wagen und Bogen hoffen,
noch wird er sich aufhäufen Gold oder Silber zum Kriege,
und er wird seine Hoffnung für den Tag des Krieges
nicht auf die vielen sammeln.
Der Herr selbst ist sein König, die Hoffnung des Starken besteht in
Hoffnung auf Gott...
Und er wird nicht ermatten in seinen Tagen bei seinem Gott,
denn Gott hat ihn stark gemacht mit heiligem Geist
und weise in einsichtigem Rat samt Stärke und Gerechtigkeit.
Und der Segen des Herrn wird mit ihm sein in Kraft,
und er wird nicht schwach werden.
Sein Vertrauen ist auf den Herrn
und wer ist mächtig gegen ihn?
Gewaltig in seinen Werken und mächtig durch Gottesfurcht,
indem er die Herde des Herrn weidet in Treue und Gerechtigkeit,
und er wird nicht zulassen,
daß einer unter ihnen ermüde auf ihrer Weide.«
(Psalmen Salomos 17,32–40)

Wenn Petrus – oder irgendein anderer in seinem Volk – Jesus als
»Messias« bezeichnete, dann bedeutet das für ihn (wie auch für
Jesus, wenn er sich so nennen ließ): »Du bist der, der in Gottes
Auftrag unserem Volk das Heil bringen soll. Durch dich sollen wir
hier jenen Zustand erlangen, in dem wir in Frieden nach Gottes
Willen leben können!« – Und Jesus sollte dieses Ziel nur über das
Leiden erreichen können?

Der Weg zum Wohl der Welt

Der Weg, den Jesus *als Messias* vor sich sah und über den er in
aller Offenheit mit seinen Jüngern sprach (Mk 8,31f.), leuchtete
Petrus nicht ein. Deshalb nahm er Jesus »beiseite und begann ihn
zu tadeln«. Doch Jesus ließ sich nicht von seinem Weg abbringen.
»Er wandte sich um, sah seine Jünger, schalt den Petrus und
sprach: Weiche hinter mich, Satan« (V. 33). Ein schwerwiegendes
Wort; denn mit demselben »hinter mich!« hatte Jesus einst Simon
Petrus zur Nachfolge gerufen (vgl. 1,17! – Diese Parallele macht
die *Einheitsübersetzung* leider unkenntlich, indem sie diesmal
übersetzt: »Geh mir aus den Augen!«). Mit dem Versuch, Jesus
von seinem Weg abzubringen, hatte Petrus zugleich sein Jünger-
sein verrraten.

Wer Jesus andere Wege vorschlägt, um auf ihnen Gottes Heil *in die Welt* zu bringen, denkt zwar sehr menschlich, aber gerade dadurch wird er zum Satan; denn er denkt »nicht das, was Gottes (ist), sondern das der Menschen« (V. 33. – Schon hier sollten wir darauf achten, daß nach dem Verständnis unseres Evangelisten es *nicht* der Satan ist, der Jesu Passion will! S. im übrigen zu 14,49.).

Das Bekenntnis zu Jesus als dem Christus schließt – recht verstanden – auch das Bekenntnis zu einem ganz bestimmten Weg zum Wohl dieser unserer Welt ein.

2. Was die Zukunft bringt (8,34 – 9,1)

Daß es für Jesus *als Messias* nur den Leidensweg gibt, hat Konsequenzen – zumindest für diejenigen, die ihm nachfolgen wollen. Deshalb rief Jesus »die Volksmenge mit seinen Jüngern herbei und sprach zu ihnen: Wenn jemand mir nachfolgen will, verleugne er sich selbst und nehme sein Kreuz auf und folge mir« (V. 34. – Es ist verständlich, daß die Christen bei diesem Wort vom »Kreuztragen« nur noch an Jesu Kreuzigung dachten. Ein solches Wort war jedoch schon vor Karfreitag im jüdischen Volk möglich, da die Kreuzigung von der römischen Besatzungsmacht vor allem den Zeloten gegenüber praktiziert wurde. Wer sich also zur Partei der Zeloten gesellte – aus denen Jesus ja auch Jünger gewonnen hatte: Lk 6,15! –, mußte von vornherein mit seiner Kreuzigung rechnen. Dann hätte Jesu Wort schon ursprünglich bedeutet: Wer nicht bereit ist, auch die letzten tödlichen Konsequenzen auf sich zu nehmen, kann nicht mein Jünger sein!).

Eine derartige Aussicht erschreckt. Und trotzdem – diese Aussicht kann nur denjenigen erschrecken, der ein Doppeltes nicht wahrhaben will:

1. »Loskaufen kann doch keiner den andern
noch an Gott für ihn ein Sühnegeld zahlen
– für das Leben ist jeder Kaufpreis zu hoch;
für immer muß man davon abstehn –,
damit er auf ewig weiterlebt
und niemals das Grab schaut...
Der Mensch bleibt nicht in seiner Pracht;
er gleicht dem Vieh, das verstummt.«
(Ps 49,8f.13)

2. Über den Wert unseres Lebens entscheidet der *Menschensohn* (s. o. S. 107). Alle aber, die sich vor dieser Welt Jesu und seiner Worte schämen (V. 38a) und daher ansprechendere und gefälligere Wege zum Wohl dieser Welt suchen und verkünden – wie können sie auf Anerkennung von seiten des Menschensohnes hoffen (V. 38b)?

Freilich, so könnte nun der eine oder andere einwenden, wer garantiert uns, daß es am Ende gerade darauf ankommt, wie wir uns *Jesu* Wort gegenüber verhalten haben? Vielleicht kommt es am Ende doch ganz anders? Vielleicht hat das Reich Gottes gar nichts – oder zumindest nichts Entscheidendes – mit diesem Jesus zu tun?

Wer mit diesem Gedanken spielt, gibt sich einer verhängnisvollen Täuschung hin. Um dies deutlich zu machen, fügt Markus den vorangegangenen Worten Jesu noch ein weiteres Jesuswort an: »Und er sagte zu ihnen: Amen, ich sage euch, es gibt einige unter den hier Stehenden, die den Tod nicht kosten werden, bis sie das Reich Gottes in Macht gekommen sehen« (9,1).

Es gibt also Zeugen, die gesehen haben, daß das Reich Gottes gekommen *ist* und daß es in Wahrheit zutiefst mit der Person Jesu zusammenhängt. Davon handelt der Bericht von der Verklärung Jesu.

3. Die Verklärung Jesu (9,2–10)

Der Bericht von der Verklärung gibt zu sehr unterschiedlichen Vermutungen Anlaß:

Die einen sehen in ihm eine ursprüngliche Oster- oder Himmelfahrtserzählung, die in das Leben des irdischen Jesus »vordatiert« wurde. (Dagegen spricht allerdings, daß in den übrigen Ostererzählungen weder Elija und Mose eine Rolle spielen, noch eine himmlische Stimme zu hören ist, die die Jünger auffordert, auf Jesus zu hören.)

Angeregt durch das griechische Wort *metamorphōtē* (V. 2), d. h. *er wurde verwandelt,* wird auch an Erzählungen aus der griechischen Mythologie erinnert, die von der Metamorphose göttlicher Gestalten handeln. (Hier verwandeln sich allerdings Götter in menschliche Gestalt, um Menschen begegnen zu können, während Mk 9,2f. die Verwandlung des *Menschen* Jesus erzählt wird!)

Wieder andere sind schließlich der Meinung, daß sich in dieser

Erzählung »nur« der Glaube an die Erhöhung Jesu zum Messias oder Menschensohn *bildhaft* ausdrücken würde.

Wir werden auch an diesem Punkt nur weiterkommen, wenn wir bedenken, weshalb in der Urchristenheit eine derartige Erzählung entstehen konnte *und* weiterüberliefert wurde. (Selbst derjenige, der an der Realität der Verklärung des irdischen Jesus keine Zweifel hat, muß sich ja fragen: Weshalb hat Markus dieses Ereignis aufgezeichnet? Schließlich berichtet er in seinem Evangelium nur einen Teil dessen, was während der öffentlichen Wirksamkeit Jesu geschah.)

Eine besondere Sicht Jesu

Für Markus, der die Geschichte von der Verklärung Jesu festhielt, war es offensichtlich zunächst einmal wichtig, daß das Folgende auf eine besondere Initiative Jesu zurückging und keineswegs allen Jüngern zuteil wurde (V. 2). Jesus so zu sehen, wie es hier geschildert wird, war selbst für die Zwölf nicht normal und selbstverständlich. Eine derartige Sicht Jesu muß *von Gott* geschenkt werden: »Und er wurde vor ihren Augen verwandelt.«

Was durch das gemeinsame Auftreten von Elija und Mose (V. 4) ausgedrückt werden sollte, können wir nicht mehr genau erkennen, da Elija und Mose nur hier *gemeinsam* begegnen. Vielleicht verkörpern sie einfach »die himmlische Welt«, da beide nach jüdischer Überzeugung nicht starben, sondern in den Himmel entrückt wurden. Für dieses Verständnis spricht auch der vorausgehende Vers: »Seine Kleider wurden strahlend weiß, so weiß, wie sie *auf Erden* kein Bleicher machen kann« (V. 3). Da nämlich *das himmlische Leben,* das den Gerechten *nach* ihrer Auferstehung zuteil wird, im frühen Judentum ganz allgemein mit einem neuen, strahlenden Kleid verglichen wurde, konnte ein solches Bild nur als Offenbarung des himmlischen Lebens *im irdischen Jesus* verstanden werden.

Das war es also, was den drei Jüngern aufgegangen war: Mit Jesus ist die himmlische Welt auf die Erde gekommen (V. 4). Wir haben erst dann ein vollständiges, umfassendes Bild von Jesus, wenn wir sehen, daß er bereits während seiner irdischen Wirksamkeit *auch* »der himmlischen Welt« angehörte.

Wenn selbst Petrus...

Wer würde einem solchen Augenblick, in dem einem die Gegenwart des Reiches Gottes in der Gemeinschaft mit Jesus aufgeht, nicht fortwährende Dauer wünschen? »Da sagte Petrus zu Jesus: Rabbi, es ist gut, daß wir hier sind. Wir wollen drei Hütten bauen, eine für dich, eine für Mose und eine für Elija« (V. 5).

Ein solcher Vorschlag liegt nahe – und doch offenbart er nur Unverständnis (V. 6). Noch immer wollte – oder konnte – Petrus jenes Wort nicht ernstnehmen, das Jesus vor sechs Tagen (vgl. V. 1) gesagt hatte: »Der Menschensohn müsse vieles erleiden und von den Ältesten, den Hohenpriestern und Schriftgelehrten verworfen werden« (8,31). Und: »Wer mein Jünger sein will, der verleugne sich selbst, nehme sein Kreuz auf sich und folge mir nach« (8,34).

Auch aus diesem Grund wurde die Geschichte von der Verklärung Jesu erzählt: Sie könnte helfen zu verstehen, weshalb uns Jesu Wort vom Kreuztragen auch nach Ostern nur schwer eingeht. Wenn selbst Petrus...

Doch das ändert nichts an der Wahrheit von Jesu Wort. Die Notwendigkeit des Kreuzwegs ist kein Widerspruch zur Liebe Gottes. Im Gegenteil! Von ihm, der diesen Leidensweg gehen muß, gilt Gottes Wort: »Das ist mein geliebter Sohn; auf ihn sollt ihr hören« (V. 7).

Vom Tabor aus gesehen

Wir haben gefragt: »Weshalb konnte in der Urchristenheit eine derartige Erzählung entstehen *und* weshalb wurde sie weiterüberliefert?« Die Antwort dürfte nicht mehr schwerfallen:

Die Erzählung von der Verklärung Jesu möchte zum einen davon berichten, daß es unter den Jüngern *einige* gab, denen eine tiefere Erkenntnis Jesu geschenkt worden war. Ihnen war aufgegangen, daß Jesus *auch* zur himmlischen Welt gehörte. Sie sahen, daß in ihm »das Reich Gottes in Macht gekommen« war (vgl. 9,1. – Und selbst wenn ihnen diese Einsicht erst nach Ostern geschenkt worden wäre, würde sich an ihrer Wahrheit nichts ändern!).

Unsere Erzählung möchte aber auch bewußt machen, daß ein jeder unverständig reagiert, der einen solch beglückenden Augenblick, in dem ihm Jesus »aufgeht« und »einleuchtet«, festhalten möchte. Die Tatsache, daß in Jesus das Reich Gottes auf Erden gekommen ist, bedeutet nicht, daß von nun an zwangsläufig ein besseres Leben möglich sein müßte.

Es ist verständlich, wenn Martin Buber in seinen chassidischen Erzählungen berichtet:

> »Zur Zeit, da Rabbi Menachem im Lande Israel wohnte, ereignete es sich, daß ein törichter Mann, ohne bemerkt zu werden, den Ölberg bestieg und vom Gipfel aus in die Schofarposaune stieß. Im aufgeschreckten Volk sprang die Kunde um, dies sei das Schofarblasen, das die Erlösung verkündigt. Als das Gerücht zu den Ohren Rabbi Menachems kam, öffnete er das Fenster, sah in die Welt hinaus und sprach: ›Da ist keine Erneuerung.‹«
> (M. Buber, Die Erzählungen der Chassidim. Zürich 1949, 298.)

Vor einer derart naheliegenden Schlußfolgerung aus der Ankunft des Messias auf den Zustand der Welt – und umgekehrt! – warnt die Urgemeinde mit dieser Erzählung von Jesu Verklärung.

4. Von den Grenzen himmlischer Offenbarungen (9,9–13)

»Während sie den Berg hinabstiegen, verbot ihnen Jesus, irgend jemand zu erzählen, was sie gesehen hatten, bis der Menschensohn von den Toten auferstanden sei« (V. 9). Weshalb eigentlich? Wäre es den Jüngern nicht vielleicht doch leichter gefallen, auch noch in den Kartagen Jesus die Treue zu halten, wenn ihnen Petrus, Jakobus und Johannes schon zuvor erzählt hätten, was sie auf dem Berg erlebt hatten? Vorausgesetzt, sie *hatten* wirklich eine derartige Offenbarung! Oder beweist das Versagen *auch* eines Petrus, Jakobus und Johannes gar, daß es das Taborerlebnis *vor* Ostern doch nicht gegeben hatte? – Derartige Überlegungen liegen nahe, doch übersehen sie ein Doppeltes:

– »Informationen« über Offenbarungen, die *anderen* zuteil wurden, helfen uns im Ernstfall nur wenig.

– Wir können auch unsere eigenen, sehr klaren Einsichten so lange *mißverstehen,* wie wir sie von falschen Voraussetzungen aus bedenken und deuten.

Das bewußt zu machen, ist das Anliegen des folgenden Gesprächs zwischen den Jüngern und Jesus während des Abstiegs vom Berg.

Gottes Wille und des Menschen Unwille

Wenn Markus als erste Reaktion der Jünger auf Jesu Wort berichtet: »Da griffen sie das Wort auf und disputierten miteinander, was das sei: von den Toten auferstehen« (V. 10), dann konnte sich dieser Disput nicht auf die *allgemeine* Totenauferstehung beziehen. Denn was damit gemeint war, war zur Zeit Jesu allen im Judentum bekannt – selbst den Sadduzäern, die den Glauben an die Auferstehung ablehnten (vgl. 12,18). Die Diskussion der Jünger konnte sich nur auf die von Jesus zuvor erwähnte »Auferstehung des Menschensohnes« (V. 9) beziehen.

Aber was war daran so unverständlich? Das erklärt der nächste Vers: »Und sie fragten ihn und sagten: Es sagen (doch) die Schriftgelehrten, daß Elija zuerst kommen müsse!« (V. 11). Die Jünger greifen hier eine von den Schriftgelehrten verbreitete und gestützte Meinung auf, nach welcher *vor* der Ankunft des Messias – oder *vor* dem Tag des Herrn – Elija kommen werde (s. S. 84); denn so stand ja beim Propheten Maleachi:

»Bevor aber der Tag des Herrn kommt,
der große und furchtbare Tag,
seht, da sende ich zu euch den Propheten Elija.
Er wird das Herz der Väter
wieder den Söhnen zuwenden
und das Herz der Söhne ihren Vätern,
damit ich nicht kommen
und das Land dem Untergang weihen muß.«
(Mal 3,23f.)

Wenn dem Wirken des Menschensohnes also das Wirken des Elija vorausgehen würde, um die Herzen der Israeliten zu bekehren, wie sollte es da überhaupt noch zum (gewaltsamen) Tod des Menschensohnes kommen können (vgl. 8,31)?

Dieses Schriftverständnis wird von Jesus nicht von vornherein abgelehnt. Elija *wird* kommen, um alles wiederherzustellen. Gott steht zu seiner Verheißung. Deshalb ist es verständlich, daß die

Jünger fragen: »Wieso steht dann über den Menschensohn geschrieben, daß er vieles leiden und verachtet werden wird?« (V. 12 – Jesus spricht hier *nicht* davon, daß der Menschensohn leiden *müsse!* Auch an dieser Stelle gibt die Einheitsübersetzung den griechischen Text nur sehr ungenau wieder.)

Die Antwort auf diese Frage gibt die Geschichte selbst: »Elija *ist* gekommen, aber sie taten an ihm, was sie wollten, wie über ihn geschrieben steht« (V. 13). Im Wirken Johannes des Täufers hatte Gott seine Verheißung eingelöst (vgl. Mt 17,13). Durch den Täufer *sollte* alles wiederhergestellt werden! Doch welchen Erfolg hatte der Täufer gehabt? Er hatte genau das Schicksal erlitten, das in der Schrift als Schicksal des Gerechten geschildert wird (s. S. 109–111).

Wir verstehen das Schicksal Gottes und seiner Gesandten in unserer Welt nicht, solange wir davon absehen, wie oft und wie tiefgreifend wir Menschen es verhindern, daß sich Gottes Wille in unserer Welt verwirklicht.

5. Glaube, der Freiheit wirkt (9,14–29)

In Jesus ist das Reich Gottes in die Welt gekommen! Das ist für Markus der Inhalt der Botschaft Jesu (vgl. 1,14f.). Das bezeugen die Jünger, denen eine besondere Einsicht in jenen Zusammenhang geschenkt wurde, der zwischen Jesus und »der himmlischen Welt« besteht (vgl. 9,2–8), und das spürten die Menschen, die bei Jesus Heilung, Rat und Weisung fanden (vgl. 6,30–44.53–56).

Von der Ankunft des Reichen Gottes hatten aber auch schon die Zwölf als Jesu Boten Zeugnis gegeben (vgl. 6,7–13). Daher war es nur naheliegend, daß sich die Menschen in ihrer Not jetzt auch an sie wandten, wenn sie Jesus nicht erreichen konnten – so wie es in der folgenden Geschichte von einem Vater berichtet wird, dessen Sohn allem Anschein nach an Epilepsie litt (6,17f. – Vgl. *J. Gnilka* II,47: »Die Krankheitsschilderung des Vaters läßt auf Epilepsie schließen. Die verwendeten Wörter ›er schäumt und knirscht mit den Zähnen und wird starr‹ kommen in anderen evangeliaren Wunderzählungen nicht mehr vor, belegen aber die auch in der Antike bekannten Symptome dieser Krankheit. Die Epilepsie wurde vom Volk die heilige Krankheit genannt... Im christlichen

Bereich wurde die Wertung der Epilepsie als heilige Krankheit völlig aufgegeben. Sie wurde als durch Dämonen verursachte Besessenheit aufgefaßt.«).

Jesu Jünger konnten allerdings die Erwartungen der Menschen nicht erfüllen.

Es ist verständlich, daß diese enttäuschende Erfahrung zum Streit zwischen Volk, den Schriftgelehrten und den Jüngern führte:

>»Als sie (vom Berg) zu den anderen Jüngern zurückkamen, sahen sie eine große Menschenmenge um sie versammelt und Schriftgelehrte, die mit ihnen stritten. Sobald die Leute Jesus sahen, liefen sie in großer Erregung auf ihn zu und begrüßten ihn. Er fragte sie: Warum streitet ihr mit ihnen? Einer aus der Menge antwortete ihm: Meister, ich habe meinen Sohn zu dir gebracht. Er ist von einem stummen Geist besessen; immer wenn der Geist ihn überfällt, wirft er ihn zu Boden, und meinem Sohn tritt der Schaum vor den Mund, er knirscht mit den Zähnen und er wird starr. Ich habe schon deine Jünger gebeten, den Geist auszutreiben, aber sie konnten es nicht« (VV. 14–18).

Selbstbescheidung oder Unglaube?

Wir haben uns daran gewöhnt, daß wir – wie die Jünger hier – noch immer nicht dieselben Zeichen und Wunder vollbringen können, die Jesus vollbrachte (vgl. dagegen Joh 14,12!). Jesu Reaktion müßte uns da jedoch aufschrecken: »Da sagte er zu ihnen: O ungläubiges Geschlecht, wie lange werde ich noch bei euch sein? Wie lange werde ich euch noch ertragen?« (V. 19).

Unsere Unfähigkeit und das Eingeständnis unserer Hilflosigkeit angesichts großen menschlichen Leids ist für Jesus keineswegs »natürlich«, sondern Ausdruck von Unglauben – und damit letztlich ein unerträglicher Zustand!

Freilich – und auch hier zeigt sich etwas von Jesu Eigenart –, folgt in Israels Heiliger Schrift der Klage über den Unglauben des Volkes in der Regel ein Drohwort (vgl. Num 14,27ff.; Jes 7,11ff.; Jer 5,21 – 6,1), so bleibt Jesus beim Angebot des Heils: »Bringt ihn (den Knaben) zu mir!«

Der Vater hat sein Ziel erreicht. Doch nun, angesichts der offenkundigen Schwere der Not, die geheilt werden müßte, überfällt ihn der Zweifel:

»Man führte den Jungen herbei. Sobald der Geist Jesus sah, zerrte er den Jungen hin und her, so daß er hinfiel und sich mit Schaum vor dem Mund auf dem Boden wälzte. Jesus fragte den Vater: Wie lange hat er das schon? Der Vater antwortete: Von Kind auf; oft hat er ihn sogar ins Feuer oder ins Wasser geworfen, um ihn umzubringen. Doch wenn du kannst, hilf uns. Hab Mitleid mit uns!« (VV. 20–22).

Der Vater wollte Jesus nichts Unmögliches zumuten. Nachdem schon Jesu Jünger gescheitert waren – die Macht des Bösen, das Unheil könnte ja tatsächlich so stark sein, daß ihr kein Mensch gewachsen war.

Aber auch hier läßt Jesus die Grenzen nicht gelten, die wir zu akzeptieren bereit sind: »Jesus sagte zu ihm: Wenn du kannst? Alles kann, wer glaubt!« (V. 23).

Machtvoller Glaube

Wir würden Jesu Antwort mißverstehen, verstünden wir sie nur als eine Aussage über seinen eigenen Glauben – als hätte Jesus hier nur sagen wollen: »Du hast keinen Grund zu zweifeln; denn ich kann alles, weil *ich* glaube!« Dieses Wort gilt *auch* dem Vater. Und er weiß es: »Da rief der Vater des Jungen: Ich glaube; hilf meinem Unglauben!« (V. 24).

Markus berichtet dieses Ereignis nicht, um die Größe und Macht des Glaubens Jesu zu dokumentieren (V. 25f.), sondern um seiner christlichen Gemeinde die Augen dafür zu öffnen, weshalb wir, Jesu Jünger, (wieder) so unwirksam sind (VV. 18b.28).

Die Macht des Bösen wäre zu brechen. Die Menschen, die im Bann des Bösen und im Unheil stumm und starr werden, könnten befreit werden.

Als Jesus die Jünger zum ersten Mal ausgesandt hatte, hatten sie viele Dämonen ausgetrieben (6,13). Sie wußten also, *wie* man Dämonen austrieb. Dennoch waren sie diesmal gescheitert. Damit konnten sie sich verständlicherweise nicht zufriedengeben. Daher fragten sie Jesus, als sie wieder allein waren: »Warum konnten denn wir den Dämon nicht austreiben?« (V. 28).

Hatten sie etwas falsch gemacht?

Nein, sie hatten nichts falsch gemacht. Sie hatten nur eines nicht bedacht: »Diese Art kann nur durch Gebet ausgetrieben werden«

(V. 29). Das heißt, es gibt Menschen, deren Situation so unheilvoll und böse ist, daß wir ihnen nur dadurch helfen können, daß wir uns ganz auf Gott und Gott ganz auf uns einlassen; denn *das* heißt »beten« (s. S. 169).

Das mag manchem als zu wenig vorkommen. Deshalb erweiterte auch die Mehrzahl der späteren Abschreiber Jesu Antwort, indem sie »und Fasten« zufügten: »Diese Art kann nur durch Gebet *und Fasten* ausgetrieben werden!« Doch eben das sagte Jesus nicht! Der Sieg über das Böse ist keine asketische Leistung, sondern die Folge jenes Glaubens, in dem sich der Mensch Gott *ganz* überläßt.

6. Bei Jesus im Seminar (9,30–32)

Liest man es »nur« in der Bibel, ist man geneigt, es als natürlich und selbstverständlich anzusehen. Bedenkt man es in seiner Konsequenz, verändert sich alles:

Jesus befindet sich auf dem Weg nach Jerusalem, und er weiß, »daß der Menschensohn vieles erleiden muß und von den Ältesten, den Hohenpriestern und den Schriftgelehrten verworfen wird« (8,31). Seine Jünger werden also in nicht allzu ferner Zeit sein Werk ohne seine unmittelbare Nähe fortsetzen müssen. So ist es nur verständlich, daß er sie *allein für sich* haben will (9,30); »denn er wollte seine Jünger über etwas belehren« (V. 31).

Doch was war der Inhalt ihrer stillen Vorbereitung für die Zeit ihrer selbständigen Tätigkeit? Keine Wiederholung irgendwelcher praktischer Anweisungen (vgl. 6,8–11)! Was also sollten sie von ihm noch unbedingt lernen, um sein Werk in der rechten Weise fortsetzen zu können?

Sie sollten verstehen lernen, daß *sein* Weg zur Auslieferung in die Hände der Menschen führt, ein derart böser Ausgang jedoch nicht zu fürchten ist, da er keineswegs das Ende darstellt (V. 31).

»Aber sie verstanden den Sinn seiner Worte nicht, scheuten sich jedoch, ihn zu fragen« (V. 32).

7. Wem gebührt der Vorrang? (9,33–37)

Jesus versuchte, den Jüngern *seinen* Weg einsichtig zu machen.

»Aber sie verstanden den Sinn seiner Worte nicht« (9,31f.). Doch weshalb? Sie waren mit anderem beschäftigt, das sie viel persönlicher anging:

»Sie kamen nach Kafarnaum. Als Jesus dann im Haus war, fragte er sie: Worüber habt ihr unterwegs gesprochen? Sie schwiegen, denn sie hatten unterwegs miteinander darüber gesprochen, wer (von ihnen) der Größte sei« (VV. 33f.).

Wir sollten diese Diskussion nicht zu schnell abwerten! In der Gemeinschaft von Qumran beispielsweise spielte die Rangordnung der Mitglieder *aus theologischen Gründen* eine wesentliche Rolle:

> »Man soll sie eintragen in die Rangordnung, einer vor dem anderen, entsprechend seinem Verständnis und seinen Taten, damit alle gehorsam sind, einer dem anderen, der Geringere dem Höheren: und man soll ihren Geist prüfen und ihre Taten Jahr um Jahr, um einen jeden entsprechend seinem Verständnis und der Vollkommenheit seines Wandels aufrücken zu lassen oder ihn entsprechend seiner Verkehrtheit zurückzusetzen.«
> (Gemeinderegel 1 QS V,23f.)

In der Ordnung der Gemeinde soll sich *die* auch *vor Gott geltende* heilige, d. h. hierarchische Ordnung offenbaren; denn ohne Ordnung kommt keine Gemeinschaft aus.

Dieses Grundgesetz allen menschlichen Zusammenlebens wird von Jesus nun auch gar nicht bestritten. Es wird von ihm nur neu ausgelegt:

> »Da setzte er sich, rief die Zwölf und sagte zu ihnen: Wer der Erste sein will, soll der Letzte von allen und der Diener aller sein« (V. 35).

Was das konkret bedeutet, veranschaulicht Markus sofort durch Jesu Verhalten:

> »Und er stellte ein Kind in ihre Mitte, nahm es in seine Arme und sagte zu ihm: Wer ein solches Kind um meinetwillen aufnimmt, der nimmt mich auf; wer aber mich aufnimmt, der nimmt nicht nur mich auf, sondern den, der mich gesandt hat« (V. 36f.).

Die Grundregel für die rechte Ordnung in Jesu Gemeinschaft wird nur verständlich und wirklich, wenn sich *die Zwölf* (V. 35), d. h. die Maßgebenden, vor Augen halten, daß sich ihr Herr (und

Gott selbst: V. 37 Ende!) mit den Kindern identifizierte – mit Menschen also, die gewiß auch geliebt wurden (vgl. Hos 11,1.3f.; Jes 66,13), deren Existenz für die reale Gestaltung des gesellschaftlichen Lebens jedoch keine Bedeutung hatte.

Gerade die Jünger, die in Jesu Dienst die ersten sein möchten, erhalten von Jesus eine eigene Lektion: Sie werden ihrem Herrn nur dann nahe sein, wenn sie sich »nicht von oben herab« *(J. Gnilka)*, sondern in unmittelbarem, persönlichen Kontakt um die kümmern, für die man normalerweise weder Augen noch Zeit hat: »und er nahm das Kind in seine Arme«.

Wer in dieser Weise die Ordnung des Reiches Gottes *lebt,* wird verstehen, weshalb Jesu Weg zur Auslieferung in die Hände der Menschen führt. Wer wann wem gegenüber den Vorrang hat, können Jesu Jünger nur so lange ernsthaft diskutieren, solange sie Jesu Worte von der Notwendigkeit *seines* Weges (V. 31) hören, ohne deren Sinn zu verstehen (V. 32).

8. Nur der Großzügige versteht Jesu Weg (9,38–41)

Nicht nur das Verlangen, unter Jesu Jüngern die ersten Plätze einzunehmen, macht unfähig, *Jesu* Weg wirklich zu verstehen (s. o.). Markus nennt mit dem unmittelbar anschließenden Gespräch zwischen den Jüngern und Jesus noch einen weiteren Grund für das Unverständnis, mit dem die Jünger dem Leidensweg Jesu gegenüberstanden.

Jesu Fähigkeit, Menschen zu heilen, die als besessen galten, muß so außergewöhnlich gewesen sein, daß sein Name geradezu zum »Zauberwort« wurde. So lesen wir beispielsweise in der Apostelgeschichte:

> »Auch einige der umherziehenden jüdischen Beschwörer versuchten, den Namen Jesu, des Herrn, über den von bösen Geistern Besessenen anzurufen, indem sie sagten: Ich beschwöre euch bei dem Jesus, den Paulus verkündet. Das taten sieben Söhne eines gewissen Skeuas, eines jüdischen Oberpriesters.«
> (Apg 19,13f.)

Von einem ähnlichen Vorfall berichtet auch der Apostel Johannes in unserem Evangelium:

»Da sagte Johannes zu Jesus: Meister, wir haben gesehen, wie jemand in deinem Namen Dämonen austrieb; und wir versuchten, ihn daran zu hindern, weil er uns nicht nachfolgt.«
(Mk 9,38)

Wir werden zugeben müssen, daß die Reaktion der Jünger verständlich war. Denn raubte jener fremde Exorzist der Jüngergemeinde nicht etwas von ihrem Attraktivsten und Überzeugendsten – die Macht, im Namen *ihres* Meisters Freiheit und Heilung vermitteln zu können? Ja, erweckte jener Wundertäter nicht den Eindruck, daß die Zugehörigkeit zu Jesu *Jüngerschar* gar nicht so wichtig sei? Und mußte nicht jeder ehrlich denkende Mensch zugeben, daß es nur »anständig« wäre, sich auch *den Jüngern* Jesu anzuschließen, wenn man schon mit dem Namen ihres Meisters Erfolge erzielte?
Jesus dachte hier offensichtlich anders:

»Jesus erwiderte: Hindert ihn nicht! Keiner, der in meinem Namen Wunder tut, kann so leicht schlecht von mir reden« (V. 39).

Entscheidend ist die Grundeinstellung der einzelnen *zu ihm,* nicht deren Verhältnis zur Schar seiner Jünger; denn wer angeregt von ihm Gutes tut, kann *über ihn* nicht so leicht schlecht reden. »Wer aber nicht gegen uns ist, ist für uns!« (V. 40).
Doch damit nicht genug:
Gegen alle Intoleranz, die nur jenen einen Lohn zubilligen möchte, die sich der Jüngergemeinde offiziell anschließen, stellt Jesus fest: »Wer euch auch nur einen Becher Wasser zu trinken gibt, weil ihr zu Christus gehört – amen, ich sage euch, er wird nicht um seinen Lohn kommen« (V. 41).
Wer zu solcher Großzügigkeit nicht fähig ist, wie soll der »die Auslieferung des Menschensohnes« (V. 31) verstehen können?

9. Großzügig gegen andere – konsequent bei sich selbst (9,42–48)

Noch immer schildert Markus Jesu *Rede an die Zwölf* (V. 35!), d. h. an diejenigen unter den Jüngern, denen er in besonderer Weise Anteil an seiner Gemeinschaft und Sendung gab (vgl. 3,13–19. – Diese Tatsache machen viele Übersetzungen dadurch unkenntlich, daß sie die *eine* Rede Jesu an die Zwölf in drei oder vier Abschnitte aufteilen. So entsteht leicht der Eindruck, als ob es sich wenigstens ab V. 42 um »Mahnungen an alle Jünger«, nicht aber um eine »Mahnung an die Zwölf« handeln würde.).

Freilich, wenn wir uns vor Augen halten, daß es sich auch in den folgenden Versen noch um eine Mahnung an die Zwölf handelt, überrascht der Beginn: »Wer einen von diesen Kleinen, die an mich glauben, zum Bösen verführt, für den wäre es besser, wenn er mit einem Mühlstein um den Hals ins Meer geworfen würde« (V. 42). Standen denn die Zwölf in besonderer Gefahr, einen der Kleinen zum Bösen zu verführen?

Hier kann uns ein Blick in den griechischen Urtext weiterhelfen.

Dadurch wird als erstes deutlich, daß es sich bei »diesen Kleinen« *nicht* um *Kinder* handelt. (Wenn von *Kindern* die Rede ist, verwendet der griechische Text immer das Wort *paidion*. – Jesus redet also an dieser Stelle nicht von der »Verführung Minderjähriger«, wie manchesmal leider zu hören ist!) Unter den »Kleinen« sind vielmehr die Geringen und Unterprivilegierten in der Jüngergemeinde gemeint.

Das griechische Wort *skandalizein* aber, das in vielen Übersetzungen mit »zum Bösen verführen« oder »zur Sünde verführen« wiedergegeben wird, bedeutet eigentlich »zu Fall bringen«. Es ist ein Wort der *griechischen Bibel* der Urchristenheit, während es in der »weltlichen« griechischen Literatur unbekannt ist. (Die griechische Sprache kennt nur das Hauptwort *skandalon = das Stellholz, die Falle*.) Jesus warnt hier also ganz generell davor, einen der Kleinen in der Gemeinde »zu Fall zu bringen«. Was damit gemeint ist, kann uns »die Deutung des Gleichnisses vom Samen« sagen, wenn es dort heißt: »Ähnlich ist es bei den Menschen, bei denen das Wort auf felsigen Boden fällt: Sobald sie es hören, nehmen sie es freudig auf; aber sie haben keine Wurzeln, sondern sind unbeständig, und wenn sie dann um des Wortes willen bedrängt oder verfolgt werden, *kommen sie* sofort *zu Fall (skandalizontai)*« (4,16f.).

»Zu Fall bringen« bedeutet also: jemanden dazu bringen, daß er den Glauben an Jesus und die Nachfolge Jesu aufgibt. Vor *dieser* Möglichkeit warnt Jesus die Zwölf; denn wenn das geschehen würde, so wäre es besser, daß derjenige, durch den ein »unbedarftes Gemeindemitglied« zum Austritt aus der Gemeinde veranlaßt wird, »mit einem Mühlstein um den Hals ins Meer geworfen würde« (V. 42. – S. dazu unten: »Eine Drohbotschaft?«).

Doch wodurch könnte es geschehen, daß einer dieser Kleinen zu Fall kommt? Davon reden die folgenden Verse, die nicht mehr »die Kleinen«, sondern die hier Angesprochenen, d. h. die Zwölf, im Augen haben:

Es gibt nicht nur die Möglichkeit, daß ein Mensch durch einen anderen in seiner Nachfolge Jesu zu Fall gebracht wird. Es ist auch möglich, daß der Glaubende *sich selbst* zu Fall bringt – durch seine Hand, seinen Fuß, seine Augen (VV. 43.45.47), d. h. durch etwas, das ein Stück seiner Natur ausmacht. (»So bin ich nun einmal! Das ist mein Naturell!«) Sich davon trennen zu sollen, kann vom einzelnen tatsächlich wie eine »Selbstverstümmelung« empfunden werden – und doch verlangt es Jesus im Blick »auf das ewige Leben«: »Wenn dich deine Hand zu Fall bringt, dann hau sie ab; es ist besser für dich, verstümmelt in das Leben zu gelangen, als mit zwei Händen in die Hölle zu kommen, in das nie erlöschende Feuer« (V. 43; vgl. VV. 45.47f.).

Solche Worte erschrecken. Konnte Jesus, der doch den barmherzigen, verzeihenden Vater verkündigte, wirklich so gesprochen haben? Oder haben wir es hier mit einer späteren Bildung der urchristlichen Gemeinde zu tun?

Eine Drohbotschaft?

Die »Warnung vor dem Ärgernis«, die uns Markus als Teil der »Rede an die Zwölf« überliefert, begegnet uns in den anderen Evangelien in anderen Zusammenhängen: Mk 9,43.45.47 findet sich – mit gewissen Veränderungen – innerhalb des Matthäusevangeliums sowohl als Teil der Bergpredigt (Mt 5,29f.) als auch als Teil der »Gemeindeordnung« (Mt 18,8f.), während Lukas diese Verse überhaupt nicht in sein Evangelium aufgenommen hat. Markus und Matthäus dürften diese Worte also *von sich aus* an den Platz und in den Zusammenhang gestellt haben, an denen sie uns heute begegnen. In welcher Situation sie ursprünglich von Jesus selbst gesprochen wurden, können wir nicht mehr genau feststellen.

Doch wurden sie wirklich von Jesus gesprochen? Konnte Jesus

sagen, daß es für einen Menschen, der einen anderen zu Fall bringt, besser wäre, »wenn er mit einem Mühlstein um den Hals ins Meer geworfen würde« (Mk 9,42. – Dieses Wort wird uns nicht nur Mt 18,6, sondern – etwas abgewandelt – auch Lk 17,1f. überliefert!)?

Es ist gewiß richtig, daß Jesus das Evangelium von Gottes Güte und Barmherzigkeit verkündete. Doch diese Tatsache garantierte für Jesus keineswegs *automatisch* einen »guten Ausgang« für alle und jeden. Der Sohn kann dem Vater gegenüber auch Nein sagen (Mt 21,29f.); der Diener kann das ihm anvertraute Gut auch wirkungslos machen (Mk 25,14–30; Lk 19,11–27); die Winzer können die Erträge des Weinbergs zurückhalten (Mk 12,1–12), und die Geladenen können die Einladung auch ausschlagen (Lk 14,15–24) – und Gott nimmt alle diese menschlichen Reaktionen ernst. Gott zwingt keinen Menschen in seine Gemeinschaft – und damit auch nicht in das ewige Leben. Der Mensch kann sich Gott verweigern. Er *kann* trotz Gottes Güte seine Zukunft verspielen.

Das festzustellen bedeutet nicht, aus der Frohbotschaft eine Drohbotschaft zu machen. Im Gegenteil! Wer nicht wahrhaben will, daß die Gestalt seiner Zukunft auch wesentlich von seiner eigenen Entscheidung abhängt, zeigt nur, daß er den Wert des Lebens gering einschätzt. Es ist eben nicht gleich-gültig, was wir tun! Denn da unser Tun und Lassen *Folgen* hat (s. auch S. 41f.), kann ein bestimmtes Verhalten sich in unserem Leben und für unsere Zukunft positiv *oder* negativ auswirken.

Die Gefahr, diese Bedeutung unseres ganz persönlichen Verhaltens zu übersehen, ist nach unserem Evangelium nun keineswegs nur dort gegeben, wo Menschen – aufgrund ihrer geringen gesellschaftlichen Bedeutung – ihrem Leben fast zwangsläufig gleichgültig gegenüberstehen. Diese Gefahr droht auch den Zwölfen, d. h. den Führenden. Gerade weil sie herausgehoben allen vor Augen stehen, können sie durch ihr Verhalten mehr als andere »die Kleinen« zu Fall bringen (V. 42). Daher gilt ihnen – nach Markus – zuerst Jesu Warnung und Mahnung.

10. Es geht nicht ohne Schmerzen ab (9,49–50)

Jesu »Rede an die Zwölf« beendet Markus mit Worten Jesu, die ursprünglich wohl in anderen Zusammenhängen gesprochen wurden.

Vers 49 begegnet uns nur bei Markus. Dieser Vers wurde vom Evangelisten durch Vers 48 vorbereitet und leitet zu Vers 50 über (V. 48: »... wo ihr Wurm nicht stirbt und das *Feuer* nicht erlöscht«. V. 49: »Denn jeder wird mit *Feuer gesalzen*«. V. 50: »Gut ist *das Salz*... Habt Salz in euch!«). Vers 50 aber greift auf Verse 33f., den Anlaß für die ganze Rede Jesu, zurück (V. 50: »... und haltet Frieden untereinander!« – V. 34: »Sie hatten unterwegs miteinander gesprochen, wer der Größte sei!«).

Vers 50 ist bei Matthäus in abgewandelter Form Teil der Bergpredigt (Mt 5,13), während er bei Lukas in einer nochmals veränderten Fassung eine Sammlung von Jesusworten zum Thema »Nachfolge« abschließt (Lk 14,34f.).

Das heißt: Markus griff bekannte Jesusworte auf, die ohne genaue Situationsangabe überliefert wurden, um mit ihrer Hilfe in *diesem* Zusammenhang einen Gedanken zu verdeutlichen und einzuschärfen, der für ihn sehr wichtig war.

Den Sinn dieser abschließenden Jesusworte offenbaren die beiden darin verwendeten Symbole *Feuer* und *Salz*. Die Bedeutung des Feuers ist durch Vers 48 vorgegeben: Das Feuer bereitet dem Menschen Schmerzen. Das Salz hingegen ist nach Vers 50 positiv zu verstehen: Es hat erhaltende, würzende und reinigende Kraft.

Im Unterschied zu Mt 5,13 werden die Zwölf Mk 9,49f. jedoch nicht mit dem Salz verglichen. Es heißt nicht: »Ihr seid das Salz der Erde« (Mt 5,13), sondern: »Jeder wird mit Feuer gesalzen werden... Habt Salz *in* euch« (Mk 9,49f.).

Doch was ist das Salz?

Auf diese Frage gibt Markus keine klare Antwort. Wir können seinen Worten zunächst nur so viel entnehmen: *Gesalzen werden,* so daß man *Salz in sich* hat, ist ein schmerzhafter Vorgang: »Jeder wird mit Feuer gesalzen!« Und doch ist dieser Vorgang etwas Positives, da er dem einzelnen jene Kraft, jenes »Salz«, verleiht, wodurch sein Leben gereinigt und vor Fäulnis bewahrt wird und Würze erhält.

Freilich, man kann das Salz *in* sich auch »verkommen« lassen und so in eine fast aussichtslose Situation geraten: »Wenn das Salz unsalzig *(analon)* wird, womit wollt ihr es würzen?« (V. 50 – »Das Wort kann in dieser Form in der Umwelt Palästinas entstanden sein. Das Natursalz [vom Toten Meer] konnte durch chemische Prozesse oder durch Verschmutzung leicht seinen Wert verlieren.« *J. Ernst, 284).*

Gegen diese Tendenz zur Nachlässigkeit und Bequemlichkeit steht Jesu Mahnung: »Habt Salz in euch!« Das aber bedeutet in diesem Fall: »Haltet Frieden untereinander!« (V. 50). Wie das gemeint ist, läßt ein abschließender Rückblick auf die ganze Rede Jesu erkennen.

Jesu Dienstanweisung an seine Mitarbeiter

Wir sahen, daß die von Markus geschilderte »Rede Jesu an die Zwölf« (VV. 35–50) in ihrer vorliegenden Gestalt auf den Evangelisten selbst zurückgeht. Das Anliegen, das ihn bei dieser Komposition leitete, dürfte jetzt nicht mehr zweifelhaft sein:

Allem Anschein nach war der Friede unter den Zwölfen, d. h. unter den Führenden in der Jüngergemeinde, dadurch gefährdet, daß zumindest einige von ihnen die ersten sein wollten (VV. 33f.50; vgl. 10,35–38.41). Gegenüber diesem *natürlichen* Streben (vgl. 10,42) erinnert Markus an ein Doppeltes:

a) Das Streben nach einem gesellschaftlichen Vorrang ist – nach Jesu eigenen Worten – unvereinbar mit Gottes eigenem Streben und Verhalten (9,35–37).

b) Ein derartiges Streben macht zudem engherzig, intolerant und bringt den einzelnen in Gefahr, die Kleinen in der Gemeinde zu Fall zu bringen (9,38–42).

Aus diesem Grund stellte Jesus dem natürlichen menschlichen Streben, zu den ersten gehören zu wollen, die Aufforderung entgegen, »der Letzte von allen und der Diener aller zu sein« (9,35).

Eine derartige Preisgabe des menschlichen Verlangens, nach vorn und oben zu gelangen, kann manchem wie eine unzumutbare »Selbstverstümmelung« vorkommen (9,43–47). Sich auf diese Forderung einzulassen, kann daher nicht geringe Schmerzen bereiten (9,49). Doch was bedeuten diese Schmerzen im Vergleich mit jenen, die den einzelnen erwarteten, wenn er – durch seinen praktischen Widerspruch zu Jesu Dienstanweisung – seine Zukunft verspielte (9,43–48)?

Markus wußte, daß es gerade für diejenigen, die von Jesus in besonderer Weise berufen wurden, sehr schmerzlich sein kann, als engste Vertraute Jesu die Unscheinbarkeit und wahrhaftig den letzten Dienst suchen zu müssen. Doch eben dadurch würden sie gesalzen (9,49). Nur auf diesem Weg erlangen sie die von ihnen geforderte Lauterkeit und Würze. Nur so wird es ihnen möglich sein, den Frieden untereinander zu bewahren.

11. »Was Gott verbunden hat, soll der Mensch nicht trennen!«
     (10,1–12)

Seit Caesarea Philippi wußte Jesus: »Der Menschensohn wird den Menschen ausgeliefert, und sie werden ihn töten« (9,31; vgl. 8,31). Doch diese Aussicht verbitterte ihn nicht. Sie ließ ihn nicht am Sinn dessen zweifeln, was er bislang getan hatte:

> »Wieder versammelten sich viele Leute bei ihm, und er lehrte sie, wie er es gewohnt war. Da kamen Pharisäer zu ihm und fragten: Darf ein Mann seine Frau aus der Ehe entlassen? Damit wollten sie ihn versuchen« (10,1f.).

Die Frage, die die Pharisäer hier Jesus stellen, war nicht völlig abwegig; denn die Ehescheidung war im früheren Judentum schon lange ein Diskussionsthema. Im Deuteronomium hieß es ja:

> »Wenn ein Mann eine Frau geheiratet hat und ihr Ehemann geworden ist, sie ihm dann aber nicht gefällt, weil er an ihr etwas Anstößiges entdeckt, wenn er ihr dann eine Scheidungsurkunde ausstellt, sie ihr übergibt und sie aus seinem Haus fortschickt… dann darf sie ihr erster Mann, der sie fortgeschickt hat, nicht wieder heiraten…«
> (Dtn 24,1–4)

Angesichts dieser hier dem Mann zugestandenen Möglichkeit, seine Frau aus dem Haus fortzuschicken, schien es unter *rechtlichen* Gesichtspunkten zunächst nur *eine* Frage geben zu können: Was ist unter dem »Anstößigen« zu verstehen, dessentwegen der Mann seine Frau entlassen kann? –, und schon an dieser Frage entbrannte der Streit zwischen den theologischen Schulen.

Freilich, die Diskussion um die Ehescheidung mußte sich keineswegs auf die Frage nach den rechtlichen Gründen der Scheidung beschränken. Schon Maleachi, der letzte der Propheten, hatte die in Israel geübte Praxis der Ehescheidung im Namen Gottes angeprangert:

»Ihr bedeckt den Altar des Herrn mit Tränen,
ihr weint und klagt,
weil er sich eurem Opfer nicht zuwendet
und er es nicht mehr gnädig annimmt aus eurer Hand.
Und wenn ihr fragt: Warum?:
Weil der Herr Zeuge war
zwischen dir und der Frau deiner Jugend,
an der du treulos handelst,
obwohl sie deine Gefährtin ist,
die Frau, mit der du einen Bund geschlossen hast...
Wenn einer seine Frau aus Abneigung verstößt,
dann befleckt er sich mit einer Gewalttat,
spricht der Herr der Heere.
Nehmt euch also um eures Lebens willen in acht
und handelt nicht treulos!«
(Mal 2,13f.16)

Schon für Maleachi hörte die Ehescheidung – trotz jener Stelle aus dem Deuteronomium – in dem Augenblick auf, eine reale Möglichkeit zu sein, in dem der Mensch nach dem *positiven* Willen Gottes fragte. Und Maleachi blieb mit dieser Überzeugung kein Einzelgänger! Der angesehene Rabbi Elieser (um 100 n. Chr.) lehrte beispielsweise eben mit dem Hinweis auf Mal 2,13f.: »Über jeden, der sich von seiner ersten Frau scheidet, vergießt sogar der Altar Tränen« (bSanhedrin 22a).

Allerdings – wenn sich einer auf den *Buchstaben des Gesetzes* berief, konnte man ihm gegenüber nicht bestreiten, daß es das Recht zur Scheidung gab. Sonst hätte man ja den Eindruck erweckt, als wolle man das Gesetz außer Kraft setzen!

Darin bestand das Versucherische, wenn die Pharisäer Jesus fragten: »Darf ein Mann seine Frau aus der Ehe entlassen?« (V. 2)! Vielleicht wußten sie bereits, daß Jesus in dieser Frage nicht weniger entschieden dachte als der Prophet Maleachi. Würde Jesus nun in aller Öffentlichkeit zu dieser seiner Meinung, zur Ablehnung der Ehescheidung, stehen, hätte man endlich etwas gegen ihn in der Hand! Man könnte ihm nun endgültig nachweisen, daß er das Gesetz des Mose aufheben würde.

Doch so einfach machte es Jesus seinen Gegnern nicht! Für ihn lautete nämlich die erste und alles entscheidende Frage nicht: »Was hat Mose erlaubt?«, sondern: »Was hat Mose geboten?« (V. 3).

Um die Bedeutung dieser Gegenfrage ganz ermessen zu können, ist es nötig, daß wir einen kurzen Blick auf das Eheverständnis und Eherecht werfen, wie es sich für das Judentum zur Zeit Jesu aus »dem Gesetz des Mose« ergab.

Das Eheverständnis im Alten Testament

1. Israel und das frühe Judentum hatten nie aufgehört, die Verbindung von Mann und Frau im Licht von Gen 2,18 zu sehen und zu verstehen:

> »Dann sprach Gott, der Herr: Es ist nicht gut, daß der Mensch allein bleibt. Ich will ihm eine Hilfe machen, die ihm entspricht!«

Die Frau ist *der* göttliche Beistand für den Mann. Deshalb galt:

> »Wer eine Frau gefunden, hat Glück gefunden und das Gefallen des Herrn erlangt« (Spr 18,24). Und: »Haus und Habe sind das Erbe der Väter, doch eine verständige Frau kommt vom Herrn« (Spr 19,14).

Am schönsten finden wir diesen Gedanken von dem jüdischen Weisheitslehrer Jesus Sirach ausgedrückt:

> »Wer eine Frau gewinnt, macht den besten Gewinn:
> eine Hilfe, die ihm entspricht, eine stützende Säule.
> Fehlt die Mauer, so wird der Weinberg verwüstet,
> fehlt die Frau, ist einer rastlos und ruhelos.
> Wer traut einer Horde Soldaten,
> die dahinstürmt von Stadt zu Stadt?
> So steht es mit einem Mann, der kein Heim hat:
> Er geht zur Ruhe, wo es gerade Abend wird.«
> (Sir 36,29–31)

---

2. Doch nicht nur die Frau ist Hilfe und Beistand! Auch der Mann ist in der Ehe so sehr zum *Da-sein* für seine Frau verpflichtet, daß die eheliche Zugehörigkeit der Frau zum Mann in dem Augenblick beendet ist, in dem der Mann seine Frau »vernachlässigt«. So bestimmt nämlich Israels älteste Gesetzessammlung, das sogenannte Bundesbuch:

> »Wenn einer seine Tochter als Sklavin verkauft hat, soll sie nicht wie andere Sklaven entlassen werden. Hat ihr Herr sie für sich selbst bestimmt, mag er sie aber nicht mehr, dann soll er sie zurückkaufen lassen. Er hat nicht das Recht, sie an Fremde zu verkaufen, da er seine Zusage nicht eingehalten hat. Hat er sie für seinen Sohn bestimmt, verfahre er mit ihr nach dem Recht, das für Töchter gilt. Nimmt er sich noch eine andere Frau, darf er sie in Nahrung, Kleidung und Beischlaf nicht benachteiligen. *Wenn* er ihr diese drei Dinge *nicht* gewährt, *darf sie* unentgeltlich, ohne Bezahlung *gehen.*«
> (Ex 21,7–11)

Der Mann ist für das Wohlbefinden seiner Frau verantwortlich. Mann und Frau *gehören* zur gegenseitigen Freude und Hilfe *zusammen.* Deshalb gilt im Fall eines bevorstehenden Krieges:

> »Wenn ihr in den Kampf zieht... dann sollen die Listenführer zum Kriegsvolk sagen: ... Ist unter euch einer, der sich mit einer Frau verlobt und sie noch nicht geheiratet hat? Er trete weg und kehre nach Hause zurück, damit er nicht im Kampfe fällt und ein anderer seine Frau heiratet!«
> (Dtn 20,7)

Ja, deshalb gebietet Mose sogar:

> »Wenn ein Mann neuvermählt ist, muß er nicht mit dem Heer ausrücken. Man soll auch keine andere Leistung von ihm verlangen. Ein Jahr lang darf er frei von Verpflichtungen zu Hause bleiben und die Frau, die er geheiratet hat, erfreuen.«
> (Dtn 24,5)

Wie sehr dieses Da-sein des Mannes für die Frau nach jüdischem Verständnis zum Wesen der Ehe gehört – weit mehr noch als Kinder –, läßt auch Elkana, der Mann Hannas, erkennen, der seine ob ihrer Kinderlosigkeit weinende Frau fragt: »Hanna, warum weinst du, warum ißt du nichts, warum ist dein Herz betrübt? Bin ich dir nicht viel mehr wert als zehn Söhne?« (1 Sam 1,8).

3. Mose macht den Mann für die Frau verantwortlich! Daher geht jeder Mann, der mit einer noch unverheirateten Frau »ein Fleisch« wird – gleichgültig, ob diese Vereinigung »rechtmäßig« geschieht oder nicht –, dieser Frau gegenüber eine menschliche Verpflichtung ein. Dieser wird er nur gerecht, wenn er bereit ist, von diesem Augenblick an sein Leben mit dieser Frau zu teilen: »Wenn jemand ein noch nicht verlobtes Mädchen verführt und bei ihm schläft, dann soll er das Brautgeld zahlen und sie zur Frau nehmen« (Ex 22,15). Ja, wer ein Mädchen gar vergewaltigt (Dtn 22,28f.), oder wer seine Frau fälschlicherweise in Verruf bringt (Dtn 22,13–21), darf sich nie von ihr scheiden lassen: »Er darf sie niemals entlassen!« (Dtn 22,19.29). Denn in all diesen Fällen brächte eine Scheidung die Frau ins gesellschaftliche »Abseits« – ohne echte Zukunft.

Wie sehr der Mann, der mit einer Frau »ein Fleisch« wird, dieser Frau gegenüber *menschlich* verpflichtet ist – selbst dann noch, wenn er sie entläßt! –, wird schließlich an dem Gesetz deutlich, das die Ehe mit einer Kriegsgefangenen regelt:

> »Wenn du zum Kampf gegen deine Feinde ausziehst und der Herr, dein Gott, sie alle in deine Gewalt gibt, wenn du dabei Gefangene machst und unter den Gefangenen eine Frau von schöner Gestalt erblickst, wenn sie dein Herz gewinnt und du sie heiraten möchtest, dann sollst du sie in dein Haus bringen, und sie soll sich den Kopf scheren, ihre Nägel kürzen und die Gefangenenkleidung ablegen. Sie soll in deinem Haus wohnen und *einen Monat lang ihren Vater und ihre Mutter beweinen.* Danach darfst du mit ihr Verkehr haben, du darfst ihr Mann werden und sie deine Frau. Wenn sie dir aber nicht mehr gefällt, darfst du sie entlassen, und sie darf tun, was sie will. *Auf keinen Fall darfst du sie für Silber verkaufen. Auch darfst du sie nicht als Sklavin kennzeichnen. Denn du hast sie dir gefügig gemacht.«*
> (Dtn 21,10–14)

Bedenkt man all diese Gebote, die Mose dem Mann in bezug auf die Frau gegeben hatte, weil Mann und Frau nach Gottes Willen *zusammengehören,* dann müßte die Antwort auf Jesu Frage (10,3) eigentlich klar sein: ›*Mose hat uns geboten, für die Frau zu sorgen!*‹

Doch die Pharisäer weichen aus. Für sie ist (in diesem Augenblick) nicht maßgebend, *was Gott will,* sondern »was erlaubt ist«: »Sie sagten: Mose hat erlaubt, eine Scheidungsurkunde auszustellen und (die Frau) aus der Ehe zu entlassen« (V. 4).

Diese Tatsache bestreitet Jesus keineswegs. Doch nach seinem Verständnis kann man sich mit dieser Erlaubnis nicht einfach zufrieden geben und abfinden; denn »nur weil ihr so hartherzig seid, hat Mose euch dieses Gebot gegeben« (V. 5).

Was ist damit gemeint?

Gefühllos für Gottes guten Willen

Der Vorwurf der Hartherzigkeit begegnet bereits im Alten Testament (vgl. Dtn 10,16; Jer 4,4; Sir 16,10) und bezeichnet dort »das durch fortgesetzten Ungehorsam gegenüber den göttlichen Weisungen fühllos gewordene menschliche Herz« (*J. Gnilka* II,72). Nach Jesu Verständnis gab Mose also deshalb dem Mann die Erlaubnis zur Ehescheidung, weil sein Herz infolge seines auch sonst eigenwilligen Lebensstils abgestumpft war; weil er in seiner Hartherzigkeit kein Gespür mehr dafür aufbringen konnte, was Gott ursprünglich wollte, als er dem Mann die Frau zuführte. Da war alles anders gedacht:

»Am Anfang der Schöpfung hat Gott sie als Mann und Frau geschaffen. Darum wird der Mann Vater und Mutter verlassen, und die zwei werden ein Fleisch sein. Sie sind also nicht mehr zwei, sondern eins. Was aber Gott verbunden hat, soll der Mensch nicht trennen!« (VV. 6–9). – Die Einheitsübersetzung verschärft in unnötiger Weise, indem sie den verneinten Imperativ hier – und nur dieses eine Mal hier – mit »darf nicht«, anstatt mit »soll nicht« übersetzt. Doch hätte Jesus das sagen wollen, hätte er sich also auf die Ebene der Pharisäer gestellt, hätte Markus an dieser Stelle das *exestin = es ist erlaubt* von V. 2 aufgenommen!)

Weil für Jesus Gottes ursprünglicher *guter* Wille, der aller Schöpfung zugrunde liegt, maßgebend war, war es für ihn nicht mehr möglich zu fragen: »Ist es dem Mann erlaubt, seine Frau zu entlassen?« (V. 2). Denn diese Frage kann nur der stellen, der nicht begriffen hat – oder dem es gleichgültig ist –, was *Gott* mit seiner Schöpfung erreichen wollte.

Jesu eindeutige Antwort an die Pharisäer wirft Fragen auf: Ist mit dieser Antwort *jede* Ehescheidung unmöglich gemacht? Gibt es nicht auch Situationen, in denen die Ehescheidung eine letzte, *positive* Möglichkeit darstellt? Und was soll der tun, der entlassen wurde? Diese Fragen wurden bereits in den urchristlichen Gemeinden diskutiert, und wir finden hierauf auch innerhalb des Neuen Testaments unterschiedliche Antworten (vgl. Mt 5,32; 19,9; 1 Kor 7,12–16).

Die Frage der Ehescheidung wurde nun auch in jener Gemeinde diskutiert, für die Markus sein Evangelium schrieb. (Die in V. 11f. gegebene Auskunft gilt nicht »jedermann«, sondern der Jüngerschaft Jesu! Es war daher für Markus selbstverständlich, daß er bei der Wiedergabe von Jesu Wort die – veränderte – Situation seiner Gemeinde mitberücksichtigte.) In der markinischen Gemeinde war es nun – im Unterschied zum jüdisch-palästinischen Raum – offensichtlich auch möglich, daß *die Frau den Mann* entlassen konnte (das konnte sowohl nach dem griechisch-römischen wie nach dem jüdisch-ägyptischen Scheidungsrecht geschehen). Was bedeutete in dieser veränderten gesellschaftlichen Situation die vom Mann oder von der Frau herbeigeführte Ehescheidung und die Wiederverheiratung dessen, der sich hatte scheiden lassen?

Für Markus gab es an diesem Punkt keinen Zweifel: »Wer seine Frau aus der Ehe entläßt und eine andere heiratet, begeht ihr gegenüber Ehebruch. Auch eine Frau begeht Ehebruch, wenn sie ihren Mann aus der Ehe entläßt und einen anderen heiratet« (V. 11f.).

Alle anderen Fragen, die sich in diesem Zusammenhang stellen, werden von Markus nicht angesprochen. Wer auf sie im Licht des Evangeliums eine Antwort sucht, muß daher über das Markusevangelium hinaus auch noch die anderen neutestamentlichen Aussagen berücksichtigen, die sich mit dem Problem der Ehescheidung *und* der Anwendung des Rechts überhaupt befassen.

Ehe und Ehescheidung

Das Markusevangelium beantwortet nicht alle Fragen, die sich uns heute angesichts vieler in eine Krise geratenen oder gescheiterten Ehen stellen; denn viele dieser Fragen waren für den Evangelisten überhaupt noch nicht denkbar. Auch wir können sie ja erst aufgrund der noch gar nicht so alten Erkenntnisse der Psychologie und Soziologie stellen. Trotzdem sind die Aussagen unseres Evangeliums zur Frage der Ehescheidung von grundlegender Bedeutung:

a) Jesu Weigerung, die Frage der Pharisäer aufzunehmen, weist uns darauf hin, daß auch unsere Fragestellung falsch ist, wenn wir wissen wollen: »Ist Ehescheidung erlaubt oder nicht?« So kann man nicht fragen, wenn man nicht von vornherein vom Sinn jeder Ehe absieht.

Ein jeder, der über seine Ehe oder die Ehe eines anderen ein Urteil fällt, hat nach Markus davon auszugehen, daß von Gott her Mann und Frau einander Beistand sein sollen. Deshalb kann die Frage der Ehepartner – *sofern* sie Gottes Willen zum ihrigen machen wollen – nie lauten: »Darf ich mich von meinem Ehepartner trennen?«, sondern nur: »Wie kann ich ihm Hilfe und Beistand sein?« Nicht: »Was habe ich vom andern?«, sondern: »Was bin ich dem andern?«

Wer *Jesu* Jünger sein will, muß sich letztlich immer von Jesus fragen lassen: »Was fordert Gott von dir um des anderen willen?« (vgl. Mk 10,3).

b) Gott will keinen Bruch, sondern *die Dauer* menschlicher Beziehungen. Wer sie nicht will, hat nicht begriffen, wozu wir Menschen von Gott geschaffen sind. Infolgedessen ist die Dauer in keiner menschlichen Beziehung grundsätzlich unmöglich.

c) Es gibt auch die im Gesetz des Mose vorgesehene und geregelte »Entlassung«. Doch sie ist Folge und Auswirkung menschlicher Hartherzigkeit. Diese aber gründet nach biblischem Verständnis nicht im Versagen des anderen, sondern in der vorausgegangenen eigenen Unwilligkeit, im Gehorsam gegen Gottes gute Weisungen sein Leben zu führen.

12. Mitten im Reich Gottes (10,13–16)

Wenn Jesus die Menschen aufforderte, darauf zu vertrauen, daß ihr Leben einfach dadurch gelingt, daß sie *Gottes* Willen zu ihrem eigenen machen; wenn er also beispielsweise von uns erwartet, daß der eine Partner allein auf Grund von Gottes *gutem* Schöpferwillen auch dann an der ehelichen Bindung festhält, wenn er am anderen »etwas Anstößiges entdeckt« (vgl. zu 10,2–12) – müssen wir das nicht doch als sehr naiv empfinden? Sah Jesus denn nicht, daß wir Menschen keineswegs schon im Himmel, sondern in einer sehr begrenzten und oft auch heillosen Welt leben?

Auf solche und ähnliche Bedenken antwortet die folgende Geschichte – die Erzählung von der Kindersegnung durch Jesus; denn sie dokumentiert noch einmal Jesu Grundüberzeugung, für die ein Doppeltes maßgebend war:

a) Das Reich Gottes ist *da* (V. 14; vgl. 1,15). Es ist für jeden – ob groß oder klein, ob Sünder oder Gerechter – von *heute* an das große, rettende Angebot.

b) Wer dieses Angebot annehmen will, muß nichts vorweisen oder darstellen. Er kann so unscheinbar und so bedeutungslos sein wie ein Kind (V. 13). Nur eines ist jetzt noch vom Menschen verlangt: Daß er aufhört zu rechnen, daß er Gottes Angebot in Jesus traut und darauf zugeht (V. 15). *Deshalb* ist es nicht »naiv«, auch den noch zur Treue aufzurufen, der meint, dafür keine Kraft mehr zu haben.

Wer Gottes Einladung in Jesus traut, dem gehört Jesu ganze Zuneigung. Dann ist er »mitten im Reich Gottes«: »Und er nahm die Kinder in seine Arme; dann legte er ihnen die Hände auf und segnete sie« (V. 16).

13. Der reiche Jüngling (10,17–27)

Die Erzählung vom »reichen Jüngling« (so Mt 19,20) bereitet vielen Christen Schwierigkeiten, scheint sie doch die Preisgabe des eigenen Besitzes zu *der* Voraussetzung echter Jüngerschaft zu machen, die ihrerseits als Bedingung für den Gewinn des ewigen Lebens angesehen wird. Diese Schwierigkeiten beruhen jedoch auf einem (naheliegenden) Mißverständnis der Geschichte.

»Was muß ich tun, um das ewige Leben zu erlangen?«

Will man die Erzählung recht verstehen, muß die Ausgangssituation ernstgenommen werden: Der Mann, der zu Jesus hinzutritt, wird von der Frage umgetrieben, was er zu tun habe, um das ewige Leben zu erlangen – und so wendet er sich an Jesus, der in seinen Augen ein »guter Meister« ist (V. 17). Jesus freilich lehnt diese Titulatur ab: »Niemand ist gut außer Gott, dem Einen!« (V. 18). Deshalb kann der Mensch auch nur von ihm erfahren, was er an Gutem zu tun hat, um das ewige Leben zu erlangen.

Nun ist Gottes guter Wille nicht unbekannt: »Du kennst doch die Gebote: Du sollst nicht töten, du sollst nicht die Ehe brechen, du sollst nicht stehlen, du sollst nicht falsch aussagen, du sollst keinen Raub begehen; ehre deinen Vater und deine Mutter!« (V. 19). Wer diesen Willen erfüllt, ist auf dem rechten Weg. Ihm wird das ewige Leben zuteil.

An dieser Stelle *könnte* das Gespräch abbrechen. Der Fragesteller hat die von ihm erbetene Antwort erlangt. Er *könnte* gehen.

Daß das Gespräch fortgesetzt wird, liegt nicht daran, daß Jesus dem Mann jetzt doch noch zusätzlich zu den 10 Geboten etwas abverlangen müßte, damit dieser das ewige Leben erlangt. Daß das Gespräch weitergeht, liegt nicht an Jesus, sondern an dem Mann, der von sich sagen kann: »Meister, alle diese Gebote habe ich von Jugend an befolgt!« (V. 20).

»Da sah ihn Jesus an!«

Durch die Antwort des jungen Mannes verändert sich Jesu Beziehung zu ihm! Und mit dem Blick der Zuneigung erkennt Jesus, daß das Leben des Reichen mit der Erfüllung der Gebote noch nicht ausgefüllt ist. In diesem Leben wäre noch mehr möglich: »Eines fehlt dir noch: Geh, verkaufe, was du hast, gib das Geld den Armen, und du wirst einen bleibenden Schatz im Himmel haben; dann komm und folge mir nach!« (V. 21).

Diese Aufforderung zu einem erfüllten Leben, in welchem nichts mehr fehlen würde, hat nun aber nichts mehr mit der eingangs gestellten Frage zu tun. *Jetzt* bietet Jesus dem Reichen vielmehr eine *neue* Lebensmöglichkeit an, die ihn *ganz* ausfüllen würde –

die Möglichkeit der Nachfolge. Sein Leben soll sich nicht darin erschöpfen, die Gebote zu erfüllen, um in den Himmel zu kommen.

Wenn Jesus deshalb den Mann auffordert: »Geh, verkaufe was du hast, gib das Geld den Armen, und du wirst einen bleibenden Schatz im Himmel haben!«, dann nennt er ihm keine weitere Bedingung für das ewige Leben. Mit diesen Worten versichert Jesus dem Reichen nur, daß der Verkauf seines Vermögens für ihn keinen wirklichen Verlust bedeuten würde!

»Der Mann aber war betrübt, als er das hörte, und ging traurig weg; denn er hatte ein großes Vermögen!« (V. 22). Der Reichtum hinderte ihn nicht an der Erfüllung der Gebote, aber an der Nachfolge!

Vom Reichtum und von der Nachfolge

Weil der Mann infolge seines Reichtums *unfähig* war, Jesu Einladung *zur Nachfolge* anzunehmen, sagt Jesus nunmehr: »Wie schwer ist es für Menschen, die viel besitzen, in das Reich Gottes zu kommen!« (V. 23). Wäre er Jesus nachgefolgt, wäre er ins Reich Gottes gekommen! *Denn das Reich Gottes ist da* (vgl. 1,15)! Deshalb hätte der Mann schon heute in das Reich Gottes kommen können. Doch »wie schwer ist es, in das Reich Gottes zu kommen! Eher geht ein Kamel durch ein Nadelöhr, als daß ein Reicher in das Reich Gottes gelangt« (V. 24f.).

Wenn die Jünger daraufhin erschrecken und zueinander sagen: »Wer kann dann noch gerettet werden?« (V. 26), dann verwechseln sie die Ebenen! Jesus sagte ja nichts über das ewige Leben des Mannes. Dieses war zu Beginn zur Debatte gestanden, und da hatte Jesus dem Fragenden eine andere Auskunft gegeben: »Du kennst doch die Gebote!« (V. 19). Die Gebote sind der Weg ins ewige Leben. Der Gewinn des ewigen Lebens aber, d. h. die Rettung des Menschen aus der Macht des Todes, ist von Gott abhängig. »Für Gott aber ist alles möglich« (V. 27).

Nur solange wir das Reich Gottes, das *schon da* ist, nicht vom ewigen Leben, das uns *erst nach unserem Tod* offensteht, unterscheiden; solange wir nicht begreifen, daß wir schon heute ins Reich Gottes gelangen, wenn wir in Wahrheit Jesus nachfolgen, solange werden wir den Reichtum als Gefahr für das ewige Leben ansehen. Doch nach unserem Evangelium hindert der Reichtum »nur« am Eintritt in das Reich Gottes.

Und weshalb?

Weil das Reich Gottes seine *eigenen* Gesetze hat: »Amen, das sage ich euch: Wer das Reich Gottes nicht annimmt wie ein Kind, der wird nicht hineinkommen« (10,15). Und: »Wer der Erste sein will, soll der Letzte von allen und der Diener aller sein« (9,35). Diese Umkehrung der Werte *zu leben* – und sie nicht nur zu verkünden und zu preisen – ist für denjenigen (fast) unmöglich, der von seinem Besitz nicht absehen und sich davon nicht lösen kann. *Deshalb* »geht eher ein Kamel durch ein Nadelöhr, als daß ein Reicher in das Reich Gottes gelangt«.

14. Der zusätzliche Gewinn (10,28–31)

Der Einwand liegt nahe: Wenn auch derjenige, der infolge seines Reichtums nicht in das Reich Gottes gelangt, dennoch gerettet werden kann, was haben dann diejenigen für einen Gewinn, die schon auf Erden alles verlassen und aufgeben, um Jesus nachfolgen zu können? Sind diejenigen, die Jesu Ruf zur Nachfolge annehmen, dann nicht »die Dummen«?

So antwortete bereits Petrus Jesus: »Du weißt, wir haben alles verlassen und sind dir nachgefolgt« (V. 28). Was mit dieser Feststellung gemeint ist, verdeutlicht das Matthäusevangelium, wenn in ihm Petrus fortfährt: »Was werden wir dafür bekommen?« (Mt 19,27).

> »Jesus antwortete: Amen, ich sage euch: Jeder, der um meinetwillen und um des Evangeliums willen Haus oder Brüder, Schwestern, Mutter, Vater, Kinder oder Äcker verlassen hat, wird das Hundertfache dafür empfangen: Jetzt in dieser Zeit wird er Häuser, Brüder, Schwestern, Mütter, Kinder und Äcker erhalten, wenn auch unter Verfolgungen, und in der kommenden Welt das ewige Leben« (V. 29f.).

Wenn uns diese Antwort Jesu nicht befriedigen sollte, könnte dies dann nicht daran liegen, daß wir eben noch in unserem je *eigenen* Reichtum befangen sind? So daß wir deshalb weder einander wahrhaftig als »Brüder, Schwestern, Mütter, Kinder« empfinden können, nicht einander glauben machen können, daß *unser* Reichtum *auch* der der anderen (und umgekehrt!) ist? So bleibt auch uns im Grund »nur« die Hoffnung auf das Ende als Lohn: »... und in der kommenden Welt das Leben!« Dieses freilich bleibt auch dem Reichen nicht versagt!

Wir könnten reicher sein, wenn wir den Mut hätten, arm zu werden. *Dieser* Reichtum wäre uns sicher, während die Zukunft des ewigen Lebens unsicher bleibt; denn »viele, die jetzt die Ersten sind, werden dann die Letzten sein, und die Letzten werden die Ersten sein« (V. 31).

15. Der Weg der Hingabe (10,32–45)

Noch ein drittes Mal berichtet Markus von Jesu Leidensankündigung (VV. 32–34). Jesus wußte, daß er in Jerusalem »den Hohenpriestern und Schriftgelehrten« ausgeliefert werden würde. Dennoch gab es für ihn kein Zögern und kein Ausweichen. Entschlossen und zielstrebig ging er den Scharen nach Jerusalem *voraus*, so daß »die Leute sich über ihn wunderten, die Jünger aber Angst hatten« (V. 32). Und diese Angst war begründet. Jesus verharmloste nicht, was ihm – und ihnen – bevorstand:

> »Er sagte: Wir gehen jetzt nach Jerusalem hinauf; dort wird der Menschensohn den Hohenpriestern und den Schriftgelehrten ausgeliefert; sie werden ihn zum Tod verurteilen und den Heiden übergeben; sie werden ihn verspotten, anspucken, geißeln und töten. Aber nach drei Tagen wird er auferstehen« (V. 35 f. – S. dazu auch S. 104–114).

»Aber nach drei Tagen wird er auferstehen.« Dieser Ausblick auf die *Wende zum Guten* veranlaßte Jakobus und Johannes, sich »rechtzeitig« auch um ihre Zukunft zu kümmern; denn daß Jesus als der Menschensohn *nach* seiner Auferstehung zum Gericht über (Israel und) die Völker kommen würde – daran konnte ja kein Zweifel bestehen (s. S. 108)! Also galt es, sich für diesen Augenblick schon heute die besten Plätze zu sichern:

> »Da traten Jakobus und Johannes, die Söhne des Zebedäus, zu ihm und sagten: Meister, wir möchten, daß du uns eine Bitte erfüllst. Er antwortete: Was soll ich für euch tun? Sie sagten zu ihm: Laß in deinem Reich einen von uns rechts und den anderen links neben dir sitzen« (VV. 35–37).

Jesus antwortete allerdings recht ernüchternd: »Ihr wißt nicht, um was ihr bittet!« (V. 38).

Zeichen der Blindheit

Wer eine solche Bitte wie die beiden Zebedäussöhne stellt, zeigt, daß er noch überhaupt nichts begriffen hat. Denn er scheint zum einen nicht wirklich wahrgenommen zu haben, daß Jesu Weg in *dieser* Zeit ins Leiden führt: »Könnt ihr den Kelch trinken, den ich trinke, oder die Taufe auf euch nehmen, mit der ich getauft werde?« (V. 38).

Jesus verwendet hier zwei Bilder, die Symbole für das Leiden waren. Der *Becher* kann zwar in der Antike das böse *und* das gute Geschick bezeichnen, doch bedeutet er nach dem Alten Testament, der Bibel Jesu, Unglück und Unheil, ja Gottes Gericht, das über die Frevler hereinbrechen wird:

> »Ja, in der Hand des Herrn ist ein Becher,
> herben, gärenden Wein reicht er dar;
> ihn müssen alle Frevler der Erde trinken,
> müssen ihn samt der Hefe schlürfen!«

bekennt beispielsweise der Beter eines alttestamentlichen Psalms (Ps 75,9; vgl. Jes 51,17; Jer 25,15).

Die *Taufe* aber spielt auf das Unheil an, von dem der Mensch wie von Wasserfluten verschlungen werden kann. So ruft ein Verbannter fernab vom Tempel:

> »Betrübt ist meine Seele in mir, darum denke ich an dich
> im Jordanland, am Hermon, am Mizar-Berg.
> Flut ruft der Flut zu beim Tosen deiner Wasser,
> all deine Wellen und Wogen gehen über mich hin.«
> (Ps 42,7f.; vgl. 2 Sam 22,5)

Unheil und nicht Heil, das Scheitern und nicht der Erfolg werden auf ihn, Jesus, in Jerusalem warten. Werden sie dem gewachsen sein? »Sie antworteten: Wir können es« (V. 39).

Doch damit ist der Fall noch nicht erledigt! Wer in Jesu Reich auf Ehrenplätze spekuliert, weil er sich dem bevorstehenden Kreuzweg gewachsen fühlt, zeigt nämlich zum anderen, daß er *Gott* nicht ernst nimmt. Gott – und nicht Jesus, der Menschensohn –

wird über die endgültige Rangordnung bestimmen (und er bevorzugt keineswegs die Starken: 9,35–37; 10,31!):

> »Da sagte Jesus zu ihnen: Ihr werdet den Kelch trinken, den ich trinke,
> und die Taufe empfangen, mit der ich getauft werde. Doch den Platz zu
> meiner Rechten und zu meiner Linken habe nicht ich zu vergeben; dort
> werden die sitzen, für die diese Plätze bestimmt sind« (V. 39f.).

Jesu Ordnung für seine Jünger

Es ist verständlich, daß das Bemühen der beiden Jünger, bei der
Vergabe der ersten Plätze den anderen zuvorzukommen, diese
verärgerte:

> »Als die zehn anderen Jünger das hörten, wurden sie sehr ärgerlich über
> Jakobus und Johannes« (V. 41).

Das gab Jesus noch einmal Gelegenheit klarzustellen, wie es
unter seinen Jüngern, in seiner Gemeinde, eigentlich aussehen
müßte (nicht zufällig begegnet in den folgenden Versen dreimal
»unter euch«!):

> »Da rief Jesus sie zu sich und sagte: Ihr wißt, daß die, die als Herrscher
> gelten, ihre Völker unterdrücken und die Mächtigen ihre Macht über
> die Menschen mißbrauchen. *Bei euch* aber soll es nicht so sein, sondern
> wer *bei euch* groß sein will, der soll euer Diener sein, und wer *bei euch*
> der Erste sein will, soll der Sklave aller sein« (VV. 42–44).

Der Grund für dieses ganz andersartige, *neue* Verhalten unter
Jesu Jüngern liegt in *seinem* Kommen, dessen Sinn Jesus mit einem
Begriff aus der Heiligen Schrift deutet, den wir – leider – zumeist
mißverstehen:

> »Denn auch der Menschensohn ist nicht gekommen, um sich dienen zu
> lassen, sondern um zu dienen und sein Leben hinzugeben als Lösegeld
> für viele« (V. 45).

Jesu Leben – das Lösegeld für viele
Gott will in dieser Welt des Unheils (Gen 3 – 11) Heil schaffen
(Gen 12,1–3). Diese Überzeugung gehört zu den Fundamen-
ten des jüdischen Glaubens, weshalb sich Israel nie mit der

Existenz des Bösen in seiner Mitte abfand. Nur – wie war das Böse aus der Welt zu schaffen? Wie konnte das Unheil überwunden werden?

Der Täter trägt die Folgen seiner Tat
Auch in Israel galt die *Wiedergutmachung* als die natürlichste und wirksamste Art, Böses aus der Welt zu schaffen und Unheil zu überwinden:

> »Wenn Männer in Streit geraten und einer den andern mit einem Stein oder einer Hacke verletzt, so daß er zwar nicht stirbt, aber bettlägerig wird, später wieder aufstehen und mit Krücken draußen umhergehen kann, so ist der freizusprechen, der geschlagen hat; nur für die Arbeitsunfähigkeit des Geschädigten muß er Ersatz leisten, und er muß für die Heilung aufkommen.«
> (Ex 21,18f.)

Der Täter trägt die Folgen seiner Tat, durch die er die Ordnung verletzt hatte.

Was aber war zu tun, wenn es unmöglich war, den angerichteten Schaden auf so einfache Weise wieder gut zu machen, da man sich *am Leben* des anderen vergangen hatte? In diesem Fall hatte der Täter sein eigenes Leben hinzugeben, damit das von ihm in die Welt gesetzte Böse gleichsam auf ihn zurückfallen und so »zur Ruhe kommen« kann:

> »Wenn Männer miteinander raufen und dabei eine schwangere Frau treffen, so daß sie eine Fehlgeburt hat, ohne daß ein weiterer Schaden entsteht, dann soll der Täter eine Buße zahlen, die ihm der Ehemann auferlegt; er kann die Zahlung nach dem Urteil von Schiedsrichtern leisten. Ist weiterer Schaden entstanden, dann mußt du geben: Leben für Leben, Auge für Auge, Zahn für Zahn, Hand für Hand, Fuß für Fuß, Brandmal für Brandmal, Wunde für Wunde, Strieme für Strieme.«
> (Ex 21,22–25)

Wer sich am Leben eines anderen vergangen hat, hat im gleichen Maß sein eigenes Leben verwirkt. Er hat sein Lebens*recht* verloren.

Die Auslösung des verwirkten Lebens
Das israelitische Recht sieht hier allerdings auch – in Ausnahmen! – die Möglichkeit vor, das *an sich* verwirkte Leben »auslösen« zu können:

> »Wenn ein Rind einen Mann oder eine Frau so stößt, daß der Betreffende stirbt, dann muß man das Rind steinigen, und sein Fleisch darf man nicht essen; der Eigentümer des Rinds aber bleibt straffrei. Hat das Rind aber schon früher gestoßen und hat der Eigentümer, obwohl man ihn darauf aufmerksam gemacht hat, auf das Tier nicht aufgepaßt, so daß es einen Mann oder eine Frau getötet hat, dann soll man das Rind steinigen, und auch sein Eigentümer soll getötet werden. Will man ihm aber *eine Sühne* auferlegen, soll er *als Lösegeld für sein Leben* so viel geben, wie man von ihm fordert.«
> (Ex 21,28–30)

Ein Doppeltes ist bei diesem Gesetz von Bedeutung:
1. Die Sühne, die der Schuldige zu leisten hat, soll nicht den Geschädigten versöhnen, d. h. beruhigen, sondern den aus dem Todesverhängnis lösen, der infolge seines Fehlverhaltens sein eigenes Leben verwirkt hat.
2. Diese Sühne ist eine Ausnahme (vgl. dagegen Num 35,31f.; Spr 13,8; 6,32–35), und sie ist nur möglich, weil der Geschädigte von sich aus bereit ist, dem Schuldiggewordenen entgegenzugehen. Die Initiative zur Sühne kann demnach nie vom Täter, sondern immer nur vom »Opfer« ausgehen!

Was ist also das Eigentümliche des biblischen Sühnegedankens? Es besteht darin, daß der Betroffene – unter bestimmten Bedingungen – auf *sein* Recht gegen den Täter verzichtet, so daß dieser am Leben bleiben kann, obgleich er an sich sein Leben verwirkt hatte.

Dieser Sühnegedanke begegnet nun in der nachexilischen Theologie nicht mehr nur im zwischenmenschlichen Bereich. Er wird jetzt auch auf das Verhältnis Gottes zu Israel übertragen. So lesen wir bei Deuterojesaja, dem Propheten im babylonischen Exil:

> »Ich, der Herr, bin dein Gott,
> ich, der Heilige Israels, bin dein Retter.

Ich gebe Ägypten als Lösegeld für dich,
Kusch und Seba an deiner Statt,
weil du teuer bist in meinen Augen, wertgeachtet
und ich dich liebe.
So gebe ich Menschen für dich und Nationen für dein Leben.«
(Jes 43,3f.)

Nach den Worten des Propheten ist Jahwe bereit, das ganze damals bekannte Nordost-Afrika *als Lösegeld* an Kyros, den Eroberer Babylons (!), zu geben, um Israel aus dem Exil auszulösen und so am Leben zu erhalten.

Vergleicht man diese Stelle mit der zuvor genannten (Ex 21,28–30), fällt nun allerdings ein wichtiger Unterschied auf: Bei Deuterojesaja verzichtet der Geschädigte, d. h. Jahwe, nicht nur auf sein Recht gegen sein Volk Israel, sondern er zahlt darüber hinaus auch das Lösegeld (das ja sonst der aufbringen mußte, der sich verschuldet hatte!).

Nichts wäre also verkehrter als die Annahme, das Lösegeld, das als Sühne bezahlt werden muß, sei für Gott bestimmt. Nie rettet das Lösegeld den Verschuldeten vor Gottes Gerichtszorn, vielmehr löst es ihn aus dem Todesverhängnis, in das er sich durch sein Fehlverhalten selbst gebracht hat. (Wenn wir also beten: »Schau gütig auf die Gabe deiner Kirche. Denn sie stellt dir das Lamm vor Augen, das geopfert wurde und uns nach deinem Willen *mit dir* versöhnt hat!«, dann entspricht eine solche Ausdrucksweise weder dem biblischen Sühneverständnis noch dem biblischen Gottesbild!).

Wenn nun Jesus im Gespräch mit den Zwölfen sagt: »Denn auch der Menschensohn ist nicht gekommen, um sich dienen zu lassen, sondern um zu dienen und sein Leben hinzugeben als Lösegeld für viele« (Mk 10,45), dann greift er nicht nur ganz allgemein auf das biblische Verständnis des Lösegelds zurück, sondern dann bezieht er sich ausdrücklich auf jene erwähnte Stelle im Jesajabuch (Jes 43,3f.) – freilich mit einer bedeutsamen Veränderung:

Heißt es dort, daß Ägypten, Kusch und Seba von Gott als Lösegeld für Israel hingegeben würden, so spricht Jesus hier davon, daß er gekommen sei, sein *eigenes* Leben hinzugeben, um viele aus dem Todesverhängnis zu lösen, in das sie durch ihr eigenes Versagen geraten waren. Wie revolutionär eine solche Aussage war, begreifen wir erst dann ganz, wenn wir uns daran erinnern, daß nach allgemein-jüdischer Erwartung der kommende Menschensohn auf einem Thron über die Menschen zu Gericht sitzen sollte (s. S. 106 f.)! Entgegen dieser selbstverständlichen Erwartung, nach der *die Mächtigen* über die anderen *erhoben* sind, stellt Jesus seine Aussage: »Der Menschensohn ist nicht gekommen, um sich dienen zu lassen, sondern um zu dienen...!« (V. 45).

Das ist der Grund, weshalb es in Jesu Gemeinschaft kein Streben nach den ersten Plätzen geben kann und darf: Weil er gekommen ist, um die Menschen durch den Einsatz und die Hingabe seines Lebens aus der Macht des Todes zu retten, gehen nur diejenigen in Wahrheit in seiner Spur, die nicht auf Kosten anderer leben, sondern die leben, damit andere aufleben!

16. Die Nachfolge (10,46–52)

Nicht ohne Grund berichtet Markus nach Jesu Wort von der Hingabe seines Lebens als Lösegeld für viele und der damit verbundenen Aufforderung an seine Jünger, zu dienen anstatt zu herrschen (10,42–45), die Heilung des blinden Bettlers Bartimäus (10,46–52); denn wie schwer fällt es auch den Jüngern Jesu einzusehen, daß allein dieser Weg der richtige ist. Davor wird der Mensch zunächst immer ein »blinder Bettler« sein.

Aber es muß nicht so bleiben: »Sobald er hörte, daß es Jesus von Nazaret war, rief er laut: Sohn Davids, Jesus, hab' Erbarmen mit mir!« (V. 47). Wer so ruft, und wer sich davon auch nicht von jenen abbringen läßt, die wähnen, solch aufdringliches Geschrei gehöre sich in Jesu Nähe nicht (V. 48), wird von Jesus gerufen:

> »Und Jesus fragte ihn: Was soll ich dir tun? Der Blinde antwortete: Rabbuni, ich möchte wieder sehen können. Da sagte Jesus zu ihm: Geh! Dein Glaube hat dir geholfen. Im gleichen Augenblick konnte er wieder sehen« (V. 51 f.).

Wer Jesus *glaubt,* wird wieder sehen können. Dann freilich sollte es auch heißen: »... und folgte ihm nach – auf dem Weg« (V. 52).

VI. Klarstellungen (11,1 – 13,37)

1. Jesu Einzug in Jerusalem (11,1–11)

Es gibt wohl wenige Episoden aus dem Leben Jesu, die so oft gemalt, gespielt und besungen wurden wie Jesu Einzug in Jerusalem: »Tochter Zion, sieh dein König...!« – »Der Palmesel!« – »Heute: ›Hosianna!‹ und morgen: ›Kreuzige ihn!‹« Schließlich wird auch heute noch jede Karwoche durch eine Palmprozession eröffnet.

Und trotzdem! Wenn wir den *biblischen* Bericht von Jesu Einzug in Jerusalem etwas genauer betrachten, und wenn wir ihn nicht sofort mit jenem Bild verbinden, das *wir* uns vom Geschehen an jenem ersten Palmsonntag machen, dann ergeben sich doch einige Fragen:

a) Weshalb spielt das Reittier, das Jesus für seinen Einzug verlangte (V. 2), in der weiteren Erzählung (VV. 8–11) keine Rolle mehr?

b) Breiteten die Leute, die mit Jesus von Betfage herab nach Jerusalem zogen, wirklich auf einer so langen Strecke *Kleider* auf dem Weg aus? Solches geschah sonst nur bei der Thronbesteigung (vgl. 2 Kön 9,13)! Und weshalb streuten andere dann Zweige *auf* den Weg (V. 8 – Hier führen uns die bekannten Darstellungen der Palmprozession in die Irre!)?

c) Weshalb wird hier – und nur hier – David der *Vater*name verliehen (V. 10), der sonst den Patriarchen vorbehalten ist?

d) Auch das Ende der Erzählung ist eigenartig. »Von der begleitenden Volksmenge ist nicht mehr die Rede; Jesus geht jetzt, als hätte sich nichts ereignet, zusammen mit seinen Jüngern in die Stadt Jerusalem und dort ohne Umschweife in den Tempel« (*J. Ernst,* 322). Sollten die jüdischen *und* römischen Behörden auf einen solchen Auflauf überhaupt nicht reagiert haben?

Diese – und andere – Auffälligkeiten in dem vorliegenden Bericht Mk 11,1–11 veranlassen viele (katholische und evangelische) Exegeten anzunehmen, daß ein ursprünglicher Einzugsbericht (VV. 1a.8–11) nachträglich durch die Reittiergeschichte um das Motiv vom Friedensfürst (VV. 1b–7) erweitert wurde. Das heißt, es wird nicht bezweifelt, daß Jesus und seine Jünger mit einer Gruppe von Festpilgern aus Galiläa zum Osterfest in Jerusalem eintrafen. Es wird auch nicht bezweifelt, daß diese Galiläer dabei ihre Hoffnung auf das nun kommende Gottesreich voll Freude und Begeisterung ausgedrückt haben könnten. (Schließlich erwartete man gerade an Ostern das Kommen des Messias!) Unsicherheit besteht lediglich bei der Frage, ob Jesus tatsächlich – gegen seine sonstige Gewohnheit – auf einem Esel in Jerusalem eingezogen ist.

Freilich, all diese Fragen beschäftigten weder Markus noch die ersten Leser seines Evangeliums; denn Markus wollte mit seinem Bericht von

Jesu Einzug in Jerusalem ja keineswegs nur ein »historisches Protokoll« liefern. Ihn leiteten bei seiner Erzählung *theologische* Interessen. Verborgenes sollte sichtbar gemacht werden.

Am Ziel – und doch nicht angekommen

Mit Jesu Ankunft in Jerusalem war – nach dem Verständnis unseres Evangelisten – der Weg des Messias (8,27 – 10,52) in eben der Weise an sein Ziel gekommen, die diesem Weg entsprach: Obgleich Jesus der Messias war (vgl. 8,29), nahm er *seine* Stadt nicht wie »die Herrscher dieser Welt« (vgl. 10,42) in Besitz, vielmehr blieb er bis zuletzt jener Friedenskönig, von dem bereits bei dem Propheten Sacharja die Rede war:

> »Juble laut, Tochter Zion! Jauchze, Tochter Jerusalem! Siehe, dein König kommt zu dir. Er ist gerecht und hilft; er ist demütig und reitet auf einem Esel, auf einem Fohlen, dem Jungen einer Eselin.«
> (Sach 9,9)

Jesus auf dem Esel – im Angesicht Jerusalems: Dieses *Bild* sollte alle Leser des Evangeliums an das Wort des Propheten Sacharja erinnern; denn selbst wenn Jesus nicht auf einem Esel nach Jerusalem gekommen wäre, so hätte sich bei seiner Ankunft doch *im Grunde* jene Verheißung Sacharjas erfüllt! (Wenn wir bei diesem Gedanken Schwierigkeiten hätten, sollten wir nur einmal folgendes überlegen: Wer von uns würde die Wahrheit eines Franziskus-bildes von Giotto tatsächlich an dem »Heiligenschein« messen, mit dessen Hilfe der Künstler das unsichtbare Wesen des Heiligen sichtbar machen wollte?!)

Jesu Ankunft in Jerusalem war mehr als nur das Ende einer »ganz normalen« Wallfahrt. In dem, was nun geschehen würde, würden sich *auch* Gottes Pläne erfüllen! Gewiß, das sah man Jesu Ankunft nicht sofort an. Deshalb zeichneten die ersten Christen die Ereignisse bei Jesu Ankunft wieder (s. S. 22) mit »biblischen Farben«. Auf ähnliche Weise erzählte man ja schon seit alters Gottes Führung und Fügung im Leben des jungen Saul:

> »Da nahm Samuel den Ölkrug und goß Saul das Öl auf das Haupt, küßte ihn und sagte: Hiermit hat der Herr dich zum Fürsten über sein Erbe gesalbt. Wenn du jetzt von mir weggehst, wirst du beim Grab der Rahel in Zelzach im Gebiet von Benjamin zwei Männer treffen, und sie

werden zu dir sagen: Die Eselinnen, nach denen du auf der Suche bist, sind gefunden worden. Doch denkt dein Vater nicht mehr an die Sache mit den Eselinnen, sondern macht sich Sorgen um euch und sagt: Was kann ich nur wegen meines Sohnes unternehmen? Wenn du dann von dort weiterziehst und zur Tabor-Eiche kommst, werden dir dort drei Männer begegnen, die zu Gott nach Bet-El hinaufziehen. Einer trägt ein Böckchen, einer trägt drei Laib Brot und einer trägt einen Schlauch Wein. Sie werden dich grüßen und dir zwei Brote geben; die sollst du von ihnen annehmen. Danach wirst du nach Gibeat-Elohim kommen, wo die Vorposten der Philister stehen. Wenn du dort in die Stadt hineingehst, wirst du eine Schar von Propheten treffen, die von der Kulthöhe herabkommen, und vor ihnen wird Harfe, Pauke, Flöte und Zither gespielt. Sie selbst sind in prophetischer Verzückung. Dann wird der Geist des Herrn über dich kommen, und du wirst wie sie in Verzückung geraten und in einen anderen Menschen verwandelt werden. Wenn du aber diese Zeichen erlebst, dann tu, was sich gerade ergibt; denn Gott ist mit dir. Hernach geh mir voraus nach Gilgal hinab! Ich werde dann bereits auf dem Weg zu dir sein, um Brandopfer darzubringen und Heilsopfer zu schlachten. Sieben Tage mußt du warten, bis ich zu dir komme. Dann werde ich dir verkünden, was du tun sollst.

Als sich Saul nun umwandte, um von Samuel wegzugehen, verwandelte Gott sein Herz. Und noch am gleichen Tag trafen alle diese Zeichen ein.«
(1 Sam 10,1–9)

Wenn sich in einer Erzählung etwas so abspielte, wie der Prophet – und Jesus war ja *auch* ein Prophet (vgl. Mk 6,4.15; Mt 21,11) – es vorausgesagt hatte, dann wußten damals alle Hörer, was der Erzähler sagen wollte: »*Wenn du aber all diese Zeichen erlebst,* dann tu, was sich gerade ergibt; denn *Gott ist mir dir!*« Das galt auch bei der Erzählung von Jesu Einzug in Jerusalem. Wenn es darin hieß, daß die Jünger alles so vorfanden, wie es Jesus ihnen gesagt hatte (Mk 11,2–6), dann bedeutete das: *Gott war mit Jesus,* als er sich anschickte, in Jerusalem einzuziehen.

Daß Jesus dabei über den *Ölberg* kam, war nichts Außergewöhnliches. So endete die normale Reiseroute der Pilger aus Galiläa. Und trotzdem dürften die ersten Christen bei der Erwähnung des Ölbergs noch an mehr gedacht haben:

Über den Ölberg war die Herrlichkeit Gottes nach dem Exil nach Jerusalem zurückgekehrt und in den Tempel eingezogen (Ez 43,1–4!), und auf dem Ölberg würde Gott zum letzten Gericht erscheinen (Sach 14,4. – Nicht grundlos hatte einer der jüdischen Freiheitskämpfer die Volksscharen gerade auf dem Ölberg versammelt, um von dort mit Gewalt in Jerusalem einzudringen, s. S. 83!).

Wer um diese große Bedeutung des Ölbergs wußte, für den hatte Jesu Zug über den Ölberg wohl noch einen tieferen Sinn.

Freilich, die Begeisterung, die Jesus noch einmal unter denen auslöste, die mit ihm nach Jerusalem kamen, schlug nicht durch. Weder wurde Jesus von ihr in die Stadt getragen, noch veranlaßte sie die Bewohner der Stadt, Jesus mit offenen Armen entgegenzugehen. Die Distanz zwischen Jesus und Jerusalem (und seinem Tempel) läßt sich kaum schärfer ausdrücken als mit der abschließenden Notiz unseres Evangeliums: »Und er kam nach Jerusalem hinein in den Tempel und blickte sich ringsum alles an. Und als schon die Abendstunde hereinbrach, ging er mit den Zwölfen nach Betanien hinaus« (V. 11).

2. Die Verfluchung des Feigenbaums (11,12–14)

Die drei folgenden Verse (11,12–14) gehören zu den schwierigsten und umstrittensten des ganzen Markusevangeliums, berichten sie doch ein ganz außergewöhnliches Verhalten Jesu:

> »Als sie am nächsten Tag Betanien verließen, hatte er Hunger. Da sah er von weitem einen Feigenbaum mit Blättern und ging hin, um nach Früchten zu suchen. Aber er fand an dem Baum nichts als Blätter; denn es war nicht die Zeit der Feigenernte. Da sagte er zu ihm: In Ewigkeit soll niemand mehr eine Frucht von dir essen. Und seine Jünger hörten es.«

Das hier berichtete Verhalten Jesu paßt zumindest sehr, sehr schwer in unser normales Jesusbild. Konnte Jesus tatsächlich so böse reagiert haben, nur weil er – in einer Zeit, in der es gar keine Feigen zu ernten gab! – an einem Baum vergebens nach Früchten gesucht hatte?

Da dies in der Tat sehr schwer vorstellbar ist, finden wir in der wissenschaftlichen Exegese sehr unterschiedliche Deutungen unseres Evangelientextes.

1. Nach der Überzeugung vieler Exegeten handelt es sich bei dieser Geschichte nicht um einen wirklichen Vorfall im Leben Jesu, sondern um eine Erzählung, die auf dem Hintergrund prophetischer Texte entstand und von Anfang an symbolisch auf Israel gemünzt war.

Für ein solches Verständnis könnte zunächst die doch etwas erstaunliche Tatsache sprechen, daß hier Jesus – und nur er – bereits am Morgen Hunger hatte (V. 12), obgleich er in Betanien in einem gewiß gastfreundlichen Haus gewohnt und übernachtet hatte (vgl. Mk 14,3; Joh 11,1f.). Für ein symbolisches Verständnis der Erzählung spricht aber vor allem, daß Israel in seiner Fruchtbarkeit *und* Unfruchtbarkeit tatsächlich des öfteren mit einem Feigenbaum bzw. mit dessen Früchten verglichen wurde.

So klagt beispielsweise der Prophet Micha:

»Weh mir, es geht mir wie nach der Obsternte,
wie bei der Nachlese im Weinberg:
Keine Traube ist mehr da zum Essen,
keine von den Frühfeigen,
die mein Herz begehrt.
Verschwunden sind die Treuen im Land,
kein Redlicher ist mehr unter den Menschen...«
(Mi 7,1f.)

Ähnliches lesen wir bei Jeremia:

»Will ich bei ihnen ernten – Spruch des Herrn –,
so sind keine Trauben am Weinstock,
keine Feigen am Feigenbaum,
und das Laub ist verwelkt.
Darum habe ich für sie Verwüster bestellt.«
(Jer 8,13)

Im positiven wie im negativen Sinn begegnet uns das Bild vom Feigenbaum und seinen Früchten bei Hosea. Dort bekennt Gott:

»Wie man Trauben findet in der Wüste,
so fand ich Israel;
wie die erste Frucht am jungen Feigenbaum,
so sah ich eure Väter.
Sie aber kamen nach Baal-Pegor

und weihten sich dem schändlichen Gott;
sie wurden so abscheulich wie der, den sie liebten...
Ihre ganze Bosheit hat sich in Gilgal enthüllt,
dort habe ich sie hassen gelernt.
Ihrer bösen Taten wegen
vertreibe ich sie aus meinem Haus.
Nie mehr werde ich sie lieben.
Aufrührer sind all ihre Führer.
Efraim ist zerschlagen, seine Wurzeln sind verdorrt,
sie bringen keine Frucht mehr hervor.«
(Hos 9,10.15f.)

Es lag im frühen Judentum tatsächlich sehr nahe, den »unfruchtbaren Feigenbaum« symbolisch zu verstehen und zu verwenden.

Freilich, wer einem solch symbolischen Verständnis zuneigt, sieht sich sofort vor neue Schwierigkeiten gestellt:

a) An keiner der alttestamentlichen Stellen findet sich die zeichenhafte Verfluchung eines wirklichen Feigenbaums – selbst dort nicht, wo Gott für den unfruchtbaren Baum »Verwüster« bestellt (vgl. Jer 8,13). Was veranlaßte die urchristlichen Erzähler zu einer derart *realistischen* Schilderung?

b) Selbst wenn man in dieser Geschichte lediglich eine symbolische Erzählung sieht, bleibt es erstaunlich, daß die Erzähler *und* die Zuhörer sich eine derart zornige, unerbittliche Reaktion Jesu denken konnten.

c) Läßt die symbolische Deutung gerade dieser Geschichte nicht das ungute Gefühl zurück, man wolle Jesus »entlasten«, um das herkömmliche Bild vom »barmherzigen und gütigen Jesus« retten zu können?

2. Andere Exegeten sehen keinen Grund daran zu zweifeln, daß Jesus auch ein solches »Strafwunder« gewirkt haben könnte. Sie halten es dann allerdings für wahrscheinlicher, daß dieses Wunder ursprünglich nicht vor Ostern, sondern zur Zeit der Feigenernte geschah und erst nachträglich mit Jesu österlichem Besuch in Jerusalem verbunden wurde. Dann könnte dieses Wunder freilich auch erst nachträglich auf Jerusalem und den dortigen Tempelkult bezogen sein – was wiederum zur Folge hätte, daß wir aus diesem *Straf*wunder keine *sichere* Erkenntnis über Jesu eigene Einstellung zu seinem Volk und dem Tempel gewinnen könnten.

Auch bei dieser Lösung ergeben sich Schwierigkeiten:

a) Selbst wenn die Verfluchung des Feigenbaums nicht vor Ostern beim Besuch Jerusalems stattgefunden hätte, so hätte sie doch wohl einen Sinn haben müssen? Doch welchen?

b) Hätte es sich bei diesem Wunder jedoch um eine ganz unbedachte Spontanreaktion des enttäuschten (oder verbitterten) Jesus gehandelt, welches Interesse hätte dann die Urchristenheit daran haben sollen, daß diese »ausgefallene«, ganz untypische Reaktion Jesu überhaupt weiter tradiert wird?

c) Wenn dieses Wunder erst nachträglich mit den Ereignissen von Jesu letztem Jerusalemaufenthalt verbunden wurde, was veranlaßte dann den biblischen Erzähler, ausdrücklich darauf aufmerksam zu machen: »Es war nicht die Zeit der Feigenernte« (11,13)? Sollte es ihm wirklich verborgen geblieben sein, daß er mit dieser eingeschobenen Notiz die Geschichte noch unverständlicher machte?

Wir haben wohl keine andere Möglichkeit, als den Sinn dieser kurzen Geschichte aus dem Zusammenhang zu erheben, in dem sie uns von Markus überliefert wird. Er aber dürfte an der Geschichtlichkeit dieser Erzählung wohl keinen Zweifel gehabt haben – und es besteht auch keine zwingende Notwendigkeit, ihr diese abzusprechen.

Auf die Früchte kommt es an!

Bei der Auslegung von Mk 11,12–14 ist folgendes zu berücksichtigen:

1. Die Verfluchung des Feigenbaums steht für Markus eindeutig im Zusammenhang mit Jesu *zweitem* Gang in den Jerusalemer Tempel (vgl. VV. 12.15), zu dem sich Jesus nicht unvorbereitet auf den Weg gemacht hatte. Bereits am Vortag hatte Jesus sich ja im Tempel aufgehalten und »ringsum alles angesehen« (V. 11).

2. Die von Jesus ausgesprochene Verfluchung war für Markus nicht das letzte Wort. Ohne das Gespräch zwischen Petrus und Jesus am darauffolgenden Tag (VV. 20–25) bleibt die Verfluchung des Feigenbaums unverständlich.

3. Der auslösende Faktor für die vorliegende Geschichte war Jesu *Hunger* (V. 12. – Diese Notiz läßt keineswegs nur ein symbolisches Verständnis zu. Auch wenn Jesus und die Seinen bei ihrem

Gastgeber in Betanien gefrühstückt haben dürften, ist ein solches Hungergefühl gerade bei dem denkbar, der einer bevorstehenden Entscheidung »entgegenfiebert«. Eine anstehende Auseinandersetzung muß sich nicht unbedingt auf den Magen schlagen, sie kann auch Appetit machen!). Der *Hunger* bewirkte, daß ein Feigenbaum, der bereits ausgetrieben hatte, Jesus anzog: »Da sah er von weitem einen Feigenbaum mit Blättern und ging hin, nach Früchten zu suchen« (V. 13. – Diese Notiz hat nur zur Osterzeit wirklich einen Sinn, weil zu dieser Zeit keineswegs schon alle Feigenbäume ausgetrieben haben!).

Berücksichtigt man nun, daß in Galiläa zehn Monate lang Feigen geerntet wurden (s. S. 27!), wäre es dann nicht denkbar, daß es der »galiläische« Jesus für möglich halten konnte, an einem »frühreifen« Baum auch Früchte zu finden? »Aber er fand an dem Baum nichts als Blätter; denn es war nicht die Zeit der Feigenernte« (V. 13).

Doch wird dann Jesu Reaktion nicht völlig unverständlich?

Jesu Reaktion bleibt unverständlich – wenigstens solange, als man es für unwahrscheinlich hält, daß diese Situation für den Jesus, der bereits mit *seinem* Urteil über den Tempel und dessen Gottesdienst unterwegs war, »blitzartig« eine beispielhafte Bedeutung gewinnen konnte:

Das, was Israel im Tempel bot, der von weither die Menschen anzog, war ebenso – *nichts*! Und Jesus war entschlossen, diesem Zustand ein Ende zu setzen: »Da sagte er zu ihm: In Ewigkeit soll niemand mehr eine Frucht von dir essen!« (V. 14).

Der Tempelgottesdienst war für Jesus keine zukünftige Möglichkeit mehr. Den Beweis dafür erbringt die nachfolgende Erzählung.

3. Jesus im Tempel: Protest und Widerstand (11,15–19)

Jesus zog nach Jerusalem, »und als er in den Tempel kam, begann er, die Verkäufer und Käufer im Tempel hinauszutreiben. Und die Tische der Geldwechsler und die Stühle der Taubenverkäufer stieß er um. Und er ließ nicht zu, daß jemand ein Gerät durch den Tempel trug. Und er lehrte und sprach zu ihnen: Ist nicht geschrieben: ›Mein Haus wird ein Haus des Gebets für alle Völker heißen?‹ Ihr aber habt es zu einer Räuberhöhle gemacht« (VV. 15–17).

Geht man jetzt von dem Bild aus, das uns aus Gemälden oder Passionsspielen von der Tempelreinigung Jesu geläufig ist, ist das Verhalten Jesu ebenso verständlich wie die von ihm gegebene Begründung für sein unglaubliches Vorgehen. Doch leider gehen wir bei unserem Einverständnis mit Jesu Verhalten – das uns höchstens durch Jesu *Gewalt*anwendung etwas irritiert – aus mehreren Gründen von einem falschen Bild aus.

Notwendige Korrekturen

1. Jesus hielt sich bei dem ganzen Geschehen nicht in dem *heiligen Bezirk* des Tempels auf – also im Frauenhof oder gar im Hof Israels, zu dem nur die jüdischen Männer Zutritt hatten –, sondern in der sogenannten *Königlichen Halle*. Diese Halle bildete im Basilika-Stil den südlichen Abschluß des von Herodes erstellten Tempelpodiums, des sogenannten *Vorhofs der Heiden*. Dorthin war um das Jahr 30 n. Chr. nicht nur das Synhedrium verlegt worden, das bis dahin im *Hof Israels* seinen Platz gehabt hatte, dort in der *Königlichen Halle* befanden sich auch Läden, in denen Geldwechsler ihren Platz hatten und vieles von dem erstanden werden konnte, was für die im Tempel selbst darzubringenden Opfer nötig war (vgl. *B. Mazar*, Der Berg des Herrn. Neue Ausgrabungen in Jerusalem. Bergisch Gladbach 1979).

2. Das Bild von den Viehhändlern und den Tieren im Tempelbereich ist falsch; denn die Viehhändler waren nach den rabbinischen Zeugnissen »nicht auf dem Tempelberg, allem Anschein nach sogar nicht einmal innerhalb Jerusalems, sondern draußen vor einem der Stadttore« (*S. Safrai*, Die Wallfahrt im Zeitalter des Zweiten Tempels. Neukirchen 1981, 185. – Wenn Joh 2,14 von »Verkäufern von Rindern, Schafen und Tauben« die Rede ist, dann handelt es sich bei dieser Erweiterung wie bei Joh 5,9f. um eine polemische, antijüdische Übertreibung.). Die einzige Ausnahme davon bildeten die *Taubenhändler,* deren Hauptkunden die Frauen waren, die nach der glücklichen Geburt zum »Nestopfer« verpflichtet waren (vgl. Lk 2,24).

Ansonsten konnte man in den Geschäften innerhalb des Tempelareals die Dinge kaufen, die – abgesehen von den Tieren – ebenfalls für die privaten Opfer nötig waren: Mehl, Brot, Öl, Salz,

Wein. (Wir mißverstehen die Angabe »Händler und Käufer«, wenn wir hier an Devotionalienhändler denken! In den Läden im Tempelbereich wurden keine »Andenken« oder »Andachtsgegenstände« gekauft, die man mit nach Hause nahm, sondern Gegenstände, die für das anschließend von den Priestern dargebrachte Opfer bestimmt waren!)

3. Dem Opfer dienten auch die Geldwechsler. Da das im Umlauf befindliche Geld mit dem Bild des Kaisers versehen war (vgl. Mk 12,16), galt dieses als unrein und daher als unbrauchbar für die geforderten Opfer. Mit diesem Geld konnten weder die Schekelsteuer noch die übrigen Opfergaben bezahlt werden. Infolgedessen benötigten vor allem die Juden aus der Diaspora die Dienste der Geldwechsler, da sie mit ihrem fremdländischen Geld keinerlei Opfer darbringen konnten.

Ein Angriff auf das gottesdienstliche Opfer

Jesu Vorgehen gegen die Händler und Käufer, gegen die Geldwechsler und die Taubenhändler mußte von Jesu Zeitgenossen fast zwangsläufig als Angriff gegen den Opferkult verstanden werden. Wie hätten da »die Hohenpriester und Schriftgelehrten« (Mk 11,18) tatenlos zusehen können – zumal wenn sich das Ganze in ihrer unmittelbaren Nähe, in der *Königlichen Halle*, abgespielt hatte (s. oben)?

Gewiß, man könnte Jesu Verhalten zunächst auch weniger radikal auslegen: Vielleicht war es Jesus doch nur darum gegangen, daß der *ganze* Tempelberg von geschäftlichen Unternehmungen freigehalten wird? Schließlich konnten die Wallfahrer bereits unten im Tyropoiontal ihre nötigen Einkäufe tätigen.

Gegen ein solch abschwächendes Verständnis von Jesu Vorgehen spricht jedoch ein Doppeltes:

1. Nach dem Verständnis aller Juden begann der eigentliche Tempel *hinter* dem etwa 1,50 m hohen Steingitter, der Balustrade. Erst hier war in regelmäßigen Abständen in griechischer und lateinischer Sprache die Warnung zu lesen: »Kein Fremder wird innerhalb der Balustrade, die das Heiligtum und den Hof umgibt, geduldet. Wer auch immer gefangen wird, ist für seinen darauffolgenden Tod persönlich verantwortlich« (vgl. auch Apg 21,27–29).

Nach diesem Gitter führten im Osten, Süden und Norden 14 Stufen zu einer ca. 5 m breiten Terrasse, hinter der sich dann eine 18 m hohe massive Mauer zum Schutz des gesamten Bereichs der inneren Höfe und des Frauenhofs erhob. Erst dieser fest umgrenzte und ummauerte Bereich, in den (wenigstens) sieben Tore führten, war *der* Tempel.

Was aber hätte Jesus veranlassen sollen, die Heiligkeit des Tempels auf den Vorhof der Heiden auszudehnen, nachdem es den Heiden ja keineswegs verwehrt war, im Tempel selbst Opfer darbringen zu lassen (s. unten)?

2. Unser Evangelium berichtet *nach* der Aktion Jesu gegen die Verkäufer und Käufer im Tempel: »Und er ließ nicht zu, daß jemand ein Gerät durch den Tempel trug« (11,16). Das läßt sich ebenfalls nur als Widerstand gegen die im Tempel praktizierte Kultfrömmigkeit verstehen.

Zwar scheint auch in diesem Fall eine einfachere Erklärung möglich zu sein: Vielleicht hatte sich Jesus hier nur dagegen gewandt, daß der Tempel von vielen mit Traglasten betreten und als Abkürzung benützt wurde; denn schließlich führte der kürzeste Weg vom Osten zum Westen über den Tempelplatz! Doch so einleuchtend eine derartige Deutung zunächst auch zu sein scheint, sie scheitert an den geographischen und topographischen Verhältnissen des Jerusalemer Tempels:

Wer den Tempelplatz von West nach Ost durchquerte, fand in der ganzen ca. 470 m langen Mauer nur ein einziges Tor – und dieses führte keineswegs in bewohnte Gegenden, sondern in das Kidron-Tal und zu den Gräbern am Ölberg! Aber auch dieses *eine* Tor im Osten war für den normalen Juden verschlossen, da es den Priestern vorbehalten war – genauer: dem Hohenpriester und seinen Helfern, wenn dieser die Rote Kuh geopfert und verbrannt hatte und dann zum Ölberg schritt (vgl. Mischna Middot I,3). »Das östliche Tor, das in der (rabbinischen) Literatur auch das Priester-Tor heißt, diente offenbar nur kultischen Zwecken der Priesterschaft, wer vom Osten her die Stadt erreichte, benutzte es nicht« (Safrai, 179f.). Es ist gewiß kein Zufall, daß – im Unterschied zu den Toren im Süden und Westen des Tempelbergs – auf das Tor an der Ostseite *keine* Straße zuführte! Das heißt, es war gar nicht möglich, den Tempelplatz von Ost nach West oder umgekehrt zur Abkürzung zu benutzen!

Wer aber von Norden nach Süden irgendwelche Lasten zu tragen hatte, fand in der großen, gepflasterten Tyropoionstraße, die eine direkte Verbindung zwischen dem Ober- und Untermarkt darstellte, einen viel einfacheren und bequemeren Weg als den Tempelvorhof, den er ja nur über eine Vielzahl von Treppen verlassen oder erreichen konnte.

Nimmt man die Lage des Tempelvorhofs ernst, erscheint es als überaus unwahrscheinlich, daß Jesus einen Anlaß hatte, gegen Menschen vorzugehen, die mit ihren Lasten den Tempelplatz als Abkürzungsweg benutzten. (Es gibt *eine* einzige Stelle, die es untersagt, den Tempelberg zur Abkürzung zu benützen, doch sie stammt aus der Zeit *nach* der Zerstörung des Tempels durch die Römer.)

Wie sollen wir aber dann jenen Satz verstehen: »Und er ließ nicht zu, daß jemand ein Gerät durch den Tempel trug?«

Die Erklärung dafür liefert das Osterfest selbst; denn »neben der Teilnahme am Gottesdienst und am Pflichtopfer war es auch die Schau der heiligen Geräte, die zu diesem Zweck in den Vorhof herausgebracht wurden, die das Volk in den Tempel lockte« (Safrai, 216f.).

Waren es nun aber *die heiligen Geräte* – für die die griechische Heilige Schrift das gleiche Wort *ta skeuē* verwendet wie Markus an dieser Stelle –, nämlich der Tisch mit den darauf befindlichen Schaubroten, der Leuchter und das Rauchfaß, die an den Wallfahrtsfesten in den Vorhof getragen wurden, um sie der staunenden Menge zu zeigen, dann wird die Notiz unseres Evangeliums verständlich: »Und er ließ nicht zu, daß jemand ein Gerät durch den Tempel trug« (11,16)! Jesus trat denen in den Weg, die das Volk durch die Pracht des Kultes beeindrucken und begeistern wollten. »Er aber *lehrte* sie« (V. 17), und »alle Leute waren von seiner *Lehre* sehr beeindruckt« (V. 18).

Das aber bedeutet: An die Stelle eines Kultes, in dem die Priester die Gläubigen zu Zuschauern machten, setzte Jesus die Lehre – *seine* Lehre! Wie provozierend, ja umstürzend dieses Vorgehen Jesu war, begreifen wir ganz, wenn wir noch einen kurzen Blick auf das Verständnis des Kultes zur Zeit Jesu werfen.

Die Bedeutung des Tempelkults

Gott mit Opfern dankzusagen war schon für Kain und Abel, Noach und erst recht für die Patriarchen selbstverständlich (Gen 4,3f.; 8,20; 12,8; 13,18; 33,20 u. ö.). Und zu der Zeit, als Israel zwischen der Verehrung *seines* Gottes Jahwe und der

Götter Kanaans schwankte, wurde das Opfer auch zu einer Möglichkeit, die Herzen der Israeliten an Jahwe zu binden:

»Das erste, was den Mutterschoß durchbricht, jeder männliche Erstling beim Vieh, bei deinen Rindern und Schafen gehört *mir*.
Man soll vor *mir* nicht mit leeren Händen erscheinen.
Dreimal im Jahr sollen alle deine Männer *vor Jahwe*, dem Gott Israels, erscheinen.
Von den Erstlingsfrüchten deines Ackers sollst du die besten *in das Haus Jahwes*, deines Gottes, bringen.«
(Ex 34,19f.23.26)

Indem die Israeliten Jahwe und nicht Baal ihre Opfer darbrachten – zum Dank und als Bitte um weiteren Segen –, entdeckten sie *ihn* als den eigentlichen Spender des Lebens. Der deutlichste Beweis hierfür ist die Geschichte des Propheten Elija (vgl. 1 Kön 17 – 18).

Gott läßt sich nicht abspeisen
Freilich, die Gaben, die die Israeliten Gott darbrachten, und der Kult, den sie ihm zu Ehren feierten, band die Menschen nicht automatisch fester an Gott. Man wähnte eben auch, Gott mit diesen Gaben »abspeisen« zu können. Das Gespür dafür, weshalb Jahwe sein Volk an sich binden wollte, ging verloren. So kamen die Tage des Propheten Amos und Hosea, Micha und Jesaja:

»Hört das Wort des Herrn ...:
Was soll ich mit euren vielen Schlachtopfern?,
spricht der Herr.
Die Widder, die ihr als Opfer verbrennt,
und das Fett eurer Rinder habe ich satt;
das Blut der Stiere, der Lämmer und Böcke
ist mir zuwider.
Wenn ihr kommt, um mein Angesicht zu schauen –
wer hat von euch verlangt, daß ihr meine Vorhöfe
zertrampelt?
Bringt mir nicht länger sinnlose Gaben,
Rauchopfer, die mir ein Greuel sind.
Neumond und Sabbat und Festversammlung –
Frevel und Feste – ertrage ich nicht.
Eure Neumondsfeste und Feiertage

sind mir in der Seele verhaßt,
sie sind mir zur Last geworden,
ich bin es müde, sie zu ertragen.
Wenn ihr eure Hände ausbreitet,
verhülle ich meine Augen vor euch.
Wenn ihr auch noch so viel betet,
ich höre es nicht.
Eure Hände sind voller Blut.
Wascht euch, reinigt euch!
Laßt ab von eurem üblen Treiben!
Hört auf, vor meinen Augen Böses zu tun!
Lernt, Gutes zu tun!
Sorgt für das Recht!
Helft den Unterdrückten!
Verschafft den Waisen Recht,
tretet ein für die Witwen!«
(Jes 1,10–17)

Noch deutlicher warnte Jeremia sein Volk davor, den
Besuch des Tempels und des Gottesdienstes mit der Erfüllung des göttlichen Willens zu verwechseln:

»Das Wort, das vom Herrn an Jeremia erging: Stell dich an das Tor
des Hauses des Herrn! Dort ruf dieses Wort aus und sprich: Hört
das Wort des Herrn, ganz Juda, alle, die ihr durch diese Tore
kommt, um dem Herrn zu huldigen. So spricht der Herr der Heere,
der Gott Israels: Bessert euer Verhalten und euer Tun, dann will ich
bei euch wohnen hier an diesem Ort. Vertraut nicht auf die
trügerischen Worte: Der Tempel des Herrn, der Tempel des Herrn,
der Tempel des Herrn ist hier! Denn nur wenn ihr euer Verhalten
und euer Tun von Grund auf bessert, wenn ihr gerecht entscheidet
im Rechtsstreit, wenn ihr die Fremden, die Waisen und Witwen
nicht unterdrückt, unschuldiges Blut an diesem Ort nicht vergießt
und nicht anderen Göttern nachlauft zu eurem eigenen Schaden,
dann will ich bei euch wohnen hier an diesem Ort, in dem Land,
das ich euren Vätern gegeben habe für ewige Zeiten. Freilich, ihr
vertraut auf die trügerischen Worte, die nichts nützen. Wie? Stehlen, morden, die Ehe brechen, falsch schwören, dem Baal opfern
und anderen Göttern nachlaufen, die ihr nicht kennt –, und dabei
kommt ihr und tretet vor mein Angesicht in diesem Haus, über
dem mein Name ausgerufen ist, und sagt: Wir sind geborgen!, um
dann weiter all jene Greuel zu treiben. Ist denn in euren Augen
dieses Haus, über dem mein Name ausgerufen ist, eine Räuberhöhle geworden? Gut, dann betrachte auch ich es so – Spruch

des Herrn. Geht doch zu meiner Stätte in Schilo, wo ich früher meinen Namen wohnen ließ, und schaut, was ich ihr angetan habe wegen des Bösen, das mein Volk Israel verübt hat. Nun denn, ihr habt genau das gleiche getan – Spruch des Herrn. Als ich immer wieder zu euch redete, habt ihr nicht gehört; als ich euch rief, habt ihr nicht geantwortet. Deshalb werde ich mit dem Haus, über dem mein Name ausgerufen ist und auf das ihr euch verlaßt, und mit der Stätte, die ich euch und euren Vätern gegeben habe, so verfahren, wie ich mit Schilo verfuhr. Verstoßen werde ich euch von meinem Angesicht, wie ich alle eure Brüder, alle Nachkommen Efraims, verstoßen habe.«
(Jer 7,1–15)

Das Sühnopfer

Als die Worte Jeremias sich bald darauf erfüllten, bahnte sich in Israel ein neues Verständnis des Tempelgottesdienstes an; denn eines war nun nicht mehr zu übersehen: Man konnte sich von Gottes Forderungen nicht loskaufen. Aber man konnte ihnen gewiß auch nicht immer gerecht werden! Mußte es da nicht zwangsläufig zu neuen Katastrophen, zu neuen göttlichen Gerichten kommen, in denen Israel die Folgen seiner Taten zu tragen hatte (s. S. 41f.)?

In dieser Situation gewannen die Opfer eine neue Bedeutung: Wenn nämlich ein Mensch *nach* seinem Vergehen mit einem Opfer im Tempel erschien, wurde dann dieses Opfer nicht zum *Beweis* dafür, daß er zu Gott *zurückkehren* und aufs neue an ihm festhalten wollte?

So festigte sich (vor allem in den Kreisen der Priester) die Überzeugung, Gott habe Israel vor allem deshalb schon *auf dem Berg Sinai* den Tempelkult geschenkt (vgl. Ex 25–31), damit Israel trotz seiner Sünden und Vergehen die Möglichkeit habe, auf Dauer im Bunde mit ihm *zu leben!*

Die Opfer – sie waren die Bedingung, die die Israeliten erfüllen mußten, um aus jenem unheilvollen Verhängnis erlöst zu werden, das sie durch ihre Vergehen immer und immer wieder verursachten! Die Opfer – sie waren die Bedingung, daß Gott auf *sein* Recht gegen Israel verzichtete! Deshalb *sühnten* die Opfer, die Tag für Tag im Tempel dargebracht wurden, die Vergehen des ganzen Volkes und eines jeden einzelnen (s. S. 149–151: *Die Auslösung des verwirkten Lebens*).

Erst wenn wir uns vor Augen halten, daß der Tempelkult für Israel wahrhaft *ein himmlisches Geschenk* war, durch das Gott sein Volk vor den Folgen seiner Sünden und Vergehen retten wollte, erst dann werden wir verstehen, weshalb die Hohenpriester und Schriftgelehrten so unerbittlich auf Jesu Vorgehen im Tempel reagierten:

Wenn Jesus begann, die Händler und Käufer aus dem Tempel hinauszutreiben, und wenn er die Tische der Geldwechsler und Taubenhändler umstieß, dann verging er sich an dem, was als einziges den Bestand des Volkes Gottes sichern konnte!

Jesus sah das allerdings anders.

Wenn Gottesdienste zur Illusion werden

Den Heiden war es zwar verboten, den Tempel zu betreten (s. o.) – und nichts in Jesu Verhalten läßt darauf schließen, daß er *diesen* Zustand hätte ändern wollen. Die Heiden waren für ihn »kein Thema« (vgl. Mk 7,27; Mt 10,5f.). Den Heiden war es jedoch nicht verboten, nach Jerusalem zu pilgern, um »vor dem Herrn anzubeten« und am Tempel zu opfern – und sie taten dies in großer Zahl (vgl. Joh 12,20), obgleich sie wußten, daß sie zum Tempel selbst keinen Zugang und an den in ihrem Namen dargebrachten Opfern im *Opfermahl* keinen Anteil haben würden (vgl. Safrai, 107–111 mit vielen Belegen).

Wenn Jesus sein Vorgehen also mit Hilfe der beiden Prophetenzitate rechtfertigte: »Mein Haus soll ein Haus des Gebets für alle Völker sein. Ihr aber habt daraus eine Räuberhöhle gemacht« (vgl. Jes 56,7; Jer 7,11), dann konnte es ihm nicht darum gehen, daß auch die Heiden Jahwe anbeten durften. Mit einer solchen Forderung hätte er nur offene Türen eingerannt. Nicht die Anbetung Jahwes durch die Heiden war für Jesus das Problem, sondern der Tempelgottesdienst Israels; denn dieser unterschied sich für ihn –

trotz der vielen Opfer und Psalmen – nicht wesentlich von jenem zur Zeit Jeremias.

Gewiß, sie alle, die da versammelt waren, vertrauten Gott, der seinem Volk den Tempel und die Liturgie geschenkt hatte. Aber es war eben ein falsches Vertrauen – so als ob es eine automatisch wirkende Kraft des Gottesdienstes geben würde. Ob der Tempel ein Haus des Gebets war, entschied sich für Jesus nicht daran, ob in ihm Gebete gesprochen wurden, sondern daran, ob die Menschen darin bereit waren, auf Gott einzugehen, um seinen Willen zum tragenden und maßgebenden Grund ihres alltäglichen Lebens zu machen. Deshalb setzte er dieser Liturgie die Lehre, *seine* Lehre entgegen (Mk 11,17f.).

4. Der Glaube – keine Wunderwaffe (11,20–25)

Hatten wir oben gefragt: »Können wir wirklich glauben, daß Jesus einen Baum verflucht?«, so werden wir uns jetzt wohl fragen: »Müssen wir glauben, daß auf Jesu Wort hin ein Baum tatsächlich verdorrte?«

Die folgenden Verse unseres Evangeliums (VV. 23–25) wenden sich unter Aufnahme dreier ursprünglich wohl isoliert überlieferter Jesusworte an beide: an die, die ein solches Wunder für möglich halten, aber auch an jene, die es bezweifeln:

Einen jeden, der solches bezweifelt, fragt unser Evangelium nach seinem Glauben – nicht an sich und seine Kräfte, sondern an Gott: »Was traue ich Gott zu?« (vgl. V. 22); denn »amen, das sage ich euch: Wenn jemand zu diesem Berg sagt: Heb dich empor, und stürz dich ins Meer!, und wenn er in seinem Herzen nicht zweifelt, sondern glaubt, daß geschieht, was er sagt, dann wird es geschehen« (V. 23).

Freilich, weil es hier nicht darum geht, an die eigenen Kräfte, sondern an Gott zu glauben, kann sich dieser Glaube nur im Gebet ausdrücken. Nur im Gebet kann der Mensch Gott sagen, wie sehr er ihm vertraut: »Darum sage ich euch: Alles, worum ihr *betet* und bittet – glaubt nur, daß ihr es schon erhalten habt, dann wird es euch zuteil« (V. 24).

Diese Feststellung ist für Markus nicht unwichtig. Es könnte ja doch einmal ein bedrängter Christ – in Erinnerung an die Verfluchung des Feigenbaums durch Jesus – auf den Gedanken kommen, die Macht des Glaubens *gegen* andere einsetzen zu wollen. Doch wie wäre solches *im Gebet* möglich? »Wenn ihr (nämlich) beten wollt und ihr habt einem anderen etwas vorzuwerfen, dann vergebt ihm, damit auch euer Vater im Himmel euch eure Verfehlungen vergibt« (V. 25).

Der Glaube ist keine Wunder*waffe*. Das sagt unser Evangelium allen, die an der wunderbaren Macht des Glaubens *nicht* zweifeln.

5. Wieso hatte Jesus recht? (11,27–33)

Jesus wollte durch sein Vorgehen im Tempel provozieren (vgl. 11,15–19) – und so war es nur logisch, daß er von denen, die für das religiöse Leben verantwortlich waren, zur Rede gestellt wurde: »Als er im Tempel umherging, kamen die Hohenpriester, die Schriftgelehrten und die Ältesten zu ihm und fragten ihn: Mit welchem Recht tust du das alles? Wer hat dir die Vollmacht gegeben, das zu tun?« (V. 27f.).

Jesus antwortete darauf zunächst mit einer Gegenfrage: »Jesus sagte zu ihnen: Zuerst will ich euch eine Frage vorlegen. Antwortet mir, dann werde ich euch sagen, mit welchem Recht ich das tue. Stammte die Taufe des Johannes vom Himmel oder von den Menschen? Antwortet mir!« (V. 29f.).

Diese Frage war keineswegs nur ein kluger Schachzug. Mit ihr machte Jesus vielmehr klar, daß das Verständnis für sein Tun von einem bestimmten *Vor-urteil* über das bisherige Leben Israels abhängig ist: War die Taufe des Johannes ein *menschlicher* Einfall, oder drückte sich in ihr ein *göttliches* Urteil aus? Hatte der Täufer recht, wenn er behauptete, es genüge nicht mehr, in der »traditionellen Weise« fromm zu sein, wenn man das Heil gewinnen wolle (s. S. 20!), oder war dies nur das subjektive Urteil eines »religiösen Radikalen«?

Hatte Johannes der Täufer recht, dann war auch die Zeit des Tempelkults vorbei; denn dann konnte auch der hier gefeierte Gottesdienst Israel nicht mehr retten! Dann war *schon seit dem Auftreten des Täufers* die mit aller Pracht und großer Beteiligung des Volkes gefeierte Tempelliturgie überholt und unzeitgemäß!

Jesu Frage nach der Taufe des Johannes war die alles entschei-

dende Vorfrage. Das sahen auch »die Hohenpriester, die Schriftgelehrten und die Ältesten«. Deshalb scheuten sie eine klare Stellung-
nahme:

> »Da überlegten sie und sagten zueinander: Wenn wir antworten: Vom
> Himmel!, so wird er sagen: Warum habt ihr ihm dann nicht geglaubt?
> Sollen wir also sagen: Von den Menschen? Sie fürchteten sich aber vor
> den Leuten; denn alle glaubten, daß Johannes wirklich ein Prophet war.
> Darum antworteten sie Jesus: Wir wissen es nicht. Jesus erwiderte:
> Dann sage auch ich euch nicht, mit welchem Recht ich das alles tue«
> (VV. 31–33).

Wer nicht den Mut hat einzugestehen, daß bestimmte religiöse
Verhaltensweisen dem nicht mehr gerecht werden, was Gott *heute*
will *und* möglich macht, kommt mit Jesus nicht wirklich ins
Gespräch.

6. Die verweigerte Frucht (12,1–12)

Für viele Christen scheint es sehr klar zu sein, worin das *religiöse*
Versagen des jüdischen Volkes bestand (und besteht): Es weigerte
sich, Jesus als den Messias anzunehmen und an Jesus als Gottes-
sohn zu glauben. Dementsprechend bemühen sich viele Christen
vor allem darum, ihre *jüdischen* Gesprächspartner von beidem zu
überzeugen: Jesus war der Messias, und Jesus ist der Sohn Gottes.
Das nachfolgende Gleichnis setzt hier andere Akzente.

Gottes Erwartung gegenüber Israel

Bereits der Eingang des »Gleichnisses von den bösen Winzern«
macht deutlich, daß hier nicht nur von einem (u. U. möglichen)
zeitgeschichtlichen Vorfall, sondern von Israel die Rede ist; denn
seit Jesaja war das Bild vom enttäuschenden Weinberg ein Bild für
das Israel, das Gottes Erwartungen im *menschlichen* Bereich nicht
erfüllte:

> »Ich will ein Lied singen
> von meinem geliebten Freund,
> ein Lied vom Weinberg meines Liebsten.
> Mein Freund hatte einen Weinberg
> auf einer fruchtbaren Höhe.

Er grub ihn um und entfernte die Steine
und bepflanzte ihn mit den edelsten Reben.
Er baute mitten darin einen Turm
und hieb eine Kelter darin aus.
Dann hoffte er,
daß der Weinberg süße Trauben brächte,
doch er brachte nur saure Beeren...
Jetzt aber will ich euch kundtun,
was ich mit meinem Weinberg mache:
Ich entferne seine schützende Hecke;
so wird er zur Weide.
Seine Mauer reiße ich ein;
dann wird er zertrampelt...
Ja, der Weinberg des Herrn der Heere
ist das Haus Israel,
und die Männer von Juda sind die Reben,
die er zu seiner Freude gepflanzt hat.
Er hoffte auf Rechtsspruch –
doch siehe da: Rechtsbruch,
und auf Gerechtigkeit –
doch siehe da: Der Rechtlose schreit.«
(Jes 5,1f.5.7)

Daß Jesus in dem folgenden Gleichnis von Isarel sprechen
würde, war für seine Zuhörer nach *diesem* Anfang an selbstverständlich: »Ein Mann legte einen Weinberg an, zog ringsherum
einen Zaun, hob eine Kelter aus und baute einen Turm« (Mk
12,1).

Wenn es nun im Gleichnis heißt: »Als die Zeit gekommen war,
schickte er einen Knecht zu den Winzern, um bei ihnen seinen
Anteil an den Früchten des Weinbergs holen zu lassen« (V. 2),
dürfen wir den Zusammenhang nicht übersehen, in dem dieser
Satz vorkommt:

Kurze Zeit zuvor war von Jesus die Rede gewesen, der vergeb-
lich nach Früchten suchte – und dem dieses Geschehen zum Bild
für den Tempelgottesdienst geworden war (vgl. 11,12–14). Deshalb hatte er sich gegen den Tempelkult gewandt (11,15–19), und
deshalb war er eben im Tempel gefragt worden: »Mit welchem
Recht tust du das alles? Wer hat dir die Vollmacht gegeben, das zu
tun?« (11,28).

Daraufhin erzählt Jesus *jetzt* dieses Gleichnis – das Gleichnis von Israel, das Gott die erwarteten Früchte verweigert.

Ja, Gott erwartet Früchte! Deshalb hatte er bereits in der Vergangenheit – freilich erfolglos (VV. 3–5) – seine Knechte, d. h. die Propheten, gesandt. (Daß mit den Knechten die Propheten gemeint waren, wußten Jesu Zuhörer ebenfalls aus ihrer Bibel, vgl. Jer 7,25; 25,4; Am 3,7; Sach 1,6). Und deshalb sandte er *jetzt* seinen »geliebten Sohn«: »Ihn sandte er als letzten zu ihnen; denn er dachte: Vor meinem Sohn werden sie Achtung haben« (V. 6).

An dieser Stelle unseres Gleichnisses ergibt sich für manche freilich eine Schwierigkeit: Konnte Jesus, so fragen sie nämlich, tatsächlich von sich als *dem Sohn* Gottes sprechen? Oder ist diese Redeweise nicht doch eher ein Beweis dafür, daß unser Gleichnis gar nicht von Jesus selbst, sondern von der Urgemeinde stammt?

Jesus, der Sohn

Daß Jesus Gott *nur* als *Vater* anredete, ist uns zumeist bewußt (vgl. Mk 14,36; Mt 11,25; Joh 11,41f.; 17,1), und daß er auch uns *ermutigte,* Gott als *Vater* anzureden, hören wir in jeder Eucharistiefeier. Weniger geläufig ist uns etwas anderes: Wenn Jesus von Gott als dem Vater redete, unterschied er sehr genau zwischen *meinem* und *eurem* Vater (vgl. Mt 7,21; 10,32f.; 12,50; Lk 2,49; 22,29 mit Mt 5,16.45; 6,8; Lk 6,36). Selbst beim Vaterunser lesen wir: »So sollt *ihr* beten: *Unser* Vater im Himmel...« (Mt 6,9). Wie tief sich diese Unterscheidung dem Bewußtsein der Urchristenheit eingeprägt hatte, können wir auch daran erkennen, daß wir ihr sogar noch im spätesten Evangelium begegnen, wenn der Auferstandene zu Maria Magdalena sagt: »Halte mich nicht fest; denn ich bin noch nicht zum Vater hinaufgegangen. Geh aber zu meinen Brüdern und sag zu ihnen: Ich gehe hinauf zu meinem Vater und zu eurem Vater, zu meinem Gott und zu eurem Gott« (Joh 20,17).

Diese durchgehende Unterscheidung in Jesu Redeweise läßt sich nur verstehen, wenn Jesus sich in einer solch *besonderen* Weise als *Sohn* des himmlischen Vaters wußte, daß es ihm – bei aller sonstigen Solidarität mit seinem Volk – unmöglich war, so zu sprechen, als ob zwischen den anderen Menschen und Gott die gleiche Beziehung bestehen würde wie zwischen ihm und Gott.

Wußte sich Jesus aber in einer ausschließlichen und für ihn ganz *wesentlichen* Weise als *Sohn* des himmlischen Vaters, dann ist es keineswegs mehr undenkbar, daß Jesus in einem Gleichnis von sich als *dem Sohn* redete (Mk 12,6) – zumal wenn wir noch folgendes mitbedenken:

Jesus erzählte »das Gleichnis von den bösen Winzern« am Ende seiner öffentlichen Wirksamkeit, in deren Verlauf ja auch er sich über den Sinn und den Weg seiner Sendung zunehmend klarer geworden war (vgl. nur 7,24–30; 8,31, aber auch 13,32). Und nun konnte er es in diesem Gleichnis aussprechen: Er war der Sohn des Weinbergbesitzers, der durch ihn doch noch die langerwarteten Früchte gewinnen wollte.

Die nichts hergeben wollen

Die Reaktion der Hohenpriester, Schriftgelehrten und Ältesten zeigte Jesus allerdings, daß die Verantwortlichen des Weinbergs keineswegs willens waren, der Erwartung des Weinbergbesitzers zu entsprechen (vgl. 11,18.27–33). Im Gegenteil!

Sie würden wohl nicht zögern, ihn aus dem Weg zu schaffen, um den Weinberg nicht doch noch an ihn, den Sohn und Erben, abtreten zu müssen. Jesus gab sich hier keiner Täuschung hin. Er sagte es »den führenden Kreisen« vielmehr direkt auf den Kopf zu: »Die Winzer aber sagten zueinander: Das ist der Erbe. Auf, wir wollen ihn töten, dann gehört sein Erbgut uns. Und sie packten ihn und brachten ihn um und warfen ihn aus dem Weinberg hinaus« (V. 7f.). Freilich, »was wird nun der Besitzer des Weinbergs tun? Er wird kommen und die Winzer töten und den Weinberg anderen geben« (V. 9).

Zum ersten Mal redet Jesus davon, daß sein Tod für die Führer des Volkes nicht folgenlos bleiben würde; denn »habt ihr nicht das Schriftwort gelesen: Der Stein, den die Bauleute verworfen haben, er ist zum Eckstein geworden...« (V. 10).

Der Widerstand der Winzer kann nicht verhindern, daß Gottes Werk gelingt. Gerade der Verworfene wird als tragender Eckstein und als abschließender Schlußstein – denn beides kann dieses Psalmzitat meinen – dem Werk seines Vaters Bestand geben und die Vollendung schenken.

Daß sie Gott gegenüber die Früchte verweigerten, die Gott von seinem Weinberg, von Israel, erwartete, das machte in den Augen Jesu das Versagen der Anführer seines Volkes aus. Nicht der Glaube an ihn als den Messias und Sohn des Vaters stand für Jesus zur Debatte.

Doch welche Früchte waren hier gemeint? Mit dieser Frage beschäftigen sich auch die folgenden Abschnitte.

7. Gott ist kein Konkurrent des Staates (12,13–17)

Gott erwartet »*seinen* Anteil an den Früchten des Weinbergs« (12,2). Doch was ist damit gemeint?

Eine erste Antwort gibt der folgende Abschnitt, in dessen Mittelpunkt die Frage nach der kaiserlichen Steuer steht. Daß sie gerade in Jerusalem – und nicht schon in Galiläa – gestellt wurde, ist kein Zufall:

Im Jahr 6 n. Chr. war Archelaos, einer der Söhne Herodes des Großen, infolge seines brutalen Regiments auf Bitten einer jüdischen Delegation vom römischen Kaiser Augustus abgesetzt und nach Vienne in Gallien verbannt worden. Der von ihm beherrschte Teil des ehemaligen herodianischen Großreichs – Judäa, Samaria und Idumäa – wurde daraufhin römische Provinz unter direkter römischer Verwaltung, so daß *die Bewohner Judäas* von nun an auch eine Kopfsteuer an den römischen Staat zu zahlen hatten.

Gegen ihre Zahlung wandten sich vor allem die Zeloten, d. h. jene radikalen Widerstandskämpfer gegen die römische Herrschaft, » bei denen man« – nach den Worten des Josephus Flavius – »eine unbezwingbare Liebe zur Freiheit findet, und die Gott allein für ihren Führer und Herrn halten« (Jüdische Altertümer 18,1.6). Die Pharisäer hingegen zahlten die Steuer – wenn auch nur widerwillig.

Wie würde Jesus entscheiden?

Diese Frage konnte von theologischem Interesse sein. Nur, wenn die zu ihm abgesandten Pharisäer und Herodianer fragten: »Ist es erlaubt, dem Kaiser Steuer zu zahlen, oder nicht?« (V. 14), dann stand hier nicht die theologische Frage zur Debatte. Theologische Fragen können ja auch aus politischen Gründen gestellt werden! Und Jesus wußte das: »Er aber durchschaute ihre Heuchelei und sagte: Warum stellt ihr mir eine Falle?« (V. 15). Würde er nämlich die Frage bejahen, hätte er alle jüdischen Frommen gegen sich. Würde er sie verneinen, so könnte man ihn bei der römischen Behörde als Aufrührer verklagen.

Doch Jesus ließ sich nicht fangen! Die ihm gestellte Frage war nicht theoretisch, sondern praktisch zu lösen:

> »Bringt mir einen Denar, ich will ihn sehen. Man brachte ihm einen. Da fragte er sie: Wessen Bild und Aufschrift ist das? Sie antworteten ihm: des Kaisers. Da sagte Jesus zu ihnen: So gebt dem Kaiser, was des Kaisers ist, und Gott, was Gottes ist« (VV. 15–17).

Das Geld, dessen sich auch die Pharisäer und Herodianer bedienten, gehörte nach seiner Aufschrift – »Tiberius, Cäsar, des göttlichen Augustus Sohn, Augustus« – dem Kaiser. Also konnte er *darauf* Anspruch erheben. Damit tangierte er in keiner Weise den Anspruch Gottes, den Jesus ja auch hier keineswegs vergaß!

Gewiß, wir mögen mit dieser Antwort zunächst sehr unzufrieden sein. Wir möchten wissen, was damit *konkret* gemeint ist, wenn Jesus sagte: »Gebt dem Kaiser, was des Kaisers ist, *und Gott, was Gottes ist!*« Was gehört Gott?

Es ist kein Zufall, daß Jesus in *diesem* Zusammenhang von Gottes Anspruch nur so allgemein sprach. Der Anspruch des Kaisers, d. h. des Staates, und der Anspruch Gottes liegen nicht auf derselben Ebene! Man kann sie nicht gegeneinander aufrechnen. Wer wirklich wissen will, *was Gottes ist,* muß weitergehen und weiterdenken. Davon handelt der nächste Abschnitt.

8. Ein Gott der Lebenden, der Zukunft schenkt (12,18–27)

Wenn die Sadduzäer behaupteten, »es gebe keine Auferstehung« (V. 18), dann hatten sie zunächst einmal die Bibel auf ihrer Seite; denn an keiner Stelle der *5 Bücher Moses* ist die Rede davon, daß es eine Auferstehung von den Toten geben würde! Ja, manches darin schien die Auferstehung geradezu auszuschließen – beispielsweise das sogenannte Gebot der Schwagerehe (Dtn 25,5f.). Nach ihm hatte nämlich derjenige, dessen Bruder ohne männliche Nachkommen gestorben war, die Witwe seines Bruders zu heiraten, »um ihm Nachkommen zu erwecken«. Dadurch sollten Name und

Geschlecht des Verstorbenen auf seinem Erbbesitz weiterleben; denn der erste Sohn aus der zweiten Ehe galt als Sohn des verstorbenen ersten Mannes. Wenn nun – nach üblicher Vorstellung – das künftige Leben eine gesteigerte Fortsetzung des irdischen wäre; wenn deshalb die Ehen von geradezu phantastischer Fruchtbarkeit sein sollten, wie beispielsweise auch die Pharisäer glaubten – wem würde dann die Frau gehören? Dafür gab es keine gesetzliche Regelung, denn das Gesetz des Mose hatte diesen Fall nicht ins Auge gefaßt! Bedeutete das nicht, daß wir gar keinen Grund haben, mit einer Auferstehung zu rechnen?

Jesu Antwort auf diesen Einwand ist von grundsätzlicher Bedeutung.

Was sagt die Bibel?

1. Als erstes weist Jesus seine Gesprächspartner darauf hin, daß »das ewige Leben« seine eigenen Gesetze hat (V. 25). Deshalb können wir aus der Bibel mit ihren Weisungen für das *gegenwärtige* Leben keine Schlüsse auf das *zukünftige* Leben ziehen. (Wir würden unser Evangelium also ebenfalls mißverstehen, versuchten *wir* jetzt, aufgrund der Aussage »sie werden sein wie die Engel im Himmel« uns doch noch ein Bild vom Himmel zu machen!)

2. Nach Jesu Wort irren die Sadduzäer aber auch deshalb, weil sie »die Macht Gottes« nicht kennen (V. 24). Weil sie *von sich aus* Gott nicht die Macht zutrauen, aus dem Tod Leben zu schaffen und Unvorstellbares zu verwirklichen, mißverstehen sie auch den biblischen *Text*.

Inwiefern?

Nun, wer sich nur an den biblischen Wortlaut hält, *kann* in Gottes Wort an Mose lediglich eine Erinnerung an Vergangenes hören: »Ich *war* der Gott Abrahams, der Gott Isaaks und der Gott Jakobs« (Ex 3,6 = Mk 12,26. – Im hebräischen wie im griechischen Text fehlt nämlich das Hilfszeitwort »sein«. Man kann also *zwischen* dem »Ich« und »der Gott Abrahams...« ein »bin« *oder* »war« mithören!).

Wer sich jedoch auch daran erinnert, wie unbeirrbar Gott seinem Volk die Treue hielt und wie oftmals er das Volk und den einzelnen aus der Macht des Todes rettete (vgl. Ez 37,1–14; Ps 22;

59 u. ö.), der *kann* in diesem Wort »mehr« hören: »Ich *bin* der
Gott Abrahams, Isaaks und Jakobs – auch heute noch! Und
deshalb gehören Abraham, Isaak und Jakob nicht der Vergangenheit an! Sie *sind* auch noch heute. Sie leben auch noch heute, da ich
immer noch ihr Gott *bin!*«

Jede Schriftauslegung irrt – und wäre sie noch so buchstabenge-
mäß –, wenn sie bei ihrer Auslegung die Treue und lebenspen-
dende Macht Gottes unbedacht läßt; denn der Gott, der in dieser
Schrift zu Wort kommt, »ist doch nicht ein Gott von Toten,
sondern von Lebenden« (V. 27).

Das gilt es auch zu bedenken, wenn wir aus der Schrift erfahren
wollen, welche Frucht Gott von uns, seinem Volk, erwartet (vgl.
12,2) – was also Gottes ist, damit wir es ihm geben können (vgl.
12,17).

Den Beweis dafür liefert der nächste Abschnitt unseres Evangeliums.

9. Nur die Liebe will Gott (12,28–34)

Es ist verständlich, daß ein Schriftgelehrter Jesu Antwort an die
Sadduzäer mit Zustimmung hörte, sprach doch auch für ihn die
Schrift in vielfältiger Weise von Gottes Liebe zum Leben. Das
ermutigte ihn offensichtlich, Jesus die Frage nach dem *ersten* aller
Gebote vorzulegen. Denn beides war ja nicht zu bestreiten: Einerseits wollen *alle* Gebote – nach Gottes eigenem Wort – dem Leben
dienen (vgl. Lev 18,5). Andererseits können wir aber auch nicht
übersehen, daß wir nicht alle Gebote als gleich wichtig empfinden.
(Ist das Verbot, zu töten, nicht um vieles wichtiger als das Gebot,
auch von Minze und Dill den Zehnten abzuliefern?!)

War es deshalb nicht nötig, die vielen Gebote an einer bestimmten Wertordnung zu messen: »Welches Gebot ist (also) das erste
von allen?« (V. 28. – So zu fragen war allerdings innerhalb des
Judentums nicht unumstritten. Nur im Diasporajudentum, nicht
aber im palästinischen Judentum konnte man die Frage so stellen,
wie sie uns Mk 12,28 überliefert wird. D. h., die Frage nach dem
wichtigsten Gebot wird Mk 12,28–34 auf dem Hintergrund der
Gesetzesdiskussion innerhalb des *hellenistischen* Judentums überliefert. Eine andere Sicht finden wir später Mt 22,34–40.).

Der Ausgangspunkt für Jesu Gesetzesordnung ist *das* Grundbe-
kenntnis eines Juden: » Höre, Israel, der Herr, unser Gott, ist *ein*
Herr« (Dtn 6,4 = Mk 12,29). Und *weil* Gott *ein* Herr ist, kann
auch die Antwort des Menschen an diesen *einen* Herrn nur
einfache, totale Hingabe sein:»Darum sollst du den Herrn, deinen
Gott, lieben mit ganzem Herzen und ganzer Seele, mit all deinen
Gedanken und all deiner Kraft« (V. 30). Und eben deshalb, weil
vom Menschen diese *einfache* Hingabe erwartet wird, kann von
ihm *auch* im Umgang mit seinen Nächsten nur dies Eine, die Liebe,
verlangt sein: »Als zweites kommt hinzu: Du sollst deinen Nächsten lieben wie dich selbst. Kein anderes Gebot ist größer als diese
beiden« (V. 31).

Weil Gott nicht den zerspaltenen Menschen will, der sich im
Vielerlei des Lebens verliert, will er letztlich durch alle Gebote und
Weisungen nur eines: Die Liebe des Menschen.

So das Gesetz auszulegen ist keine Besonderheit Jesu; denn »da sagte
der Schriftgelehrte zu ihm: Sehr gut, Meister! Ganz richtig hast du
gesagt: Einer ist er, und es gibt keinen anderen außer ihm, und ihn mit
ganzem Herzen, ganzem Verstand und ganzer Kraft zu lieben und den
Nächsten zu lieben wie sich selbst, ist weit mehr als alle Brandopfer und
anderen Opfer« (V. 32f.).

Hier wird – nach Markus – zugleich die letzte Begründung für
die vorausgegangenen Entscheidungen und Klarstellungen gegeben: Weil die Liebe zu Gott und zum Nächsten »weit mehr ist als
alle Brandopfer und anderen Opfer« (V. 33), ist letztlich auch die
Zeit des Tempelgottesdienstes vorüber (11,15–19). Weil die Got-
tes- und Nächstenliebe die von Gott erwartete Frucht ist
(12,1–12), ist Gott kein Konkurrent für den Staat und dessen
Forderungen (12,13–17), und deshalb verstehen auch nur diejenigen die Schrift recht, die den Mut haben, darin den Einen zu
hören, dem es um die Liebe – und daher um das ewige Leben –
geht (12,18–27).

Wer das begriffen hat, ist *vernünftig* – und damit nicht mehr
weit vom Reiche Gottes (V. 34).

10. Barrieren und Zugänge (12,35–44)

Wenn es zu einem solchen Verständnis zwischen Jesus und einem Schriftgelehrten kommen konnte, wie es Markus eben schilderte (12,28–34); ja, wenn Jesus mit seinen Antworten die Menschen so überwältigte, daß die Theologen ihn nicht mehr zu fragen wagten (vgl. 12,17.34), die Menschenmenge ihm aber mit großer Freude zuhörte (12,37b), weshalb fand – und findet – Jesus dann trotzdem kaum Anerkennung?

Unser Evangelium bietet drei bemerkenswerte Antworten an.

Vom Hindernis theologischer Begriffe

Zuerst überrascht Jesus selbst, da er mit seiner Frage auch unsere Messiasvorstellung trifft: »Wie können die Schriftgelehrten behaupten, der Messias sei der Sohn Davids?« (V. 35). Sagen nicht auch wir, daß Jesus – in Betlehem geboren – ein Sohn Davids und deshalb der Messias sei?

> Doch *dagegen* steht: »David hat, vom Heiligen Geist erfüllt, selbst gesagt: ›Der Herr sprach zu meinem Herrn: Setze dich mir zur Rechten, und ich lege dir deine Feinde unter die Füße.‹ David selbst also nennt ihn ›Herr‹. Wie kann er dann Davids Sohn sein?« (V. 36f.).

Wer glaubt, mit Hilfe bestimmter überlieferter Begriffe und Vorstellungen klar sagen zu können, *wer* der Messias ist, hat nur wenig verstanden. Das gilt auch von *biblischen* Begriffen und Bildern.

Ein verhängnisvoller Lebensstil

Wenn Markus mit den folgenden Versen einige sehr negative Urteile über die Schriftgelehrten in sein Evangelium aufnahm, dann wollte er uns, den Späteren, nicht einfach ein Charakterbild *der* Schriftgelehrten liefern. Wir mißverstünden ihn also, machten wir diese Verse zur Grundlage *unseres* Urteils über *die* jüdischen Schriftgelehrten. (»So waren sie alle!«) Die folgenden Worte sollen *uns* vielmehr vor einem ganz bestimmten Lebensstil warnen:

Wenn Menschen durch ihre besondere Kleidung als »Gottesgelehrte« auffallen, geehrt und bevorzugt sein wollen (V. 38f.); wenn sie ihr Amt mißbrauchen und sich am Besitz der Rechtlosen und Gutgläubigen bereichern und dabei auch noch alles daran setzen, um in der Öffentlichkeit als fromm zu erscheinen (V. 40) – dann kann man davor nur warnen (V. 38)! Wer so lebt, wird weder Jesu Botschaft begreifen noch Gottes Wohlgefallen finden. Wer so lebt, für den bleibt – trotz aller Gelehrtheit – Jesu Botschaft unverständlich und widersprüchlich.

Im Einverständnis mit Jesus

Jesu Tage im Jerusalemer Tempel hatten mit einem *Nein* zur dortigen *Liturgie* begonnen (11,15–19). Sie enden mit einem *Ja* zur menschlichen *Gabe* (12,41–44).

Im Vorhof der Frauen, also innerhalb des eigentlichen Tempels, standen 13 Opferstöcke, deren letzter für freiwillige Gaben bestimmt war. Bei ihm übergab man das Opfer einem Priester, dem man den besonderen Zweck der jeweiligen Gabe nannte. Deshalb konnte Jesus aus der Nähe beobachten, wie eine Witwe »zwei kleine Münzen« einwarf (V. 42). *Dieses* Opfer der Witwe erhält von Jesus das höchste Lob; denn »sie hat aus ihrer Bedürftigkeit heraus alles, was sie hatte, eingelegt, ihren ganzen Lebensunterhalt« (V. 44).

Jesus verkündigt nicht einfach eine »Religion der reinen Innerlichkeit«. Jesus verwirft keineswegs jede sichtbare Gabe. Aber in ihr muß die Hingabe des eigenen Lebens geschehen, so daß die Gabe sichtbare Frucht und ehrliches Zeichen der *sich* verschenkenden Liebe ist. Das ist gerade die große Möglichkeit, die sich dem Menschen bietet: er kann durch die Dinge der Welt offenbaren, wie ernst ihm die Liebe ist.

Wer so liebt, lebt – bewußt oder unbewußt – im vollen Einverständnis mit Jesus.

11. Die Rede über die Endzeit (13,1–37)

In den beiden letzten Kapiteln hatte Jesus gleichsam die Gegenwart erreicht und abgeschlossen. Er hatte »alles angesehen« (11,11) und geprüft (11,13; 12,1–12) und auch die entscheidenden theologischen Fragen geklärt (12,13–34). So richtet sich jetzt der Blick in die Zukunft – und sie ist voller Bedrängnis.

> »Als Jesus den Tempel verließ, sagte einer von seinen Jüngern zu ihm: Meister, sieh, was für Steine und was für Bauten! Jesus sagte zu ihm: Siehst du diese große Bauten? Kein Stein wird auf dem andern bleiben, alles wird niedergerissen« (V. 1f.).

Das Unheil, von dem Jesus hier spricht, wird jedoch nicht nur auf Jerusalem und seinen Tempel beschränkt bleiben. Es wird auch die Welt bestimmen, in der Jesu Jünger zu leben haben. Davon handeln die folgenden Verse, zu deren besserem Verständnis wir allerdings von vornherein mehreres beachten sollten:

Versuche, die Zukunft zu beschreiben

Der größte Teil des folgenden Kapitels besteht aus einer sogenannten apokalyptischen Rede, d. h. aus einer Rede, in der die noch verborgenen Ereignisse des Weltendes und seiner Vorzeichen enthüllt werden sollen. Solche Apokalypsen gab es zur Zeit Jesu in größerer Zahl, da viele Menschen der damaligen Zeit in großer innerer Unruhe das nahe Weltende erwarteten. Diese Bücher verwandten besondere, geheimnisvolle Bilder und Symbole, die auch in unserer Rede zu finden sind (VV. 14.24–27), und die wir deshalb als Teil der *damaligen* Weltanschauung sehen und verstehen müssen.

Es ist eine Eigenart dieser Apokalypsen, daß Gegenwart und Zukunft unmerklich ineinander übergehen, so daß oft schwer zu sagen ist, was von der Gegenwart und was vom »Weltende« ausgesagt wird. In unserem Evangelium spielt diese Frage freilich eine untergeordnete Rolle, da Markus deutlich zwischen dem »Ende des Tempels und der gegenwärtigen Not« und der »All-Vollendung durch das Geschehen der Endzeit« unterscheidet. (Vgl. V. 4: »Sag uns, wann wird *das* geschehen« – nämlich die in V. 2 angekündigte Zerstörung des Tempels –, »und was ist das Zeichen, wann *dies alles sich vollenden* wird«? Dementsprechend trennt Markus zwischen VV. 5–13 und VV. 14–27.)

Die uns vorliegende Rede über die Endzeit wurde aus verschiedenen Einzelworten Jesu zusammengestellt. Auf ihre konkrete

Fassung wirkten allerdings auch noch die Predigt und die Erfahrungen der urchristlichen Gemeinden mit ein. (Wie sehr die Formulierungen dieser Endzeitrede von den Erfahrungen der ersten Christengemeinden mitbeeinflußt wurden, zeigt schon ein kurzer Vergleich von Mk 13,1–37 mit Mt 24,1–42 und Lk 21,5–36.)

Bei der Auslegung unserer »kleinen Apokalypse« dürfen wir nicht übersehen, daß sie im Gegensatz zu den übrigen Apokalypsen auf genaue Enthüllungen verzichtet, mit deren Hilfe das Weltende *berechnet* werden könnte. Ja, ein derartiger Versuch, das Weltende zu berechnen, wird in Vers 32 ausdrücklich zurückgewiesen.

An die Stelle solcher Berechnungen tritt eine besondere Betonung der Mahnung und Weisung (vgl. VV. 5.9a.23.33–36). Es geht unserem Evangelium nicht um das Weltende an sich, sondern es geht ihm darum, in welcher Haltung Jesu Jünger den Bedrängnissen, die unausweichlich auf sie zukommen werden, entgegengehen sollen – und *können!*

Wir haben keinen Grund zur Panik

Der erste Teil der Endzeitrede (VV. 5–13) handelt von den Ereignissen im Zusammenhang mit der Zerstörung des Jerusalemer Tempels. In eben dieser Zeit leben aber die Adressaten unseres Evangeliums (s. S. 10)! Das heißt, in den Versen 5–13 spricht der Evangelist seine Leser auf ihre *gegenwärtigen* Erfahrungen an. Sie sind bestimmt durch
- das Auftreten *falscher* Propheten, die zugleich beanspruchen, der (wiedergekommene) Christus zu sein (V. 6);
- Kriege und Katastrophen (V. 7f.);
- Verfolgungen und Verhaftungen um Jesu willen (VV. 9–11);
- gesellschaftliche Isolation (V. 12f.).

Ohne Zweifel hatte Markus *konkrete* Erfahrungen vor Augen (vgl. VV. 7.9). Daß er sie auf dem Hintergrund *biblischer* Texte als Ereignisse der Endzeit deutete, kann nicht überraschen (vgl. Jes 19,2 LXX; Mi 7,6 LXX sowie 1 Hen 99,4; syrBar 48,30ff.; 70,3f.). Nicht darin spricht er seine eigene Sprache. Wichtiger ist vielmehr, was unser Evangelist in dieser Situation seiner Gemeinde in Erinnerung an Jesus und seine Botschaft zu sagen hat. Wie

sollen sich *Jesu* Jünger in einer solch unheilvollen Zeit verhalten?
– Sie sollen selbst jenen in aller Nüchternheit widerstehen, die von
sich behaupten, in Gottes Namen das Blatt der Geschichte zum
Guten wenden zu können. Niemand wird den Platz Jesu einneh-
men können (V. 5f.).
– Auch Katastrophenmeldungen sind kein Grund zur Panik!
Kriege sind zwar unvermeidlich, solange die Menschen den
Frieden und die Einheit der Welt *erzwingen* wollen, aber damit
sind wir Menschen nicht einfach am Ende (V. 7f.)!
– Es ist nicht nötig, daß sich der einzelne schon im voraus darüber
im klaren ist, was er sagen würde, wenn er um seines Glaubens
willen in eine kritische Situation geraten sollte (V. 11).
– Jesu Jünger können nicht damit rechnen, daß sie – da sie es doch
so gut meinen! – zu jeder Zeit wohl gelitten sind. Es wird ihnen
nicht anders ergehen als ihrem Herrn, der ja ebenfalls »in die
Hände von Menschen ausgeliefert« wurde (VV. 9.12f.; vgl.
9,31).
– Die Christen werden sich nicht dadurch retten, daß sie »aussteigen«
und aufgeben, sondern dadurch, daß sie es auch in derart
unheilvollen Situationen *als Jünger Jesu* aushalten (V. 13b).

Ärgernisse

Diese Antwort des Markus hinterläßt in der Regel ein zwiespälti-
ges Gefühl: Ist die Weltsicht unseres Evangelisten nicht überaus
pessimistisch? Sieht er denn für die Christen überhaupt keine
Möglichkeit, aktiv und zum Guten in den weiteren Verlauf der
Weltgeschichte einzugreifen? Und andererseits: Nimmt Markus
die Gefährdung der Welt *und* die persönlichen Bedrängnisse der
Verfolgten nicht doch zu leicht, wenn er einerseits feststellt: »Das
muß geschehen. Es ist aber noch nicht das Ende!« (V. 7), und
wenn er andererseits die Verfolgten mit dem »Beistand des Heiligen Geistes« (ver-)tröstet (V. 11)?
Wenn wir Markus gerecht werden wollen, müssen wir ein
Dreifaches berücksichtigen:
1. Markus hat in *diesen* Versen (VV. 5–13) tatsächlich nur solch
begrenzte Konflikte im Auge, die den Bestand der Welt (noch)
nicht gefährden – und wir müssen wohl zugeben, daß Christen

auch heute noch von solchen Situationen betroffen sein können. Dann sollen und können sie davon ausgehen, daß die Geschichte weitergehen wird. Schon das ist Grund genug, auch aus einer unheilvollen Geschichte nicht »auszusteigen« (vgl. V. 13b).

2. Wenn wir uns daran stoßen, daß Markus nicht ernsthaft mit der Möglichkeit rechnet, daß Christen die Kriege und Katastrophen in der Welt *verhindern* könnten, dann sollten wir nicht nur die bislang von Christen mitbestimmte Geschichte betrachten, sondern uns auch fragen, in welchen Situationen es Christen tatsächlich gelungen ist oder gelingen könnte, sich *als Jesu Jünger* gegen Notwendigkeiten der »Staatsräson« durchzusetzen.

3. Da Markus nüchtern damit rechnet, daß Christen in dem Augenblick verhaßt werden, in dem sie ihren Glauben offen und aufrecht in Wort und Tat bezeugen, gibt es für ihn nicht die Notwendigkeit zu überlegen, wie weit die Gläubigen in ihrer Angleichung an die Welt und deren Spielregeln gehen können, ohne die Substanz ihres Glaubens zu gefährden. Die Aussicht, »um Jesu Namen willen von allen gehaßt zu sein« (V. 13), kann Markus aber deshalb aushalten, weil *der Geist Gottes* für ihn kein leerer Begriff ist.

Wenn alles in die Krise gerät

In den Versen 5–13 hatte Markus die Situation des »begrenzten Konflikts« vor Augen. Irgendwann freilich wird sich dieser Zustand ändern. Dann wird die Welt in eine fundamentale Krise geraten. Davon reden die Verse 14–23. Auch in diesen Versen verwendet unser Evangelium bereits *vorgegebene* Bilder. (Nach Auffassung vieler Exegeten griff Markus an dieser Stelle eine Vorlage auf, die zu Beginn des jüdischen Krieges in Judäa entstanden sein dürfte, als sich die drohende Katastrophe bereits abzeichnete. Daher die Warnung Vers 14, in der befestigten Stadt Jerusalem Schutz zu suchen; daher Vers 18 die Angst davor, daß die Flucht in den Winter mit seiner Kälte und seinen versumpften Wegen fallen könnte. Neben diesen konkreten, zeitbedingten Anweisungen verwendet Markus bzw. seine Vorlage jedoch auch traditionelle Bilder, vgl. Ex 9,18; Joël 2,2; Sach 13,2; Dan 12,1).

Die *wesentlichen* Kennzeichen dieser Zeit werden sein:

a) Der – letztlich unfaßbare und daher auch nicht genau definierbare – Gegenspieler der Jünger Jesu, der im Leben der Welt einen Platz einnimmt, der ihm nicht gehört (V. 14a. – Mit dem »Greuel der Verwüstung« war ursprünglich der Götzenopferaltar bezeichnet worden, den Antiochus IV. 167 v. Chr. im Tempel zu Jerusalem hatte aufstellen lassen: Dan 9,27; 11,31; 12,11; 1 Makk 1,54. Die markinische Vorlage dürfte deshalb bei diesem Ausdruck ebenfalls an eine Schändung des Tempels gedacht haben. Für Markus freilich war dieser »Greuel der Verwüstung« nichts Unpersönliches, sondern etwas Personales. Er verwendet diesen Ausdruck, der im Griechischen ein *Neutrum* ist, als ob er ein Maskulinum wäre. D. h., Markus redet hier nicht von einer Sache, sondern von einer Person!).

b) Die Dringlichkeit der Flucht (VV. 14–18).

c) Das Auftreten von Schwärmern und Wundermännern
(V. 21 f.).

Wie sollen die Gläubigen sich dann verhalten, wenn ihre Welt so in die letzte Krise gerät?

Sie sollen:

a) fliehen (VV. 14–16);

b) Gott dringend bitten, diese Zeit abzukürzen (VV. 17–20);

c) an ihrer Nüchternheit festhalten (VV. 21–23).

Auch jetzt mögen wir etwas ratlos fragen: »Mehr hat uns der Evangelist nicht zu sagen?« Doch es bleibt dabei – und daran ändert auch die Tatsache nichts, daß Markus mit einem *baldigen* Beginn dieser letzten Zeit gerechnet und sich damit in der Einschätzung der noch verbleibenden Zeit geirrt haben dürfte.

Für unseren Evangelisten gibt es eine Zeit, in der auch der Gläubige nur noch fliehen kann. Das einzige, was er in dieser Zeit *für die Welt* noch zu tun vermag, ist: beten! Das ist für Markus kein billiger Trost, sondern Ausdruck seines Glaubens, daß *Gott* der Herr der Welt und ihrer Geschichte ist (V. 19), und daß ihm die Jünger seines Sohnes viel wert sind (V. 20).

Freilich, so mögen wir nochmals fragen: Wenn Gott wirklich der Herr der Welt ist, warum *bewahrt* er sie dann nicht vor dieser tiefen Krise? Weshalb sollen die Gläubigen dann nur um die *Verkürzung* ihrer schrecklichen Zeit bitten?

Die Antwort darauf gibt der nächste Abschnitt: Gottes Antwort auf die Bitten seiner Auserwählten ist das Kommen des Menschensohnes!

Trost – nicht Vertröstung

Noch einmal spricht unser Evangelium mit Hilfe traditioneller (vgl. Jes 13,10; Joël 2,10 – 3,4; Sach 2,10) – und damit auch zeitgebundener – *Bilder* zu uns:

Der Zusammenbruch der »alten Welt« mit all den Mächten, von denen sie getragen und bestimmt wurde (V. 24f.), ist zugleich die hereinbrechende Vollendung und Neuschöpfung (V. 26). In dem Augenblick, in dem die Menschen nur noch schwarz sehen und das totale Chaos vor Augen haben werden (V. 24), wird ihnen der Menschensohn, d. h. Jesus, als der aufgehen, bei dem die Welt allein Rettung und Heil findet (V. 26f.).

Eine ausführliche Gerichtsschilderung fehlt: Für Markus ist nicht das Geschick »der anderen« wichtig, sondern die Zusage an die Auserwählten: »Ihr werdet nicht verlorengehen! Ihr könnt es euch ›leisten‹, bis zum Ende *als Jesu Jünger* auszuharren! Denn dann werdet ihr in die Gemeinschaft mit eurem Herrn gebracht werden!«

Weil die Welt nur beim Menschensohn Heil und Rettung findet, kann Gott die Welt nicht auf anderen Wegen vor jener tiefen Krise bewahren, in die sie geraten wird, da sie der Botschaft und dem Beispiel Jesu nicht traut. Deshalb hätte es *keinen Sinn,* wenn Jesu Jünger Gott nur »ganz allgemein« für die Welt bitten würden.

Wachsamkeit: Ein Leben in unlösbarer Spannung

Die abschließenden Verse der »Rede über die Endzeit« enthalten auf den ersten Blick einander widersprechende Aussagen: Einerseits wird die erkennbare Nähe des bevorstehenden Endes behauptet (V. 29f.), andererseits wird in sehr eindringlicher Weise betont, daß den Zeitpunkt des Endes Gott allein kennt (V. 32). Wenn wir nicht annehmen wollen, daß dem Evangelisten diese Spannung nicht bewußt wurde, weil er – reichlich gedankenlos – einfach vorgegebene Texte zusammenstellte, dann müssen wir doch wohl annehmen, daß er das offensichtlich nur in dieser Spannung ausdrücken konnte, was er seinen Lesern sagen wollte, damit sie ihre Situation recht verstehen und aushalten.

»Die Zeit ist erfüllt, das Reich Gottes ist da!«

Jesu Jünger handeln falsch, wenn sie das, was *heute* im Vertrauen auf das Evangelium zu tun wäre, aufschieben, weil dazu ja immer noch Zeit bleibt! Nicht als ob wir uns einreden müßten, morgen *könne* die Welt untergehen! Was Markus sagen möchte, liegt tiefer. Vers 28 macht darauf aufmerksam: »Vom Feigenbaum aber lernt das Gleichnis...«:

Auch wenn es noch kalt und regnerisch ist, zeigt der Feigenbaum durch seine saftig werdende Zweige, daß der Winter vorüber *ist* und *deshalb* der Sommer unmittelbar vor der Tür ist. (Deshalb benützten auch die Rabbinen die Veränderung am Feigenbaum zur Bemessung der Jahreszeiten!) Wer nun seine Zeit ebenso nüchtern betrachtet, muß doch gleichfalls erkennen, daß es *mit ihr* nicht einfach so weitergehen kann. Sie ist im Grunde schon am Ende! Sie hat keine wirkliche Zukunft mehr (V. 29)!

Das ist der Grund, weshalb Jesu Jünger sich falsch verhält, wenn er wie jene handelt, die überzeugt sind, daß sie sich noch lange nach *dieser* Zeit ausrichten können und müssen. Gewiß, auch Jesu Jünger werden erfahren, daß die Zeit der Welt noch dauert. Das bedeutet aber nicht, daß Jesu Wort falsch oder überholt wäre; denn »Himmel und Erde werden vergehen, aber meine Worte werden nicht vergehen« (V. 31).

Doch wie soll sich der einzelne nun ganz konkret in einer Zeit verhalten, die im Grunde schon am Ende ist?

Unser Evangelium hat auf diese Frage bewußt nur eine sehr allgemeine Antwort parat; denn seit Jesu Tod gilt für die Christenheit: »Es ist wie mit einem Mann, der sein Haus verließ, um auf Reisen zu gehen: Er übertrug alle Verantwortung seinen Dienern, *jedem eine bestimmte Aufgabe...«* (V. 34). Jeder hat *seine* Aufgabe, und um sie weiß jeweils nur der einzelne!

Was allen gemeinsam gilt, ist der Ruf zur Wachsamkeit (VV. 33.35.37). Sie besteht für Markus freilich nicht im Mißtrauen gegenüber der Welt, sondern im Gebet (vgl. 14,34.38!), d. h. im lebendigen Kontakt mit Gott.

VII. Die Vollendung (14,1 – 16,8)

Mit Kapitel 14 beginnt der Bericht von den beiden letzten Tagen im Leben Jesu. Öfter als bisher begegnen wir genauen Zeit-, Orts- und Personenangaben (vgl. 14,1.12.17.72 u. ö. – 14,3.32; 15,22 – 14,3.10.29.33 u. ö.). Die geschilderten Ereignisse lassen in ihrer Abfolge eine klare Logik erkennen (vgl. 14,12f.17.26.43.53 u. ö.). Es ist unübersehbar, daß in der Folge ein Stück zusammenhängender *Geschichte* (nach-)erzählt wird: Die Passion Jesu und seine Auferweckung durch Gott.

Die meisten Exegeten sind überzeugt davon, daß dieser zusammenhängende Passionsbericht nicht erst von unserem Evangelisten geschaffen wurde – auch wenn sie den genauen Umfang der *vor*markinischen Passionserzählung unterschiedlich bestimmen. Wir können dieses Problem hier auf sich beruhen lassen; denn unabhängig davon, ob die Existenz eines vormarkinischen Passionsberichts angenommen wird oder nicht, besteht in folgenden Punkten doch weitgehende Übereinstimmung:

1. Schon das öffentliche Wirken Jesu ist im Markusevangelium auf die Passion hingeordnet. Die Lehre und das Leben Jesu werden erst von seinem Tod her verständlich. Im Dienst dieser Hinordnung stehen nicht nur die von 3,6 an begegnenden Vorverweise auf Jesu Tod (8,31; 9,32; 10,32), sondern auch das Motiv des »Gottessohngeheimnisses« (s. S. 11f.) sowie die durchgängige Betonung des Jüngerunverständnisses (vgl. 4,10.40; 5,31; 6,49–52; 7,17 u. ö.).

2. Im Kreuz erfolgt die entscheidende Gottesoffenbarung. In der Stunde, in der über Jesus öffentlich das Todesurteil ausgesprochen wird, spricht Jesus zum ersten Mal in aller Öffentlichkeit von sich als Messias und Menschensohn (14,55–62). Und im wortlosen Schrei des Sterbenden erkennt der Hauptmann, der Heide, Gottes Sohn (15,39).

3. Der Passionsbericht hat nach dem Verständnis unseres Evangelisten auch für das Selbstverständnis und die Selbstverwirklichung der christlichen Gemeinde maßgebende Bedeutung (s. die folgende Auslegung).

4. In unserem Passionsbericht kommt ein Doppeltes zu Wort:

der Glaube der Jünger Jesu an die Sinnhaftigkeit des Todes ihres Herrn *und* deren Bemühen, ihre eigene Einsicht in die Nicht-Absurdität des Kreuztodes Jesu auch den Außenstehenden zu vermitteln. In beiden Fällen kam der Heiligen Schrift der Jünger Jesu, d. h. dem im Lichte von Ostern gelesenen Alten Testament, eine Schlüsselfunktion zu (14,18.24.27 u. ö.). D. h., wir haben im folgenden Passionsbericht keinen einfachen Report, sondern immer schon eine von bestimmten theologischen Voraussetzungen abhängige Geschichts*deutung* vor uns.

1. Im Angesicht des Todes (14,1–11)

Der Tod traf Jesus nicht wie ein Blitz aus heiterm Himmel. Er wurde zielstrebig vorbereitet – und Jesus wußte davon.

Der Todesbeschluß

Nicht zufällig ist von nun an nicht mehr von Jesu »traditionellen« Gegnern, den Pharisäern, sondern von den »Hohenpriestern und Schriftgelehrten« die Rede (V. 1; vgl. VV. 43.53; 15,1.31). Von nun an bestimmten diejenigen das Geschehen um Jesus, die sich für den Glauben und das Leben des Volkes verantwortlich fühlten.

Nach den vorausgegangenen Notizen (11,18.27f.; 12,12) kann kein Zweifel daràn bestehen, daß es *theologische* Gründe waren, die die Hohenpriester und Schriftgelehrten zu ihrem Vorgehen veranlaßten. Angesichts der Sympathie, die Jesus von seiten des Volkes entgegengebracht wurde (11,8ff.18; 12,37b), fürchteten sie allerdings ein offenes Vorgehen. Daher suchten sie »nach einer Möglichkeit, Jesus mit List in ihre Gewalt zu bringen, um ihn zu töten. Sie sagten aber: Ja nicht am Fest, damit es im Volk keinen Aufruhr gibt« (V. 1f. – Das hier gemeinte Paschafest war eines der Ex 34,23 gebotenen drei Wallfahrtsfeste und erinnerte an die Befreiung aus der ägyptischen Sklaverei. Es wurde am Abend des 14. Nisan gefeiert, d. h. bei Sonnenuntergang vor dem ersten Vollmond nach der Tag- und Nachtgleiche im Frühling. Mit dem daran anschließenden siebentägigen Fest der Ungesäuerten Brote wurde das *neue* Erntejahr eingeleitet, weshalb zuvor alles *alte* [Sauerteig-]Brot entfernt werden mußte!).

Die Todessalbung

Während die Hohenpriester und Schriftgelehrten darauf sannen, wie sie Jesus mit List ergreifen könnten, war Jesus Gast in Betanien. Und als er dabei von einer Frau gesalbt wurde, gab er zu erkennen, daß er seinen Tod vor Augen hatte (V. 8).

Wer Simon der Aussätzige war, und weshalb Jesus gerade bei ihm zu Tisch war, wissen wir nicht (V. 3). Ebensowenig kennen wir den Namen der Frau, die Jesus bei diesem Mahl mit kostbarem Öl salbte. (Erst durch die – unbegründete! – Verbindung von Lk 7,36–50; 8,2 und Joh 11,2 mit Mk 12,3 wurde aus der unbekannten Frau – Maria Magdalena!) Und weshalb diese Frau Jesus salbte, wissen wir auch nicht. Anderes war für die urchristliche Gemeinde, die diese Geschichte weitererzählte, wichtiger:

Wer diese Geschichte hörte, und wer auch dann noch Jesu Ruf zur Nächstenliebe ernst nahm, mußte der nicht mit einigen der Mahlteilnehmer fragen: »Wozu diese Verschwendung? Man hätte das Öl um mehr als dreihundert Denare verkaufen und das Geld den Armen geben können!« (V. 4f.)?

Doch wer immer so denkt, muß sich von Jesus sagen lassen: »Hört auf! Warum laßt ihr sie nicht in Ruhe? Sie hat ein gutes Werk an mir getan« (V. 6). Jesus wußte, daß ihm der Tod drohte. Davon konnte er nicht mehr absehen – und weil nach jüdischem Verständnis die Sorge um die Bestattung eines Toten *ein gutes Werk* war (vgl. Tob 1,18), konnte er denen, die sich über das Tun der Frau ärgerten, sagen: »Sie hat ein gutes Werk an mir getan!«

Die Sorge für die Armen war für Jesus kein Gesetz, durch das dem einzelnen untersagt würde, in konkreten, unwiederholbaren Situationen spontan Gutes tun: »Die Armen habt ihr immer bei euch, und ihr könnt ihnen Gutes tun, so oft ihr wollt; mich aber habt ihr nicht immer« (V. 7). Mit diesem Wort wollte Jesus gewiß nicht die Armut als gesellschaftliche Institution verteidigen, mit der man sich abzufinden hätte. Mit diesem Wort verteidigte Jesus vielmehr den Menschen, der ohne Berechnung mit all seinem Vermögen Gutes tut. Auch das gehört *wesentlich* zum Evangelium: »Amen, ich sage euch: Überall auf der Welt, wo das Evangelium verkündet wird, wird man sich an sie erinnern und erzählen, was sie getan hat« (V. 9).

Judas Iskariot

Die Hohenpriester und Schriftgelehrten erhalten bei ihrer Überlegung, wie sie Jesus mit List in ihre Gewalt bringen könnten, überraschend Hilfe:

> »Judas Iskariot, einer der Zwölf, ging zu den Hohenpriestern. Er wollte Jesus an sie ausliefern. Als sie das hörten, freuten sie sich und versprachen, ihm Geld dafür zu geben. Von da an suchte er nach einer günstigen Gelegenheit, ihn auszuliefern« (V. 10f.).

Drei Dinge sind bei dieser kurzen Notiz von Bedeutung:

1. Im Unterschied zu den meisten unserer deutschen Übersetzungen ist im griechischen Text des Markusevangeliums nie vom »Verrat«, sondern immer vom »Ausliefern« des Judas die Rede. Markus verwendet auch im Zusammenhang mit Judas Iskariot kein anderes Wort als an den Stellen, an denen er davon spricht, daß *Gott* Johannes den Täufer oder Jesus »ausliefert« (vgl. 1,14; 9,31; 10,33f.; vgl. ferner 6,17; 13,9.11f.; 15,1.10.15). Markus verzichtet auf eine moralische Wertung; denn »im Schicksal Jesu wirkt sich der Wille Gottes aus« (*J. Gnilka* II,229).

2. Judas Iskariot erhält erst *nach* seinem Angebot, Jesus auszuliefern, von den Hohenpriestern Geld angeboten. Über die Gründe, die ihn zu diesem Schritt veranlaßten, erfahren wir im ältesten Evangelium nichts.

3. Im Gegensatz zu Lukas (22,3) und Johannes (13,2) führt Markus das Tun des Judas Iskariot *nicht* auf den Satan zurück; denn nach dem Verständnis unseres Evangeliums wollte der Satan Jesu Passion ja verhindern (vgl. 8,31–33)! Es ist *der Wille Gottes*, der sich auch in der Passion durchsetzt (s. zu 14,32–42).

2. Jesu Abschiedsmahl (14,12–25)

So wichtig es für die Urgemeinde war, diejenigen mit Namen zu nennen, die die Passion Jesu veranlaßt hatten – die Hohenpriester, die Schriftgelehrten und Judas Iskariot –, so wichtig war es für sie auch, daß Jesus sich seiner Passion gegenüber nicht nur rein passiv verhalten hatte. Der drohende Tod hatte ihn nicht so gelähmt, daß er von nun an nur noch »das Opfer« gewesen wäre. Im Gegenteil!

Er wußte um seinen bevorstehenden Tod (vgl. 14,8) – und deshalb *handelte* er! Das deutlich zu machen, ist das Ziel der folgenden Erzählungen, die alle mit Jesu letztem Mahl zusammenhängen. So zeichnet unser Evangelium Jesus gleich noch einmal zu Beginn als den, der wie ein Prophet weiß, was geschehen wird, und der aus diesem Vorauswissen auch handelt (VV. 12–16, vgl. dazu 11,1–6! – Wir hätten Markus also überhaupt nicht verstanden, würden wir jetzt fragen: Woher konnte Jesus so genau wissen, daß den beiden Jüngern in der von Wallfahrern wimmelnden Stadt ein Mann mit einem Wasserkrug begegnen wird, und daß er sie in das »richtige« Haus führen wird? S. dazu auch S. 154f.!).

Die Bereitung des Mahles

Nach dem Verständnis unseres Evangeliums war Jesu letztes Mahl ein Paschamahl. (Das Johannesevangelium sagt freilich etwas anderes; denn nach ihm wurde Jesus bereits am »Rüsttag« des Paschafestes verurteilt und gekreuzigt. Dann aber konnte Jesu letztes Mahl kein Paschamahl gewesen sein, da erst am Rüsttag-Nachmittag, als Jesus bereits gekreuzigt war, die Lämmer für das Mahl *der kommenden Nacht* geschlachtet wurden. Wir können diese *historische* Frage hier außer acht lassen, da Jesus nach den uns überlieferten Worten und Gesten *keine* Beziehung zwischen seinem Tun und der Paschaliturgie herstellte. Auch bei seinem letzten Mahl handelte Jesus offensichtlich nicht »im Rahmen einer Liturgie«, sondern menschlich-spontan!).
Da das Paschamahl nur innerhalb der Heiligen Stadt selbst eingenommen werden durfte, war es nötig, daß sich alle Wallfahrer in der Stadt einen Raum besorgten, in dem sie – in der Regel in Gemeinschaft von wenigstens zehn Teilnehmern – das Lamm verzehrten, das im Tempel geschlachtet worden war (V. 12). Um solche Mahlgemeinschaften möglich zu machen, sollten die Bewohner von Jerusalem in dieser Nacht die Räume ihrer Häuser allen unentgeltlich zur Verfügung stellen, die sie darum bitten sollten. Und wir wissen aus vielen Zeugnissen, daß die Jerusalemer den Pilgern in der Vermittlung eines solchen Festraumes großzügigst entgegenkamen (vgl. VV. 13–15).
In einem solchen Raum konnten auch die zwei von Jesus

vorausgesandten Jünger das Mahl bereiten, indem sie das ungesäuerte Brot besorgten, die Geräte für das Mahl herrichteten und das im Tempel geschlachtete, abgehäutete und ausgeweidete Lamm brieten (V. 16).

Das Mahl

Ehe Markus Jesu ureigene Worte bei seinem letzten Mahl berichtet, weist er noch einmal darauf hin, daß Jesus diese Worte im vollen Bewußtsein dessen sprach, was ihm – sogar aus dem engsten Kreis seiner Jünger! – bevorstand:

>»Und als sie sich zu Tisch gelegt hatten und aßen, sprach Jesus: Amen, ich sage euch: Einer von euch wird mich ausliefern, der mit mir ißt« (V. 18).

Nach unserem Evangelium gibt Jesus auf die Frage, wer es denn sei, der ihn ausliefere, keine direkte Antwort (anders Mt 26,25; Joh 13,25f.). Nimmt man den Urtext ernst, wird deutlich, daß Markus aus *theologischen* Gründen Jesu Antwort in einer so allgemein gehaltenen Form überlieferte. Hier lautet Jesu Antwort nämlich: »Einer der Zwölf, der mit mir in die Schüssel eintaucht« (V. 20).

Diese Antwort war eigentlich unmöglich. Jesus hätte wie zuvor (V. 18) sagen müssen: »Einer von euch (Zwölfen)« – so »verbessert« auch die Einheitsübersetzung den Urtext. Doch Markus nahm diese »Unmöglichkeit« in Kauf, um herauszustellen: *Es ist einer aus dem engsten Jüngerkreis, der Jesus ausliefert.* Nur das war für Markus wichtig.

Aus diesem Grund verzichtete Markus auf jede nähere Kennzeichnung dessen, der Jesus auslieferte. Die so allgemein gehaltene Antwort läßt die Möglichkeit offen, daß es im Grunde *jeder* aus der nächsten Umgebung Jesu sein könnte. Oder anders ausgedrückt: Selbst in Judas Iskariot begegnet die christliche Gemeinde noch einer ihrer *eigenen* Möglichkeiten – auch dann, wenn sie dies, wie einst die Jünger (V. 19), für unmöglich halten sollte!

Wie müssen wir aber dann das darauffolgende Wort Jesu verstehen?

>»Der Menschensohn muß zwar seinen Weg gehen, wie die Schrift über ihn sagt. Doch wehe dem Menschen, durch den der Menschensohn

ausgeliefert wird. Für ihn wäre es besser, wenn er nie geboren wäre«
(V. 21).

Hatte Jesus mit diesem Wort Judas Iskariot verflucht? Müssen
wir aus diesem Wort gar auf die ewige Verdammnis des Judas
schließen? So fragen nicht wenige zutiefst beunruhigt.

Das »Wehe« über Judas Iskariot!

Man könnte nun zwar darauf hinweisen, daß es sich bei Vers 21
nach dem Verständnis vieler Exegeten nicht um ein Wort des
irdischen Jesus, sondern um eine Bildung der urchristlichen
Gemeinde handeln dürfte, die sie dann Jesus in den Mund legte,
doch dürfte diese Auskunft nur wenige befriedigen. Denn müßte
eine solche »Lösung« des Anstoßes, den Vers 21 für viele enthält,
nicht den Eindruck erwecken, als ob es sich die moderne Exegese
doch recht leicht machen würde, indem sie all jene Worte Jesus
abspricht, mit denen sie ihre theologischen Schwierigkeiten hat?
Aus diesem Grund soll im folgenden einfach danach gefragt
werden, wie wir Vers 21 als Teil der urchristlichen Abendmahls-
überlieferung zu verstehen haben. Ist Judas Iskariot nach diesem
Wort verdammt – oder zumindest verflucht?
Darauf können wir mit guten Gründen »nein« sagen:
1. Innerhalb des Alten Testaments – und damit auch innerhalb
der jüdischen Sprache – wird sehr genau zwischen der *Verfluchung*
und der *Wehklage* unterschieden.
Die *Verfluchung* bildet dabei den Gegensatz zum Segenswunsch,
der über einen Menschen ausgesprochen wird. So heißt es beispielsweise beim Propheten Jeremia:

>*Verflucht* der Mann, der auf Menschen vertraut,
>auf schwaches Fleisch sich stützt,
>und dessen Herz sich abwendet vom Herrn...
>*Gesegnet* der Mann, der auf den Herrn sich verläßt
>und dessen Hoffnung der Herr ist...«
>(Jer 17,5.7)

Durch die Verfluchung werden auf denjenigen unheilvolle Folgen *herabgerufen,* der sich ver-geht. Der Verfluchte wird von
einem anderen mit Unheil belegt (vgl. Dtn 27,15–26!).

Der *Weheruf* hingegen begegnet in der (Toten-)Klage. So droht Jeremia etwa dem Jerusalemer König Jojakim:

> »Darum – so spricht der Herr über Jojakim,
> den Sohn Joschijas,den König von Juda:
> Man wird für ihn nicht die Totenklage halten:
> ›*Wehe,* mein Bruder! *Wehe,* Schwester!‹
> Man wird für ihn nicht die Totenklage halten:
> ›*Wehe,* der Herrscher! *Wehe,* seine Majestät!‹«
> (Jer 22,18)

In ähnlicher Weise klagt Jesaja:

> »Ja, Jerusalem stürzt, und Juda fällt;
> denn ihre Wort und ihre Taten
> richten sich gegen den Herrn,
> sie trotzen den Augen seiner Majestät.
> Ihre frechen Gesichter klagen sie an,
> wie Sodom reden sie ganz offen von ihren Sünden.
> *Wehe* ihnen, sie bereiten sich selber ihr Unglück.
> Wohl dem Gerechten, denn es geht ihm gut;
> er wird die Frucht seiner Taten genießen.
> *Wehe* dem Frevler, ihm geht es schlecht;
> denn was er selber getan hat,
> das wird man ihm antun.«
> (Jes 3,8–11)

Der Weheruf belegt also nicht einen anderen mit Unheil – er verflucht ihn nicht –, sondern er *stellt klagend fest,* welch gefährliche Folgen sich aus einem bestimmten Tun ergeben.

Aus diesem Grund handelt es sich auch bei dem Wort: »Doch wehe dem Menschen, durch den der Menschensohn ausgeliefert wird!« *nicht* um eine *Verfluchung.* Dieser Weheruf stellt vielmehr fest, daß die Auslieferung des Menschensohnes für denjenigen verhängnisvolle Folgen hat, der sie vornimmt.

Doch – so könnte man jetzt natürlich fragen – sind wir damit viel weiter? Können die »verhängnisvollen Folgen« für Judas Iskariot, auf die ja auch hier deutlich hingewiesen wird, denn etwas anderes sein als »die ewige Verdammnis«?

Ehe wir diesen Schluß ziehen, sollten wir Vers 21 noch etwas genauer auf dem Hintergrund anderer frühjüdischer »Weherufe« betrachten.

2. In einer jüdischen Schrift aus der Zeit Jesu lesen wir:

>»Wehe euch, die ihr unwiderrufliche Verwünschungen ausstoßt:
Heilung soll um eurer Sünden willen fern von euch sein!
Wehe euch, die ihr eurem Nächsten Böses zufügt, denn nach eurem Tun
soll euch vergolten werden!
Wehe euch lügnerischen Zungen und denen, die Unrecht darwägen,
denn plötzlich sollt ihr umkommen!
Wehe euch Sündern, weil ihr die Gerechten verfolgt, denn ihr werdet
dahingegeben und verfolgt werden, ihr Ungerechten, und ihr (der
Gerechten) Joch wird schwer auf euch lasten!«
(1 Henoch 95,4–7; vgl. 96,4–8; 97,7f. u. ö.)

In allen Fällen gilt den Sündern der Weheruf, weil sie im
zukünftigen Gericht verloren sein werden. Doch eben davon ist in
unserem Weheruf Mk 14,21 *nicht* die Rede. Hier heißt es ja:
»Doch wehe dem Menschen, durch den der Menschensohn ausgeliefert wird. Für ihn wäre es besser, *wenn er nie geboren wäre*!«
D. h., unser Weheruf gilt nicht der Zukunft, sondern der *Vergangenheit*!

Wie das gemeint ist, kann uns ein Wort des jüdischen Weisheits-
lehrers Jesus Sirach sagen. Er mahnt:

»Denk an Vater und Mutter,
wenn du im Kreis der Großen sitzt,
damit du bei ihnen keinen Anstoß erregst
und nicht durch dein Benehmen
dich zum Toren machst
und wünschen mußt, nicht geboren zu sein,
und den Tag deiner Geburt verfluchst.«
(Sir 23,14; vgl. Ijob 3,3f.)

Die Wendung: »Es wäre besser, nicht geboren zu sein« drückt
angesichts eines bestimmten Verhaltens (oder Geschicks) den –
natürlich unmöglichen – Wunsch aus: »Könnte ich noch nachträglich zwischen den beiden Möglichkeiten wählen, etwas Bestimmtes
zu tun (bzw. zu erleiden) oder überhaupt nicht geboren zu sein,
wollte ich lieber nicht geboren sein. So schrecklich ist für mich das,
was ich getan oder erlitten habe!«

Das gilt auch für Mk 14,21. Dieser Vers sagt also, daß die
Auslieferung Jesu für denjenigen, der sie vornimmt, *nachträglich*
so schrecklich sein wird, daß es für ihn besser wäre, nie geboren zu
sein.

Judas Iskariot wird hier weder verflucht noch verdammt. Aber es wird auch nicht gesagt, diese Tat wäre nur »halb so schlimm«. Dieser Weheruf nimmt es vielmehr ernst, daß unsere Taten ein Stück unserer persönlichen Geschichte sind *und* bleiben – auch dann, wenn sie uns vergeben werden.

Der Weheruf über Judas Iskariot ist daher auch kein Widerspruch zu dem vorangegangenen Satz: »Der Menschensohn muß zwar seinen Weg gehen, wie die Schrift über ihn sagt. Aber wehe dem Menschen...!« Denn der Beschluß der Hohenpriester und Schriftgelehrten, »Jesus mit List in ihre Gewalt zu bringen, um ihn zu töten« (14,2), ging dem Angebot des Judas Iskariot (14,10) voraus – und nichts zwingt zu der Annahme, daß dieser Beschluß unausgeführt geblieben wäre, wenn Judas Iskariot sich nicht mit ins Spiel gebracht hätte. »Die Verfolgung des Gerechten durch die Gottlosen«, von der in der Schrift die Rede ist, war auch für Jesus unausweichlich (s. S. 109). Doch das wird für Judas Iskariot selbst keine Entschuldigung sein. Es wird *seine* Tat bleiben – auch wenn sie ihm vergeben ist.

Jesu Vermächtnis

Es ist verwunderlich und doch auch wieder verständlich: Alle vier Evangelien *und* Paulus berichten von Jesu letztem Mahl (Mk 14,22–25; Mt 26,26–29; Lk 22,15–20; Joh 13; 1 Kor 11,23–25) – und trotzdem können wir nicht mehr ganz genau sagen, wie dieses letzte Mahl vor sich gegangen ist. An allen fünf Stellen wird Jesu letztes Mahl nämlich immer wieder etwas anders geschildert. Das mag uns verwundern, ist andererseits aber auch verständlich; denn gerade weil Jesu letztes Mahl für die ersten Christen von großer Bedeutung war, konnte man von ihm nicht ohne innere Anteilnahme erzählen. So kam es, daß die einzelnen Gemeinden – auch die des Markus – mit der Zeit ihre *eigenen* Akzente setzten, wenn sie sich bei ihren Mahlfeiern immer wieder an Jesu letztes Mahl erinnerten.

Das Brotwort

Zunächst verlief bei Jesu letztem Mahl alles wie üblich. Jesus sprach als »Hausvater« den Segen über das Brot. Darauf dürften die Jünger mit »Amen!« geantwortet haben, zum Zeichen, daß der Lobspruch auch in ihrem Namen und in ihrem Sinn gesprochen war. Daraufhin brach Jesus das Brot – und dann kam das Überraschende:

Während normalerweise der Hausvater *nichts* sagte – weder beim normalen Mahl noch beim Paschamahl! –, wenn er das gesegnete und gebrochene Brot austeilte, sagte Jesus jetzt: »Nehmt, das ist mein Leib!« (V. 22). Und da die Jünger schon aus *ihrer* Bibel wußten, daß der, der vom »Leib« sprach, den *ganzen* Menschen meinte (vgl. Ps 63,2; 84,3), verstanden sie, daß Jesus ihr Herr, sich ihnen mit diesem Brot schenken wollte.

Nach dieser Überraschung nahm das Mahl seinen normalen Fortgang – gleichgültig, ob es sich um ein Paschamahl oder »nur« um ein festliches Abschiedsmahl gehandelt hatte.

Das Wort über den Kelch

Jesu Gefühle und Empfindungen für die Zwölf waren an jenem letztem Abend gewiß nicht nur »privater Natur« (doch vgl. Joh 15,15!). Er hatte sie ja ausgewählt, weil er zusammen mit ihnen sein Volk für das nahegekommene Reich Gottes gewinnen wollte (s. S. 52 f.). Doch das Volk und seine Führer hatten nicht gewollt! Hatte Israel damit seine Chance verspielt?

Das mußte nicht sein! Schon im Buch Jesaja war ein möglicher Ausweg genannt: »Mein Knecht, der gerechte, macht die vielen gerecht; er lädt ihre Schuld auf sich« (Jes 53,11).

Durch die Heilige Schrift wußte Jesus, daß wir Menschen die Möglichkeit haben, das Unheil, das anderen (zu recht!) droht, stellvertretend aufzufangen, um so die anderen zu schützen (s. S. 150 f.). Und das bedeutete für ihn: »Obgleich mein Volk das Angebot des Reiches Gottes augenblicklich ablehnt, muß diese Ablehnung für sie kein böses Ende haben. Auch jetzt noch hängt die Gegenwart und die Zukunft des Reiches Gottes entscheidend von mir ab!«

So verwunderte Jesus seine Jünger ein weiteres Mal, indem er sie *nach* dem Mahl aufforderte (vgl. 1 Kor 11,25), gemeinsam aus *seinem* Becher zu trinken (14,23).

Auch das war ungewöhnlich; denn weder beim festlichen Mahl

noch beim Paschamahl tranken die Teilnehmer aus *einem* Kelch. Der Hausvater konnte zwar seinen Becher, über den der Segen gesprochen war, *einem* Tischgenossen, den er besonders ehren wollte, oder auch der Hausfrau im Nebenzimmer bringen lassen. Auf diese Weise sollte dieser eine in besonderer Weise an dem »Becher des Segens« Anteil bekommen. Aber daß *alle* aus *einem* Becher trinken, war ganz außergewöhnlich. Und doch wollte Jesus gerade das.

Weshalb?

Es ist für uns heute zwar nicht mehr möglich, mit Sicherheit zu sagen, mit welchen Worten Jesus seine Jünger aufgefordert hatte, aus seinem Kelch zu trinken; denn das Kelchwort ist uns in doppelter Gestalt überliefert (vgl. 1 Kor 11,25; Lk 22,20 mit Mk 14,24; Mt 26,27f.). Trotzdem kann an dem Sinn seiner Aufforderung (14,24) kein Zweifel bestehen:

Jesus wollte den Jüngern durch *seinen* Becher Anteil an dem *Neuen* Bund (vgl. Jer 31,31–34!) geben, der begründet sein wird durch sein Blut, d. h. durch sein Leben, das er »für die vielen« hingeben wird. (Da das Hebräische und Aramäische kein selbständiges Wort für »alle« besitzt, *kann* der Ausdruck »die vielen« auch den Sinn haben: die nicht zu zählenden Vielen, die große Schar, alle!) Auch hier dürfte Jesus noch einmal eine Szene aus der Heiligen Schrift vor Augen gehabt haben:

Als Mose am Sinai für die zwölf Stämme Israels den Bund mit Gott schloß, »da schickte er die jungen Männer Israels aus. Sie brachten Brandopfer dar und schlachteten junge Stiere als Heilsopfer für den Herrn. Mose nahm die Hälfte des Blutes und goß es in eine Schüssel, mit der anderen Hälfte besprengte er den Altar. Darauf nahm er die Urkunde des Bundes und verlas sie vor dem Volk. Sie antworteten: Alles, was der Herr gesagt hatte, wollen wir tun; wir wollen gehorchen. Da nahm Mose das Blut, besprengte damit das Volk und sagte: Das ist das Blut des Bundes, den der Herr aufgrund all dieser Worte mit euch geschlossen hat.«
(Ex 24,5–8)

So wie Mose damals den ersten Bund für Israel mit Blut geschlossen hatte, so wollte Jesus jetzt einen neuen Bund, *den* Neuen Bund mit seinem Blut *für sein Volk* mit Gott schließen.

Gewiß, es war ein kleiner, unscheinbarer Anfang des Neuen

Bundes. Aber Jesus war sich auch noch in dieser Stunde des Abschieds sicher, daß der *Neue* Bund seine Vollendung finden wird: »Amen, ich sage euch: Ich werde nicht mehr von der Frucht des Weinstocks trinken bis zu dem Tag, an dem ich *von neuem* davon trinke im Reich Gottes« (14,25).

So bezeugte Jesus in seinem letzten Mahl nicht nur seine tiefe Liebe zu den Seinen, sondern auch sein unbeirrbares Vertrauen in die Vollendung des Reiches Gottes. Von beidem sollen die Jünger leben. An beides sollen sie sich erinnern.

Die Fragen aber, die uns heute beschäftigen, wenn wir uns auf das Herrenmahl besinnen, waren damals weder für Jesus noch für die Zwölf von irgendeiner Bedeutung.

3. Widerstand und Ergebung (14,26–52)

Auf dem Weg zum Ölberg

Verständlicherweise war es für die Jünger nach ihrem Mahl mit Jesus unvorstellbar, daß sie den im Stich lassen könnten, der ihnen eben in so tiefer Weise seine Gemeinschaft angeboten und geschenkt hatte. Doch auch hier sah Jesus klarer: »Ihr werdet alle (an mir) Anstoß nehmen und zu Fall kommen« (V. 27). Selbst Petrus würde hier keine Ausnahme bilden (VV. 29–31). Das konnte freilich an *seiner* Treue zu ihnen nichts ändern: »Nach meiner Auferstehung werde ich euch nach Galiläa *vorausgehen*« (V. 28).

Jesu Treue ermöglicht auch denen, die aus Blindheit und Angst versagten, aufs neue die *Nachfolge*.

Am Ölberg

»Sie kamen zu einem Grundstück, das Getsemani heißt, und er sagte zu seinen Jüngern: Setzt euch und wartet hier, während ich bete« (V. 32). Das war für die Urchristenheit in mehrfacher Hinsicht von Bedeutung:

1. Die Tatsache, daß Jesus »mit lautem Schreien und unter Tränen Gebete und Bitten vor den gebracht hat, der ihn aus dem Tod retten konnte« (Hebr 5,7), zeigte, daß auch Jesus den Weg

nicht leicht zu Ende gegangen war, auf den er seine Jünger zur Nachfolge gerufen hat.

2. Jesus hatte Gott gebeten: »Abba, Vater, alles ist dir möglich. *Nimm diesen Kelch von mir!* Aber nicht, was ich will, sondern was du willst« (V. 36). Dennoch erfüllte sich Jesu Wille nicht. Das aber bedeutet doch: Offensichtlich gibt es auch für Gott, den Vater, Situationen im Leben eines Menschen, in denen das Leiden, ja selbst der Tod unausweichlich ist! (Wenn wir jetzt fragen möchten: »Weshalb?«, sollten wir uns zuerst fragen: Hätte Gott Jesus aus dieser gefahrvollen, tödlichen Situation herausgerettet; hätte er ihm wirklich »mehr als zwölf Legionen Engel geschickt« [vgl. Mt 26,53], oder hätte er ihn wenigstens geheißen, sich über den Ölberg in die judäische Wüste zu retten, bis sich die Wogen in Jerusalem gelegt hätten, wäre Jesu ganze Verkündigung dann nicht völlig unglaubwürdig geworden? Wenn wir *dann* Jesu Wort gehört hätten: »Wer mein Jünger sein will, der verleugne sich selbst, nehme sein Kreuz auf sich und folge mir nach. Denn wer sein Leben retten will, wird es verlieren; wer aber sein Leben um meinetwillen und um des Evangeliums willen verliert, wird es retten« [Mk 8,34f.] – hätten wir ihm dann nicht leicht entgegnen können: »Anderen hat er gepredigt, doch selbst mußte er sich nicht daran halten!«? Und wir wären *guten* Gewissens dem Kreuz ausgewichen!)

3. Jesu Wort an Petrus: »Simon, du schläfst? Konntest du nicht einmal eine Stunde wach bleiben? Wacht und betet, damit ihr nicht in Versuchung geratet!« (V. 37f.) verdeutlicht, worin die bereits 13,33.37 geforderte Wachsamkeit besteht: Im Gebet, in dem der Mensch sich bemüht, den Willen Gottes, seines Vaters, zur weiteren Grundlage seines Lebens zu machen.

Jesu Gefangennahme

Das Bündnis, von dem 14,10f. berichtet worden war, bewährte sich: Die drei Fraktionen des Sanhedrins, der obersten politischen und religiösen Körperschaft, schickten einen Trupp aus, um mit Hilfe des Judas Iskariot Jesus dingfest zu machen. Allem Anschein nach hatte man mit einem größeren Widerstand von seiten der Jünger Jesu gerechnet (V. 43f.).

Auch in dieser Erzählung setzte Markus seine eigenen Akzente: Im Unterschied zu Matthäus (Mt 26,50) und Lukas (Lk 22,48) reagiert Jesus auf den »sehr innigen Kuß« (so müßte V. 45 eigentlich übersetzt werden) mit keinerlei Abwehr; d. h. Vers 45 schildert die »normale« Begegnung des Jüngers mit seinem Herrn. Mußte da nicht jeder Leser begreifen, daß auch er nicht von sich aus und von vornherein sicher sein konnte, wirklich bis zuletzt an der Gemeinschaft mit seinem Herrn festzuhalten?

Im Gegensatz zu Lukas und Johannes führt Markus auch die Gefangennahme Jesu *nicht* auf das Wirken *Satans, sondern* auf den Willen *Gottes* zurück: »(Das ist geschehen), damit die Schrift in Erfüllung geht« (V. 49. – *Nicht:* »Jetzt hat die Finsternis die Macht!« Lk 22,53)!

Das allerdings erkannte keiner von Jesu Jüngern – und so blieb Jesu am Ende seines Weges total verlassen zurück (VV. 50–52. Der V. 51f. erwähnte »junge Mann« ist für uns nicht mehr identifizierbar. War es der Evangelist oder einfach ein Schaulustiger, der in den Vorfall miteinbezogen wurde? Oder symbolisiert er *den* Jünger, der Jesus »nachgehen« will – und ebenfalls versagt? Wir können es nicht sagen!).

4. Jesu Verhör und Verurteilung (14,53 – 15,20a)

Die Christen der ersten Jahrhunderte beschäftigten verständlicherweise andere Probleme als uns heute, wenn sie an den Kreuzestod Jesu dachten. Während uns die Umstände interessieren, die zu Jesu Tod geführt hatten, und während wir wissen wollen, wer letztlich an Jesu Tod schuldig war, fragten sie sich: Wie können wir unseren Mitmenschen einsichtig machen, daß ausgerechnet der, der den schimpflichsten Tod erlitten hat, der Sohn Gottes und der Erlöser der Welt ist? Die historischen Fragen interessierten sie kaum.

So kann es nicht überraschen, daß es auch heute noch offene Fragen zum Prozeß Jesu gibt:

1. Jesu Gegner kamen vor allem aus den Reihen der Sadduzäer, die bis zur Zerstörung Jerusalems und seines Tempels im Jahr 70 n. Chr. die eigentlich Verantwortlichen für das Recht und die Ordnung im Land waren. Infolgedessen bestimmten auch sie, was

Recht war. Da die Sadduzäer nun aber nach der Zerstörung Jerusalems als politische Partei aus dem öffentlichen Leben des Judentums verschwanden, wurde auch »das sadduzäische Recht«, nach dem der Hohe Rat noch zur Zeit Jesu über die Angeklagten urteilte, nicht weiterüberliefert. Deshalb wissen wir auch nicht genau, wie die Gesetze lauteten, die für den *Prozeß Jesu* maßgebend waren.

Aus diesem Grund können wir nicht mit Sicherheit sagen, ob Jesus *in der Nacht* bereits vom Hohen Rat formell zum Tode verurteilt wurde (vgl. Mk 14,64. Das wäre nach dem »pharisäischen« Recht nicht erlaubt gewesen!), oder ob im Hohen Rat nur Anklagepunkte gegen Jesus für den späteren Prozeß vor Pilatus gesammelt wurden. Umstritten ist nämlich ebenfalls, ob die Juden zur Zeit Jesu überhaupt noch das Recht hatten, ein Todesurteil auszusprechen und zu vollziehen, oder ob sich die römische Besatzungsmacht dieses Recht nicht grundsätzlich vorbehalten hatte.

2. Unklar ist ferner, ob Pilatus tatsächlich zu jedem Paschafest einen Gefangenen freiließ, den sich das jüdische Volk erbitten durfte (vgl. Mk 15,6); denn von einem derartigen Brauch wissen die übrigen jüdischen Quellen nichts. Es könnte sich bei der Freilassung des Barabbas auch um einen Einzelfall gehandelt haben.

Das Verhör vor dem Hohen Rat

Nach seiner Gefangennahme wurde Jesus zum Hohenpriester geführt, wo sich »alle Hohenpriester und Ältesten und Schriftgelehrten« versammelten (VV. 53.55). Sie bildeten den Sanhedrin (= Hohen Rat), die politische Vertretung des jüdischen Volkes. Als höchster Gerichtshof war er sowohl für Kapitalprozesse als auch allgemein für Prozesse zuständig, die für das ganze Volk von Bedeutung waren. Daneben stand ihnen die Tempelaufsicht und die Entscheidung in Fragen der religiösen Praxis zu. Der Sanhedrin bestand aus 70 Mitgliedern und dem Vorsitzenden, dem jeweiligen Hohenpriester. Seine Zusammensetzung war von den politischen Verhältnissen abhängig. Zu ihm gehörten Priester – in der Mehrzahl Sadduzäer, Schriftgelehrte – zumeist Pharisäer, sowie die Ältesten als Vertreter der Honoratioren in den jüdischen Gemeinden (vgl. Apg 5,17ff.).

Zwei Fragen standen nach der Darstellung unseres Evangeliums im Mittelpunkt des Verhörs Jesu:

1. *Jesu Wort gegen den Tempel* (14,58). Bei welcher Gelegenheit Jesus eine derartige Äußerung gegen den Tempel gemacht hatte, erfahren wir zwar nicht, und über den genauen Wortlaut konnten sich offensichtlich schon die Zeugen nicht einigen (V. 59; vgl. auch die verschiedenen Überlieferungen Mk 15,29; Mt 26,61 und Joh 2,19). Trotzdem mußte schon der Verdacht auf ein solches Wort gegen den Tempel, das ja durch Jesu Vorgehen gegen den Tempelkult gedeckt wurde (vgl. 11,15–19), gerade bei der sadduzäischen Tempelaristokratie eine weitere Beunruhigung auslösen; denn sie sah sich schon seit dem 2. Jahrhundert v. Chr. immer wieder mit der Meinung konfrontiert, daß der Tempel in Jerusalem derart entweiht sei und von unwürdigen Priestern verwaltet werde, daß er nur durch einen neuen himmlischen Tempel ersetzt werden könne (vgl. neben Qumran 1 Hen 90,28f.; Jubil 1,27).

Von hier aus wird der nächste Schritt des Hohenpriesters verständlich, nachdem Jesus ja nicht bereit war, zu den gegen ihn vorgebrachten Vorwürfen Stellung zu beziehen (V. 60f. – Diese innere Logik von Jesu Verhör bliebe auch dann bestehen, wenn die Darstellung des Verhörs durch Ps 38,14–16 mitbeeinflußt wäre!).

2. *Die Frage des Hohenpriesters:* »*Bist du der Messias, der Sohn des Hochgelobten?*« (V. 61).

Ein Doppeltes ist an dieser Frage auffällig:

a) Die Bezeichnung Gottes als des »Hochgelobten« war unter den Christen nicht üblich, sie ist aber die gängige *jüdische* Umschreibung des Gottesnamens.

b) In einem qumranischen Kommentar zu der Natansverheißung 2 Sam 7,11–14 heißt es: »Ich werde ihm zum Vater sein und er wird mir zum Sohn sein: Das ist der Sproß Davids, der mit dem Toralehrer auftritt, der in Zion sein wird am Ende der Tage« (4 Qflor 1,11). D. h., auch nach jüdischer Vorstellung soll der Messias als der Sohn Davids im adoptivischen Sinn der *Sohn Gottes* sein.

Die Mk 14,61 wiedergegebene Hohepriesterfrage ist also durch und durch *jüdisch* formuliert. Wir haben daher keinen Grund, daran zu zweifeln, daß sie so wirklich vom Hohenpriester gestellt wurde und den eigentlichen Grund zur Verurteilung Jesu vorbereitete. Denn in dieser alles entscheidenden Situation zögerte Jesus nicht länger, sich als den *Messias* zu bekennen – freilich nicht ohne diesen »Titel« sofort in der für ihn typischen Weise durch den Hinweis auf den *Menschensohn* zu klären: Er ist deshalb der Messias, weil er von Gott gesandt ist, um auf Erden *das Reich Gottes* heraufzuführen (s. S. 108 f.). Und in dieser Sendung *werden* sie ihn »zur Rechten der Macht sitzen und mit den Wolken des Himmels kommen sehen« (V. 62).

Dieser Anspruch wird vom Hohenpriester als Gotteslästerung empfunden, auf der die Todesstrafe steht. Und in derselben Weise entscheiden auch die übrigen Mitglieder des Hohen Rats (V. 63 f.).

Jesu Verspottung und Verleugnung

Die Schilderung der Passion Jesu war für die Urchristenheit mehr als nur die Erstellung eines Gerichtsreports. Wer von dieser Passion erfuhr, sollte zugleich etwas von der Ungeheuerlichkeit – und Ungerechtigkeit! – dieses ganzen Vorgangs spüren können.

Diesem Ziel dienen auch die Abschnitte, die von Jesu Verspottung und Verleugnung handeln; denn wen erinnerten die Erzählungen von Jesu Verspottung (14,65; 15,16–20a) nicht zugleich an *biblische* Texte, die ebenfalls von der Verfolgung des Gerechten durch die Gottlosen sprachen? Denken wir nur an das »Lied vom Gottesknecht«:

> »Er wurde verachtet und von den Menschen gemieden,
> ein Mann voller Schmerzen,
> mit Krankheit vertraut.
> Wie einer, vor dem man das Gesicht verhüllt,
> war er verachtet; wir schätzten ihn nicht.
> Aber er hat unsere Krankheit getragen
> und unsere Schmerzen auf sich geladen.
> Wir meinten, er sei von Gott geschlagen,
> von ihm getroffen und gebeugt.
> Doch er wurde durchbohrt wegen unserer Verbrechen,
> wegen unserer Sünden zermalmt.
> Zu unserem Heil lag die Strafe auf ihm,
> durch seine Wunden sind wir geheilt.
> Wir hatten uns alle verirrt wie Schafe,
> jeder ging für sich seinen Weg.

Doch der Herr lud auf ihn
die Schuld von uns allen.
Er wurde mißhandelt und niedergedrückt,
aber er tat seinen Mund nicht auf.
Wie ein Lamm, das man zum Schlachten führt,
und wie ein Schaf angesichts seiner Scherer,
so tat er seinen Mund nicht auf.
Durch Haft und Gericht wurde er dahingerafft,
doch wen kümmert sein Geschick?«
(Jes 53,3–8)

Die Erzählung von der Verleugnung Jesu durch Petrus
(14,66–72) richtet sich direkt an den Leser des Evangeliums:
Wenn sich schon Petrus, der sich seiner so sicher war (vgl.
14,29–31), zu einer *ausdrücklichen* Distanzierung von Jesus hin-
reißen ließ (V. 71), muß dann nicht wirklich *jeder* damit rechnen,
daß er derartig versagen kann?

Petrus wurde sich seines Versagens bewußt, weil er sich an Jesu
Wort erinnerte (V. 72). Deshalb sollte der Glaubende nicht
erschrecken, wenn auch ihm in der Erinnerung an Jesu Wort sein
eigenes Versagen klar wird. Wir müssen derartige Einsichten nicht
verdrängen; denn nur eines ist dann von uns gefordert: Daß wir
uns von dieser Erkenntnis *treffen* lassen.

Die Verhandlung vor Pilatus

Zu den Hochfesten kam der römische Prokurator von seiner
Residenz in Caesarea am Meer nach Jerusalem, um eventuellen
Unruhen bei den großen Volksansammlungen vorzubeugen. So
konnte der Hohe Rat Jesus direkt an Pilatus ausliefern (vgl.
dagegen Apg 23,23–35!), den die profanen Quellen als einen
gewalttätigen und grausamen Menschen schildern. Und da die
Römer ihre Gerichtssitzungen am frühen Morgen zu eröffnen
pflegten, brachten »die Hohenpriester, die Ältesten und die
Schriftgelehrten, also der ganze Hohe Rat« Jesus »gleich in der
Frühe« vor den römischen Prokurator (15,1).

Auch für die folgende Gerichtsverhandlung vor Pilatus gilt: Die
Urchristenheit konnte Jesu Passion nie ohne innere Beteiligung
erzählen. Wichtiger als historische Einzelheiten war für sie der
»Gesamteindruck«, den ihre Erzählung machte. Und sie hatte ihr

Ziel nur erreicht, wenn den Lesern oder Hörern des Evangeliums immer klarer wurde: »Nein, das hätte eigentlich nicht passieren dürfen! Hier starb kein Verbrecher!«

Mit der Frage: »Bist du der König der Juden?« (15,2) brachte der Nichtjude Pilatus die jüdische Messiaserwartung auf eine für ihn verständliche, für Jesus freilich gefährliche Form, da die Messiaserwartung in dieser Sicht primär einen politischen Charakter hatte – und das konnte dem Römer wiederum nicht gleichgültig sein (vgl. nur Joh 19,12!). Trotzdem bezog Jesus Pilatus gegenüber keine eindeutige Stellung (VV. 2.5). Was er zu sagen hatte, hatte er vor dem Hohen Rat gesagt. Der Heide Pilatus war nicht die für ihn und seine Sendung zuständige Instanz.

Wenn die Hohenpriester in der Folge als die eigentlich treibenden Kräfte (VV. 3.10f.) dargestellt werden, Pilatus aber in relativer Gutmütigkeit, ja Hilflosigkeit (VV. 4.9f.12.14) gesehen wird, dürfen wir nicht vergessen, daß es für die frühe Christenheit – zumal nach der ersten Verfolgung durch Nero! – wichtig war, in den Augen der Römer keinen Zweifel an ihrer politischen Unbedenklichkeit aufkommen zu lassen! Deshalb war es bemerkenswert, daß schon die erste römische Instanz bei dem Gründer dieser neuen Bewegung *kein* Verbrechen feststellen konnte (V. 14).

Selbst wenn der Freilassung des Barabbas kein jährlicher Brauch zugrunde gelegen hätte (s. o.), dürfte deren Tatsächlichkeit nicht zu bezweifeln sein (VV. 7–15). Das bedeutet allerdings: Es wäre *auch* möglich gewesen, *Jesus* freizubitten! Doch Jesus hatte, im Unterschied zu Barabbas, keine »Lobby«. So verurteilte Pilatus Jesus als politischen Verbrecher zum Tod.

5. Jesu Kreuzigung, Tod und Begräbnis (15,20b–47)

Jeder Kreuzigung ging die Geißelung voraus – und wir wissen von Josephus Flavius, daß sie so grausam war, daß nicht wenige bereits bei der Geißelung an ihren Wunden starben. Überstand der Verurteilte die Geißelung, mußte er – wie Jesus (V. 20b) – den Querbalken des Kreuzes zur Hinrichtungsstätte schleppen.

Offensichtlich war Jesus bereits so geschwächt, daß die Soldaten einen der Vorübergehenden zwangen, Jesus den Querbalken nachzutragen. Es war »Simon von Zyrene, der Vater des Alexander und Rufus« (V. 21. – Da der einzelne normalerweise durch den Namen seines Vaters identifiziert wurde [vgl. 1,19], ist diese Kennzeichnung des Simon nur so zu erklären, daß seine beiden *Söhne* der Gemeinde bekannt waren, für die das Evangelium geschrieben wurde. Man kannte also wenigstens einen – auch wenn er kein Jünger Jesu war –, der Jesus auf seinem Kreuzweg tatkräftig geholfen hatte!).

An der Hinrichtungsstätte wurde der Verurteilte am Boden mit ausgestreckten Armen am Querholz befestigt. Dieses wurde daraufhin am senkrecht eingerammten Pfahl hochgezogen, an dem auch ein Holzklotz angebracht war. Mit diesem sollte der Körper gestützt werden, um das Leben des Verurteilten zu verlängern, dessen Füße abschließend – mit einem Nagel oder mit Stricken oder auch mit beidem – ebenfalls befestigt wurden.

Sobald sich der Gekreuzigte nicht mehr mit seinen Füßen abstützen konnte, hing er mit seinem ganzen Gewicht an den Armen. Durchblutungsstörungen und Atemnot waren die Folge. Das wiederum bewirkte, daß sich der Gekreuzigte – solange die Kraft ausreichte – instinktiv immer wieder aufrichtete, wodurch er dann aber seine Fußwunden belastete. Kein Wunder, daß er bald wieder zusammensank.

Falls der Gekreuzigte nicht schon zuvor an Kreislaufversagen starb, zerschlug man ihm – nicht selten erst nach Tagen – die Beinknochen, damit er sich nicht länger abstützen konnte. Jesus allerdings war bereits so entkräftet (vgl. V. 21!), daß er nach drei Stunden starb.

Da für die Urchristenheit Jesus *der* Gerechte schlechthin war, war es nur naheliegend, daß sie diesem ihrem Glauben auch in der Schilderung von Jesu Tod Ausdruck gaben:

Wie *der Gottesknecht* wurde Jesus »zu den Verbrechern gezählt« (V. 27; vgl. Jes 53,12). Es waren *die Leiden des Gerechten,* von denen bereits in Psalm 22 und im Buch der Weisheit die Rede war, die ihm zugefügt wurden (VV. 24.29–32, s. S. 109). Der Tag seiner Kreuzigung war *der Tag des göttlichen Gerichts* über diese Welt; denn »an jenem Tag – Spruch Gottes, des Herrn – lasse ich am Mittag die Sonne untergehen und breite am hellichten Tag über die Erde Finsternis aus« (Am 8,9; vgl. VV. 33.38). Und wenn Jesus um die neunte Stunde gar schrie: »Mein Gott, mein Gott, warum hast du mich verlassen?« (V. 34 = Ps 22,2), dann zeigte ihn diese Klage noch einmal in Gemeinschaft mit all den Gerechten, die bereits vor ihm von ihren Feinden verfolgt und verhöhnt worden waren.

Von besonderer Bedeutung war für Markus das Zerreißen des Tempelvorhangs (V. 38) und das sich daran anschließende Bekenntnis des römischen Hauptmanns: »Wahrhaftig, dieser Mensch war Gottes Sohn!« (V. 39). Denn Aufgabe des Tempelvorhangs war es bis dahin gewesen, den Anblick der unverhüllten Majestät Gottes zu verhindern. *Diese Verhüllung ist im Sterben des Gekreuzigten gefallen.* Jetzt – im Blick auf den Gekreuzigten, der mit einem lauten Schrei seinen Geist aushaucht (V. 37) – können wir Menschen sehen, wer *Gott* ist. Und deshalb können wir jetzt auch begreifen und bekennen, daß Jesus *Gottes* Sohn war (s. auch S. 11 f.).

Zeugen von Jesu Tod und Zeugen dieses Bekenntnisses wurden nicht die Jünger – nicht einmal die drei Bevorzugten: Petrus, Jakobus und Johannes (9,2; 14,33) –, sondern die Frauen, die Jesus schon in Galiläa nachgefolgt waren, und die ihn auch in materieller Hinsicht unterstützt hatten (V. 40f.).

Mit dem Hinweis auf Jesu Gotteslästerung hatte der Hohe Rat das Todesurteil über Jesus begründet (14,63f.). Josef von Arimathäa, »Mitglied eines Lokalgerichtes in der Provinz« *(J. Gnilka),* ein frommer Jude (V. 43; vgl. dazu Lk 2,25.38), teilte dieses Urteil freilich nicht. So erbat er sich auch auf die Gefahr hin, als Komplize des Hingerichteten zu gelten, von Pilatus den Leib Jesu (V. 43) – sei es, weil er die Verschiebung der Bestattung aus klimatischen Gründen nicht wollte, sei es, weil er das Gebot beachtete, nach dem ein Hingerichteter nicht über Nacht am Pfahl verbleiben soll (Dtn 21,22f.), oder einfach, um die Beerdigung Jesu in einem Massengrab zu verhindern.

Sowohl Jesu Wort 14,8 als auch die Notiz 16,1 setzen voraus, daß Jesus nach seiner Abnahme vom Kreuz einfach in ein Grab gelegt wurde, ohne zuvor noch gewaschen und gesalbt worden zu sein (15,46). Daß Joseph von Arimathäa dazu überhaupt keine Zeit mehr hatte, leuchtet ein, wenn man sich folgendes klar macht:

Jesus war um die neunte Stunde, d. h. gegen drei Uhr nachmittags gestorben (15,34). Gegen sechs Uhr begann mit dem Sonnenuntergang der Sabbat! In der kurzen Zeit (V. 42!) mußte Joseph zuerst in den Herodespalast eilen und dort um eine Audienz bei Pilatus nachsuchen. Daraufhin ließ Pilatus den Hauptmann des Hinrichtungskommandos – doch wohl aus der Burg Antonia! – rufen, um sich von Jesu erstaunlich frühem Tod (s. o.) zu überzeugen (V. 44). Erst daraufhin durfte Jesus vom Kreuz abgenommen werden (V. 45).

Nun mußte Joseph ein Leinentuch kaufen (V. 46) und wohl auch ein Grab in der Nähe besorgen. *Daß* es in der Nähe von Golgota Gräber gab, kann der Besucher der Grabeskirche heute noch feststellen! Nur, daß es sich hierbei um das *eigene* Familiengrab gehandelt haben soll, in welches Joseph den Leichnam Jesu legte – diese Annahme hat sowohl den Text als auch die Logik gegen sich:

Es heißt nur: »er legte ihn in *ein* Grab«, und: Weshalb sollte ein vornehmer, d. h. ein *reicher* judäischer *Grundbesitzer (euschē-mōn)* und Ratsherr *sein* Familiengrab ausgerechnet in der Nähe eines Hinrichtungsplatzes gekauft haben? Es ist viel wahrscheinlicher, daß Joseph von Arimathäa Jesus in einem jener Gräber bestattete, die es in der Nähe von Golgota bereits gab (und die ja nach einem Jahr immer wieder frei wurden, wenn die Gebeine aus ihnen entnommen wurden, um endgültig in Ossuarien, in den sogenannten Knochenhäusern, beigesetzt zu werden).

Zum Schluß aber wälzte Joseph von Arimathäa einen Stein vor den Eingang des Grabes.

In dieser *kurzen* Zeit war keine Möglichkeit mehr gegeben, Jesus auch noch zu waschen und zu salben. Das sahen Maria Magdalena und Maria, die Mutter des Joses, die schon bei der Kreuzigung Jesu ausgeharrt hatten (V. 47; vgl. V. 40) – und sie waren gewillt, das Versäumte so bald wie möglich nachzuholen (16,1).

VIII. Ausblick

1. Erschrecken vor Ostern (16,1–8)

Die Geschichte von der Entdeckung des leeren Grabes, mit der unser Evangelium ursprünglich schloß, ist die älteste Oster*erzählung* des Neuen Testaments. Wir haben zwar innerhalb des 1. Korintherbriefs, den Paulus im Jahr 56 oder 57 n. Chr. in Ephesus verfaßte, eine weitaus ältere *Liste* von Zeugen für Jesu Auferstehung (1 Kor 15,5–8), doch weist diese Liste einen doppelten Mangel auf:

Zum einen erfahren wir aus ihr nichts davon, *wie* es zu den Begegnungen des Auferstandenen kam, und zum andern ist diese Liste einseitig: Da nach jüdischem Verständnis Frauen keine Zeugenfunktion wahrnehmen konnten, war in dieser für die Öffentlichkeit bestimmten Zeugen*liste* für Frauennamen kein Platz, obgleich ihnen im Oster*geschehen* der bevorzugte Platz gehörte.

Die folgende Erzählung greift also in eine Zeit zurück, die noch vor jenen Ereignissen liegt, auf die sich die Liste der Auferstehungszeugen bezieht, und erinnert so daran, daß mit der Offenbarung der Auferstehung Jesu die in der »alten Welt« gültigen Ordnungen durchbrochen wurden. Daß sich daraus *keine neue* Ordnung entwickelte, erstaunt nicht, wenn man bedenkt, daß die Jünger Jesu, d. h. konkret: die Männer innerhalb der urchristlichen Gemeinde, diesem *Neuanfang* von Beginn an unverständig und ungläubig gegenüberstanden (vgl. Lk 24,11.22ff.).

Die Entdeckung des offenen Grabes

Der Sabbat endet mit Sonnenuntergang, und damit kann der Alltag wieder beginnen (vgl. 1,32). Das gab den Frauen, die am Freitag nachmittag den Tod und das Begräbnis Jesu miterlebt hatten, die Möglichkeit, die Öle zu kaufen, mit denen sie am nächsten Morgen in aller Frühe den Leichnam Jesu nach seiner Waschung salben wollten (V. 1f.).

Hatten sich die Frauen unterwegs noch gesorgt, wer ihnen den schweren Rollstein wegschaffen könnte (V. 3), so erwies sich ihre Sorge bei näherem Zusehen als überholt: »Als sie hinblickten, sahen sie, daß der Stein schon weggewälzt war« (V. 4). So »gingen sie in das Grab hinein und sahen auf der rechten Seite einen jungen Mann sitzen, der mit einem weißen Gewand bekleidet war; da erschraken sie sehr« (V. 5). Im Unterschied zu Matthäus (28,2.5) und Johannes (20,12) verzichtet Markus darauf, von einem »Engel« zu reden (obgleich er an »Engel« glaubt: Mk 1,13; 8,38; 12,25; 13,27.32!). Das *weiße Kleid* des jungen Mannes weist freilich darauf hin, daß der Träger der folgenden Botschaft der *himmlischen* Welt zugehört (vgl. 9,3). Dementsprechend sieht Markus im Erschrecken der Frauen auch nicht nur die normale Reaktion eines jeden, der in einem offenen Grab plötzlich einem fremden Mann gegenübersteht! Markus verwendet hier nämlich ein Wort, das im Neuen Testament nur von ihm und nur dann gebraucht wird, wenn ein Mensch auf »die Welt Gottes« stößt: so erschraken die Menschen, als sie Jesus sahen, wie er vom Berg der Verklärung herabkam (9,13); so erschrak aber auch Jesus, als er am Ölberg das göttliche »Muß« vor Augen hatte (14,33).

Die himmlische Botschaft ist klar: »Erschreckt nicht! Ihr sucht Jesus von Nazaret, den Gekreuzigten. Er ist auferstanden; er ist nicht hier. Seht, da ist die Stelle, wo man ihn hingelegt hatte« (V. 6). Das heißt: Wer jetzt noch den irdischen Jesus, dessen Leben am Kreuz endete, *haben* möchte, der greift ins Leere.

Das leere Grab

An dieser Stelle regen sich auch in sehr gläubigen Christen immer wieder Zweifel: Kann man – so fragen sie – wirklich daran glauben, daß das Grab Jesu an Ostern *leer* war, oder handelt es sich bei den biblischen Erzählungen vom leeren Grab nicht doch um spätere Gemeindebildungen?

Nun kann man zur Entschärfung des hier anstehenden Problems zunächst einmal darauf hinweisen, »daß zumindest vom heutigen Verstehenshorizont aus das leere Grab keine unabdingbare Voraussetzung für die Wahrheit der Osterbotschaft ist, da die Existenz des Auferstehungsleibes nicht von seiner materiellen Identität mit dem biochemischen Substrat des irdischen Leibes abhängt« (*J. Kremer,* Die Osterevangelien – Geschichten um Geschichte. Stuttgart 1977, 49). Doch wir müssen uns mit einer solchen

Feststellung nicht begnügen; denn die Annahme, daß die Erzählungen vom leeren Grab lediglich spätere Gemeindebildungen seien, verlangt letztlich einen größeren »Glauben« als die Annahme des Gegenteils – und zwar aus folgenden Gründen:

1. Wäre das leere Grab von der Urgemeinde »erfunden« worden, um es als Beweis für die Auferstehung Jesu zu verwenden, hätte es – logischerweise! – *von Männern* entdeckt werden müssen, da Frauen nicht als glaubwürdige Zeugen fungieren konnten. Viel natürlicher ist hier die Erzählung unseres Evangeliums: Die Frauen, die bis zuletzt in Treue bei Jesus ausgeharrt hatten, wollten so bald wie möglich die bei der Bestattung des Toten unterlassene Waschung und Salbung nachholen – und dabei entdeckten sie, daß Jesu Grab leer war.

2. Für das jüdische Denken war die uns geläufige Trennung von Seele und Leib undenkbar. Deshalb hätten die Gegner der Urgemeinde nur den Leichnam Jesu vorweisen müssen, um die Botschaft von der Auferstehung Jesu als Lüge zu entlarven. Doch offensichtlich war eine derartige handgreifliche Widerlegung unmöglich, obgleich das Grab Jesu bekannt war. Und *daß* es leer war, wurde selbst von den Gegnern nicht bestritten. Es wurde nur anders erklärt (vgl. Mt 28,11–15; Joh 20,15).

Es ist also noch immer einfacher zu glauben, daß die Frauen »am ersten Tag der Woche« nach der Kreuzigung Jesu das Grab, in das Joseph von Arimathäa den Leichnam Jesu gelegt hatte, leer vorfanden, als zu erklären, wie die Urchristenheit dazu gekommen sein sollte, eine solche Geschichte zu erfinden.

Wenn wir jetzt genau wissen wollen, was die Frauen in Jesu leerem Grab erlebt hatten, müssen wir berücksichtigen, daß die Frauen, die davon berichteten, bei den Jüngern zunächst keinen Glauben fanden (vgl. Lk 24,11). Ihr Bericht stieß von Anfang an auf Mißtrauen!

Nun bezeugen aber sowohl das Matthäus- als auch das Johannesevangelium – und selbst noch der »unechte« Markusschluß! –, daß sich nicht nur ein himmlischer Bote, sondern auch der Auferstandene selbst *zuerst* den Frauen gezeigt hatte (vgl. Mt 28,9f.; Joh 20,11–18; Mk 16,10f.). Ist es da unvorstellbar, daß die Frauen im Grab in Wahrheit eine Erscheinung des Auferstandenen hatten, die dann in eine »Erscheinung eines jungen Mannes« bzw. in eine

»Engelserscheinung« umgewandelt wurde – sei es, weil man nicht wollte, daß die Osterbotschaft auf dem »unzuverlässigen Zeugnis von Frauen« fußt *(M. Hengel);* sei es, weil ein derartiges Entgegenkommen des Auferstandenen den Frauen gegenüber – die sich schließlich als die Treuesten erwiesen hatten! – für das die Überlieferung bestimmende männliche Bewußtsein auf die Dauer undenkbar blieb? (Einer ähnlichen »Korrektur« begegnen wir ja auch Ex 3,2: Es ist »der Engel Jahwes« und nicht mehr Jahwe selbst [3,14!], den Mose sieht und der mit Mose spricht: 3,4.7.16!)

Botschafter für die Apostel

Unabhängig davon, wie man die Erscheinung deutet, die den Frauen im leeren Grab zuteil wurde – eines bleibt unbestreitbar: Die Frauen erhielten nicht nur als erste die Kunde von Jesu Auferweckung, sondern auch einen gezielten Auftrag für die Jüngergemeinde: »Nun aber geht und sagt seinen Jüngern und Petrus: Er geht euch voraus nach Galiläa; dort werdet ihr ihn sehen, wie er es euch gesagt hat« (V. 7).

Dieses Wort nimmt deutlichen Bezug auf Jesu Verheißung nach seinem letzten Mahl: »Ihr werdet alle (an mir) Anstoß nehmen und zu Fall kommen; denn in der Schrift steht: Ich werde den Hirten erschlagen, dann werden sich die Schafe zerstreuen. Aber nach meiner Auferstehung werde ich euch nach Galiläa vorausgehen« (14,27f.). Das heißt, die Jünger, die aus Angst und Blindheit ihren Herrn im Stich gelassen und verleugnet haben, werden von Gott durch die Frauen auf den Weg gerufen, auf dem ihnen ihr Herr vorausgegangen ist. Die Botschaft der Frauen soll die Jünger auf den richtigen, weiterführenden Weg bringen.

Ostern macht nicht einfach alles leichter

Die beiden letzten Sätze des Markusevangeliums wurden schon früh als unpassend empfunden (s. u.), und sie erscheinen auch heute noch solange als rätselhaft, wie man sie für sich allein betrachtet:

»Da verließen sie das Grab und flohen; denn Schrecken und Entsetzen hatte sie gepackt. Und sie sagten niemand etwas davon; denn sie fürchteten sich« (V. 8).

Diese beiden Verse überraschen nur, wenn man vergißt, wie oft unser Evangelist das Entsetzen betont, mit dem der Mensch dort reagiert, wo er der machtvollen Wirklichkeit Gottes begegnet (vgl. 5,14.15.33.42; 6,50; 10,32 u. ö.). Markus weiß um die befreiende Macht des göttlichen Lebens, aber er vergißt nie, wie ungeheuerlich sie für den Menschen ist.

Nach einem »österlichen« Schluß verlangen vor allem jene, die noch nicht erfahren haben, wie der Mensch dort, wo er dieser umstürzenden österlichen Wirklichkeit begegnet, mit einem elementaren Erschrecken reagiert, das ihm den Mund verschließen möchte.

2. Der sogenannte kanonische Markusschluß (16,9–20)

Als man die theologische Aussage des Markusevangeliums nicht mehr verstand, empfand man seinen Schluß als »ungeeignet«. So entstand das Bedürfnis, einen »besseren« Schluß anzufügen – unsere heutigen Verse 9–20. Sie bilden keine streng zusammenhängende Einheit mehr und fassen zum Teil Bekanntes zusammen: 16,9f. ist eine Zusammenfassung von Joh 20,1.11–18; Vers 11 erinnert an Lk 24,11, die Verse 12f. beziehen sich auf Lk 24,13–35. Vers 14 zieht Lk 24,35–49 und Mt 28,16–20 zusammen. Auffallend ist dabei der starke Tadel des Unglaubens der Jünger. Die Verse 15f. entsprechen Mt 28,19, während die Verse 17f. mit Joh 14,12 verwandt sind, nur daß die Wunder hier vorwiegend das leibliche Wohl des Menschen betreffen. Vers 19 spricht in formelhaft knappem Stil von der Erhöhung, und Vers 20 schaut schließlich auf eine längere Missionstätigkeit der Kirche zurück.

Neben diesen Versen gibt es noch einen kürzeren »Markusschluß«, der aber im Grunde auch nicht mehr zeigt, als daß ursprünglich 16,8 das Ende des Evangeliums war.

DRITTER TEIL

Anhang

1. Namen und Sachen

Gemeinderegel: s. 1 QS

1 *Henoch:* Eine erste Sammlung verschiedener Schriften aus dem 2. und 1. Jh. v. Chr., die alle versuchen, Rätsel der Natur und des Kosmos, der menschlichen Geschichte und der Heiligen Schrift zu lösen. Da Henoch nicht starb, sondern nach jüdischer Tradition in den Himmel versetzt wurde (vgl. Gen 5,24), lag es nahe, gerade ihm derart geheimnisvolle Schriften voll himmlischer Offenbarungen zuzuschreiben.

Jos(eph und) As(enat): Ein jüdischer Roman aus dem Anfang des 2. Jh. v. Chr., der die Ehe des biblischen Joseph mit der Tochter eines ägyptischen Priesters (vgl. Gen 41,45) behandelt — und rechtfertigt.

Josephus Flavius: Lebte ca. 38 – nach 100 n. Chr. und ist der bedeutendste jüdische Historiker der Antike. Er entstammte einer aristokratischen Priesterfamilie aus Jerusalem, war während des 1. jüdisch-römischen Kriegs (66–73 n. Chr.) Befehlshaber von Galiläa, unterlag jedoch Vespasian. Er erlebte im Lager des Titus die Eroberung Jerusalems und zog dann mit Titus nach Rom, wo er das römische Bürgerrecht und eine Pension durch den Kaiser erhielt (dem er seinen Aufstieg prophezeit hatte!).

Seine wichtigsten Werke sind: *Jüdische Altertümer,* eine Schrift zur Aufklärung der nichtjüdischen Welt über das Judentum, sowie *Über den jüdischen Krieg,* ein Werk über die Zeit von den Makkabäern bis zum Ende des jüdischen Staates. Es gilt — trotz manch tendenziöser Darstellung — als Geschichtsquelle ersten Ranges.

Jubil(äenbuch): Eine um 100 v. Chr. entstandene Nacherzählung von Gen 1 – Ex 20, wonach ein Engel dem Mose auf dem Berg Sinai ursprünglich mehr als das diktiert hätte, was heute in der Bibel steht. – Der Name der Schrift kommt von der in ihr verwendeten Chronologie nach Jahrwochen und Jubeljahren.

Jüdische Altertümer: s. Josephus Flavius

Jüdischer Krieg: s. Josephus Flavius

Leben Adams und Evas: Eine ursprünglich hebräisch verfaßte Erzählung vom Schicksal Adams und Evas nach ihrer Vertreibung aus dem Paradies. Sie entstand zwischen 100 v. Chr. und 70 n. Chr., liegt heute aber nur noch in christlicher Überarbeitung vor.

LXX: Die Septuaginta (= 70), d. h. die – nach einer Legende von 70 Gelehrten – aus dem Hebräischen ins Griechische übersetzte und um eigene, nur in griechischer Sprache verfaßte Bücher erweiterte Bibel des hellenistischen Judentums.

Psalmen Salomos: Eine Sammlung von 18 Psalmen, die im 1. Jh. v. Chr. in Palästina – vielleicht in Kreisen der Pharisäer – entstanden, dann aber Salomo zugeschrieben wurden.

1 QS(eder): Die Regel (= Seder) der Gemeinschaft von Qumran, die auf einer Lederrolle in der Höhle 1 von Qumran gefunden wurde.

4 Qflor(ilegium): Eine kleine, in der Höhle 4 von Qumran gefundene Schrift, in der 2 Sam 7,10–14; Ps 1,1 und Ps 2,1–2 im Blick auf die Endzeit ausgelegt werden.

Testament des Naphthali: Gehört zu den sog. Testamenten der Zwölf Patriarchen, d. h. zu jenen Abschiedsreden, welche die zwölf Söhne Jakobs, die Stammväter Israels, jeweils vor ihrem Tod als Mahnung und als Begründung bestimmter endzeitlicher Hoffnungen gehalten haben sollen. Sie entstanden in ihrem Grundbestand bereits zu Beginn des 2. Jh. v. Chr., liegen uns heute aber nur noch in christlicher Überarbeitung und Erweiterung vor.

2. Literatur

Kommentare:

Ernst, Josef, Das Evangelium nach Markus. Reihe: Regensburger Neues Testament. Regensburg 1981. 536 S.
Gnilka, Joachim, Das Evangelium nach Markus. Reihe: Evangelisch-Katholischer Kommentar zum NT. 1. Teilband (Mk 1,1 – 8,26). Zürich–Neukirchen 1979. 316 S. / 2. Teilband (Mk 8,27 – 16,20). Zürich–Neukirchen 1979. 364 S.
Pesch, Rudolf, Das Markusevangelium. Reihe: Herders Theologischer Kommentar zum NT. I. Teil (1,1 – 8,26). Freiburg [3]1980. 466 S. / II. Teil (8,27 – 16,20). Freiburg [2]1980. 576 S.

Sonstige Literatur:

Knoch, Otto, Begegnung wird Zeugnis. Werden und Wesen des Neuen Testaments. Reihe: Biblische Basis Bücher. Kevelaer–Stuttgart 1980. 260 S.
Maier, Johann / Schäfer, Peter, Kleines Lexikon des Judentums. Stuttgart 1981. 332 S.
Merklein, Helmut, Jesu Botschaft von der Gottesherrschaft. Stuttgarter Bibel Studien (SBS 111). Stuttgart 1983. 189 S.
Speidel, Kurt A., Das Urteil des Pilatus. Bilder und Berichte zur Passion Jesu. Stuttgart 1976. 176 S.
Stemberger, Günther, Das klassische Judentum. Kultur und Geschichte der rabbinischen Zeit. Reihe: Beck'sche Elementarbücher. München 1979. 271 S.

3. Bibelarbeit – Fragen

1. Seit Ostern bekennt die Christenheit: »Jesus ist der Sohn Gottes!«. Dieses Bekenntnis kann freilich auch mißverstanden werden. Das mußte bereits der Evangelist Markus erfahren. Deshalb band er dieses Bekenntnis in seinem Evangelium in einen ganz bestimmten Zusammenhang.

Welche Bedingungen müssen nach seinem Verständnis erfüllt sein, wenn Jesus in aller Öffentlichkeit als »Gottes Sohn« bekannt wird (s. S. 11 f.)?

2. Weshalb ist nach Markus das Wirken Johannes des Täufers »der Anfang des Evangeliums Jesu Christi« (vgl. neben 1,1–11 auch 11,27–33)?

3. Wie würden Sie einem Menschen, der zum ersten Mal das Markusevangelium liest, den Sinn der Versuchungsgeschichte (Mk 1,12–13) erklären?

4. Markus war sich bewußt, daß es für die Existenz der Christen nur *einen* Grund gibt: Das Wort Jesu. Das beunruhigte ihn allerdings nicht, denn es gab für ihn mehrere Gründe, an die Tragfähigkeit dieses Wortes zu glauben (Mk 1,21 – 2,17). Können Sie Markus darin zustimmen?

5. Jesus wußte, daß er mit seinen Heilungen am Sabbat Anstoß erregen würde. Dennoch verzichtete er nicht auf sie. Weshalb waren gerade diese Heilungen für Jesus so wichtig (s. S. 46–51)?

Wir haben den Sabbat durch den Sonntag ersetzt. Haben damit Jesu Sabbatstreitigkeiten für uns jede Bedeutung verloren?

6. Der Unglaube der anderen war bereits für die ersten Christen ein großer Anstoß: Weshalb glaubten so viele dem Evangelium nicht, das doch eine *gute* Botschaft war? Unser Evangelist versucht, diese Frage Mk 4,10–12.21–25 zu beantworten. Leuchtet Ihnen seine Antwort ein?

7. Ein angesehener jüdischer Gelehrter schreibt: »Die Erwartung eines historischen oder endzeitlichen Messias ist zu einem wichtigen Bestandteil des jüdischen Glaubens und Lebensgefühls geworden (selbst in seinen modernen und säkularisierten Formen: vielleicht daher auch die große Anzahl der Juden in utopischen und sozialistischen Bewegungen), doch ist sie keineswegs das Zentralstück. Die Erhebung der Frage der Messianität Jesu zum Haupttraktandum des christlich-jüdischen Gesprächs macht jüdischerseits einen solchen Dialog von vornherein irrelevant« (*R. J. Zwi Werblowsky*, Art.: Judentum, in: P. Eicher [Hrsg.], Neues Handbuch theologischer Grundbegriffe. Band 2, München 1984, 271).

Vergleichen Sie mit dieser Feststellung das zu Mk 6,14–16; 8,27–33 Gesagte (s. S. 82–84. 104–116).

8. Schon zur Zeit Jesu war die Möglichkeit der Ehescheidung Gegenstand heftiger Diskussionen. Für Jesus freilich griff eine jede Diskussion zu kurz, die von der Frage ausging: »Ist die Ehescheidung erlaubt?« (s. S. 134–140). Wie stehen Sie dazu?

9. Viele Menschen stoßen sich an der Aussage, Jesus habe sein Leben als Sühne für unsere Sünden hingegeben. Dieser Anstoß verschwindet in dem Augenblick, in dem wir uns an das biblische Sühneverständnis halten; denn für die Bibel ist es gerade nicht Gott, der die Sühne verlangt (s. S. 150).

An welchem Punkt unterscheidet sich das biblische Sühneverständnis von dem unsrigen?

10. Ein Leben ohne den Tempelgottesdienst war für viele Juden zur Zeit Jesu undenkbar (s. S. 164). Dennoch wandte sich Jesus zuletzt in aller Schärfe gegen den Tempelkult (Mk 11,15–19).

Weshalb würden wir Jesus mißverstehen, wenn wir sein Vorgehen im Tempel lediglich als einen »Protest gegen Geschäftemacherei« deuteten? Worauf war es Jesus letztlich angekommen (vgl. auch 11,12–14; 12,1–34.41–44)?

Zum Verfasser

Meinrad Limbeck, geb. 1934, Studium der Philosophie und Theologie in Bonn, 1966–1974 wissenschaftlicher Assistent am Fachbereich Katholische Theologie der Universität Tübingen, 1972 Studienaufenthalt am Deutschen Evangelischen Institut für Altertumswissenschaften des Heiligen Landes in Jerusalem, 1974–1981 wissenschaftlicher Mitarbeiter des Katholischen Bibelwerks e.V., seit 1981 Akademischer Rat für Biblische Sprachen an der Katholisch-Theologischen Fakultät der Universität Tübingen.

Stuttgarter Kleiner Kommentar – Neues Testament in 21 Bänden

Hier finden Sie alle Bände auf einen Blick:

Band 1
Meinrad Limbeck
**Matthäus-
Evangelium**

Band 2
Meinrad Limbeck
Markus-Evangelium

Band 3
Paul-Gerhard Müller
Lukas-Evangelium

Band 4
Felix Porsch
**Johannes-
Evangelium**

Band 5
Klaus Kliesch
Apostelgeschichte

Band 6
Michael Theobald
Römerbrief

Band 7
Franz Josef Ortkemper
1. Korintherbrief

Band 8
Jacob Kremer
2. Korintherbrief

Band 9
Walter Radl
Galaterbrief

Band 10
Rudolf Hoppe
**Epheserbrief/
Kolosserbrief**

Band 11
Bernhard Mayer
**Philipperbrief/
Philemonbrief**

Band 12
Otto Knoch
**1. und 2.
Thessalonicherbrief**

Band 13
Udo Borse
**1. und 2. Timotheus-
brief/Titusbrief**

Band 14
Franz Laub
Hebräerbrief

Band 15
Kurt A. Speidel
Jakobusbrief

Band 16
Paula-Angelika
Seethaler
**1. und 2. Petrusbrief/
Judasbrief**

Band 17
Kurt A. Speidel
**1., 2. und 3.
Johannesbrief**

Band 18
Heinz Giesen
**Johannes-
Apokalypse**

Band 19
Paula-Angelika
Seethaler
Register

Band 20
Paul-Gerhard Müller
**Einführung
in das NT**

Band 21
Dieter Zeller
**Kommentar zur
Logienquelle**

Das Neue Testament in verschiedenen Ausgaben:

Das Neue Testament – Großdruck
Einheitsübersetzung
Format 15,5 × 23 cm; 678 Seiten; mit Anhang und 4 Karten; Einführung in jedes biblische Buch; 2 Lesebänder; gebunden; Fadenheftung; DM 28,–
Nr. 31921

Das Neue Testament – Großdruck
Einheitsübersetzung
Format 21 × 29,7 cm (DIN A 4); die gleiche Ausgabe wie oben, aber im stark vergrößerten Format. Für extrem sehbehinderte Menschen.
DM 48,–
Nr. 60940

Das Neue Testament
Einheitsübersetzung
Format 12 × 19 cm; 672 Seiten; bestes Bibeldünndruckpapier; Verweisstellen am Rand; Einführung in jedes Buch; mit Anhang und 4 Karten.
Mit breitem Arbeitsrand.
Als Schulbuch zugelassen.
Plastik: DM 12,80;
Nr. 60917
Balacron: DM 11,80;
Nr. 60918
Leder: Goldschnitt, Goldprägung, in Schuber; DM 48,–;
Nr. 60922

Jesus Christus – Neues Testament in Auswahl
Einheitsübersetzung
Format 17 × 12 cm; 304 Seiten; fadengeheftet; Auswahl von Alois Stöger; DM 3,80
Bestell-Nr. 78503

Unser Leben – Sein Wort
Das Neue Testament mit Fotos von heute
Einheitsübersetzung
Format 13,5 × 20 cm; 568 Seiten; 60 Farb- und 50 Schwarzweiß-Fotos; 4 Karten; Anhang; Einführung in jedes biblische Buch; gebunden; DM 18,50 (unverbindliche Preisempfehlung)
Nr. 31911

Das Neue Testament – kommentierte Ausgabe
Einheitsübersetzung
Format 21,5 × 14,7 cm; 800 Seiten; fadengeheftete Broschur; kommentiert von Alois Stöger;
DM 14,80
Nr. 78501

Das Neue Testament – kommentierte Ausgabe
(in der Erstfassung der Einheitsübersetzung vor 1979)
Format 21,5 × 14,7 cm; 800 Seiten; kommentiert von Alois Stöger; Leinen;
DM 17,80
Nr. 78502

Das Neue Testament und die Psalmen – Taschenausgabe
Einheitsübersetzung
Format 8,7 × 13,6 cm; 832 Seiten; 4 Karten; Anhang; Einführung; Verweisstellen (Parallelstellen); bestes Bibeldünndruckpapier; Plastikeinband;
DM 12,50
Nr. 31931